本著作系 2021 年浙江省教育厅一般科研项目"继承语认同及影响因素研究——以浙籍欧洲华裔新生代为例"（项目编号：Y202147483）的阶段性研究成果。

温州大学 华侨华人研究系列丛书

欧洲华裔子女中文现状的国别研究

杨志玲 著

上海社会科学院出版社

序

自 2020 年 5 月笔者加入温州大学公共侨务外交研究所侨乡课题研究组以来,一直在进行侨乡相关问题的田野调查。本书的溯源归结有二:一是笔者负责的全国著名侨乡——浙江省温州市瓯海区丽岙街道"三留守"人员的留守妇女问题调研。在丽岙街道妇女联合会的大力支持下,与街道下属的 15 个行政村和 2 个居民社区的现有留守妇女和既往留守妇女进行了访谈,对海外华裔子女的学习和生活现状有了一定的了解。二是笔者参编的《丽岙百年华侨史》。该编著是丽岙归国华侨联合会与温州大学外国语学院徐辉博士的横向课题,笔者负责第二章和第六章的编写工作。在收集第六章《丽岙华侨社团》的公益型社团的资料时,结识了法国华人进出口商会中文学校郑秀莲校长和意大利西西里巴勒莫中文学校陈士钗校长。在访谈中,两位校长均提到在全球新冠肺炎疫情的影响下,海外中文学校的办学困境。此后笔者与两位校长一直保持联系,时刻了解和关心海外华裔子女的中文学习问题。

2020 年 12 月起,笔者指导由温州大学外国语学院"国学咏流传"多语教学团队面向海外华裔子女开展的"国学大讲堂"海外国学推广。教学团队队长为 19 英语师范专业 4 班的郑璐媛,成员包括 19 英语师范专业 3 班的江怡璇和李韵滢、19 英语师范 4 班的王懿晨、王玲洁、徐涵、熊嘉、周宁宁。教学主要面向海外华侨华人子女,第一期"国学大讲堂"主要推广中国传统品德:孝、悌、忠、信、礼、义、廉、耻。就每种品德分别列举古代圣贤名士的经典故事,展现古人的智慧,让海外华裔子女传承中华民族的优良美德。

教学团队首先对接的教学对象是法国进出口商会中文学校,开讲时间为 2021 年 1 月 24 日。在国学推广活动开始之前,法国进出口商会中文学校郑秀莲校长积极组建了微信群分享授课信息,并邀请多位法国巴黎中文学校校长、授课教师、学生家长等参加教学活动。笔者通过微信群后期对接法国巴黎精英中文学校、法国巴黎同济中文学校、法国巴黎欧洲时报中文学校等。很多学校负责人和教师在参与了听课,并有热心的校长发来教学笔记,对团队的后期教学提出了一些意见和建议。

意大利西西里巴勒莫中文学校的开讲时间为 2021 年 1 月 23 日。通过前期与陈士钗校长访谈了解到,该校学生中文水平较高,因此面向该校的国学大讲堂采用阶梯教学方式,同一个主题采用高阶班和低阶班的分班制,这也为其他学校的分阶教学提供了思路。2021 年 2 月,侨乡研究课题组开展浙江归国华侨口述历史研究的调研,在文成县归国华侨联合会的归国华侨座谈会上,笔者结识了意大利米兰华侨中文学校陈小微校长,向其介绍了温州大学外国语学院"国学咏流传"多语教学团队。第二天在与意大利佛罗伦萨中文学校潘世立校长和谢群副校长的访谈中,笔者介绍了指导团队的"量身打造"的开课方式。在和几位校长商议之后,"国学咏流传"多语教学团队专门创建了面向这两所学校的高阶班和低阶班的钉钉群。潘世立校长还特意安排了助教在高阶班和低阶班的钉钉班级群协助管理,以保证教学质量。

与西班牙巴塞罗那中加友好学校的对接,得到了瑞安市统战部侨务办公室的帮助。笔者与该校校长陈淑芬联系后,介绍了"国学咏流传"多语教学团队的教学情况后,陈校长立刻着手对该校高低阶班级的安排。西班牙巴塞罗那中加友好学校国学大讲堂的开讲时间为 2021 年 2 月 6 日,不同年级学生的授课时间分别安排在当地时间周六和周日下午,该校原班级的授课教师协助管理,同时也参与学习"国学咏流传"多语教学团队的教学模式。

2021 年 2 月,笔者在仙岩归国华侨联合会侨青会国学斋调研期间,侨青会叶金环秘书长认为温州大学外国语学院"国学咏流传"多语教学团队的云端教学与该协会举办的"云端华校"十分契合,因此提出加入海外国学推广。侨青会通过该协会的"云端华校"向海外华裔子女提供中文教学,通过"国学咏流传"多语教学团队实施该协会的教学内容。侨青会海外国学斋采用了钉钉群的教学方式,与意大利佛罗伦萨中文学校和意大利米兰华侨中文学校同期多群联播,并且该群配备了教学秘书,负责该群的班级和课堂管理。

在希腊华人妇女协会前会长陈爱琴的大力支持下,笔者结识了前荷兰鹿特丹中文学校校长熊国秀。熊国秀身兼荷兰皇家骑士勋章荣获者、荷兰中国商务文化教育促进会长、欧洲华人华侨妇女联合总会第六届主席、荷兰侨界妇女联盟会长、中国侨联华侨国际文化促进会海外理事等，非常热心为海内外华文教育办实事，为教育事业尽心尽力。在问卷调查初期，熊校长非常热心地将问卷转发到了荷兰当地多所中文学校群，但是由于温州大学外国语学院"国学咏流传"多语教学团队没有与荷兰对接的支教学校，所以问卷填写初期进展非常缓慢。后来熊国秀校长采用逐个电话和微信联系的方式，动员荷兰侨界妇女联盟及兄弟社团的家长和孩子一起填写，她所提供的倾力帮助值得铭记。

与希腊雅典中文学校李芳校长的对接，得到了现任希腊华人妇女协会徐丽会长的帮助。虽然温州大学外国语学院"国学咏流传"多语教学团队未给该校提供支教服务，但是李芳校长除了接受笔者的访谈外，还给研究提供了该校的一些办学和活动开展等资料，并且在问卷的填写中提供了大力支持。

匈牙利布达佩斯光华中文学校张庆滨校长是笔者最难忘和感恩的校长之一。2021年3月5日，笔者第一次与张庆滨校长访谈，内容非常简短，但是却震撼人心。张校长提到自己和爱人感染了新冠肺炎，爱人刚刚从ICU出来，而且当地的华人几乎有一半都已经感染了新冠肺炎。国内疫情稳定，而海外病毒肆虐，侵害我同胞的健康和生命，实为痛心。之后和张校长的几次交谈，都是通过微信互留语音交流。2021年3月12日，在张校长的朋友圈看到了其爱人张双双校长的讣告。张庆滨校长和张双双校长同为匈牙利布达佩斯光华中文学校创始人，1998年创建学校至今。张双双校长为了上好2021年2月20、21日的网课，病情加重。张双双校长一生从事教育工作，为匈牙利的中文教育鞠躬尽瘁、死而后已。

能与罗马尼亚某教会中文学校教学主管陈某老师最终访谈，得到了罗马尼亚浙江瑞安同乡会杨杰会长的引荐。陈某老师对罗马尼亚当地的中文学校的办校形式、规模、内容、师资、生源结构等方面都进行了详细的介绍，也对东欧国家中文学校的办学现状进行了生动的勾画，让本研究获得了非常珍贵的研究数据和资料。

其他调查问卷及访谈涉及的学校、校长和教师等，不一一详述，包括：西班牙博思教育潘思思校长，法国精英中文学校萱琛校长，匈牙利华星艺术团施艳卫校长、曹乐乐秘书长，中文学校一线教师和华裔学生的家长等，再次表达真挚的感谢和诚挚的敬意。

本书的顺利面世，还要感谢：厦门大学李明欢教授对本书讨论部分予以提升，丽水学院方明教授对章节结构做了安排，温州大学马克思主义学院王习明教授对问卷进行统计数据分析，温州大学商学院王露博士对问卷统计数据处理予以建议，温州侨界、温州大学外国语学院陈勃副书记等领导对"国学咏流传"多语教学团队的支持，温州大学侨务公共外交研究所所长毛继光教授对学术规范的指导、副所长徐辉博士对华侨资源的协助，温州大学教育学院李梁教授的问卷设计，以及侨乡研究课题组苏玉洁博士和吴征涛博士的大力帮助。

杨志玲

温州大学

2021 年 4 月 15 日

目　　录

序 ·· 1

绪论 ·· 1

第一章　欧洲华裔子女中文现状概述 ·· 4
　　第一节　欧洲华文教育回顾 ··· 5
　　第二节　汉字读写标准与语言认同 ·· 8
　　第三节　欧洲华裔子女中文学习现状调查的目的和意义 ··························· 14
　　第四节　欧洲华裔子女中文学习现状调查的研究方法 ····························· 16

第二章　法国 ·· 22
　　第一节　法国中文学校发展情况 ·· 22
　　第二节　法国华裔学生就读学校状况调查 ··· 24
　　第三节　法国华裔子女中文学习现状统计分析与讨论 ····························· 26
　　第四节　总结 ·· 49

第三章　意大利 ·· 50
　　第一节　意大利中文学校发展情况 ·· 51
　　第二节　意大利华裔学生就读学校状况调查 ······································· 53
　　第三节　意大利华裔子女中文学习现状统计分析与讨论 ··························· 54
　　第四节　总结 ·· 80

第四章　西班牙 81
第一节　西班牙中文学校发展情况 81
第二节　西班牙华裔学生就读学校状况调查 84
第三节　西班牙华裔子女中文学习现状统计分析与讨论 84
第四节　总结 111

第五章　荷兰 112
第一节　荷兰中文学校发展情况 112
第二节　荷兰华裔学生就读问卷发放 116
第三节　荷兰华裔子女中文学习现状统计分析与讨论 117
第四节　总结 143

第六章　希腊 144
第一节　希腊中文学校发展情况 144
第二节　希腊华裔学生就读问卷发放 146
第三节　希腊华裔子女中文学习现状统计分析与讨论 147
第四节　总结 167

第七章　匈牙利 168
第一节　匈牙利中文学校发展情况 168
第二节　匈牙利华裔学生就读问卷发放 173
第三节　匈牙利华裔子女中文学习现状统计分析与讨论 173
第四节　总结 196

第八章　罗马尼亚 197
第一节　罗马尼亚中文学校发展情况 197
第二节　罗马尼亚华裔学生就读问卷发放 200
第三节　罗马尼亚华裔子女中文学习现状统计分析与讨论 201
第四节　总结 223

参考文献 ································· 225

附录 ····································· 230
 海外国学推广探索 ······················ 230
 国学推广外媒报道 ······················ 251
 调查问卷 ······························ 256
 访谈提纲 ······························ 260

绪　　论

　　《欧洲华裔子女中文现状的国别研究》是了解和研究世界华文教育发展的一个重要窗口。2018 年,华文教育得到了国家领导人的高度重视,并在政策层面给予了重要支持。2020 年全球新冠肺炎疫情暴发以来,华文教育在高层带动、内外联动的机制下,课堂采用了全新的通过云端形式从国内直接对接海外主流社会、学校和学生的模式。由中国侨联牵头、浙江省侨联承办的面向 35 个国家 1 万多名海外华裔青少年参营特色网络课程,浙江华侨网络学校开设的海外华裔青少年课程,温州大学外国语学院"国学咏流传"多语教学团队的远程国学推广课程,国内一些侨联、高校与海外中文学校的"一对一"互助课程等,都是疫情期间通过在线形式协助海外华校培养华侨华人子弟、传播优秀传统文化的探索范例。

　　本书一共包含八章。

　　第一章是欧洲华裔子女中文现状概述,包括欧洲华校的发展历程、研究理论和现实背景的介绍、研究目的和意义以及研究方法的介绍。

　　第二至第八章是法国、意大利、西班牙、荷兰、希腊、匈牙利和罗马尼亚等 7 个欧洲国家的华裔子女中文现状的统计分析与讨论。每一章各有 4 个小节,构成如下:

　　第一节是欧洲各国中文学校发展情况:包括各国移民情况、华裔子女对中文学习的需求、中文学校大致办学历程等。

　　第二节是如何开展欧洲各国《华裔就读子女中文学习现状调查表》问卷调查和问卷调查发放的华裔学生就读的中文学校的简介。

　　第三节是欧洲各国华裔子女中文学习现状调查的统计分析与讨论。问卷调查主要涉及的内容有：华裔子女的出生地、年龄、国籍、就读年级、现居住国、在中国居住时间、中文的"读"和"写"水平、中文教学的形式和内容、学习中文的目的、认为中文重要性程度等。结果通过 SPSS24.0 软件进行了频数分布、相关性和交叉性分析。最后对问卷分析结果所反映的该国华裔子女的中文现状和华文教育展开讨论。分析和讨论涉及对欧洲各国中文学校校长等的访谈，主要是当地办学规模较大、中国国侨办认可的"海外华文教育示范学校"，也包括家庭辅导式的小型中文学校，还有一些新兴的现代化中文学校和当地教会组织的中文辅导班。访谈内容包括该校的办学历史、办校规模、授课模式、教学场所、办学师资、学费收取、运营成本、赛事组织、中文教学、疫情前后教学方式和规模的变化以及影响、华文赛事参与情况等。访谈的对象还包括中文学校的一线教师和华裔学生家长等。

第四节是对本章内容的总结。

附录部分为海外国学推广探索，内容为 2020 年 12 月起笔者所指导的温州大学外国语学院英语师范专业学生组建的温州大学外国语学院"国学咏流传"多语教学团队通过"国学大讲堂"进行海外国学推广的情况。内容包括："国学大讲堂"的团队简介、选取的中国传统品德主题、课堂教学模式介绍、授课人员和时间安排等。此外，还收录了"国学大讲堂"在微信公众号"温州侨乡研究"就 8 个主题教学发表的通讯稿、巴黎同济中文学校的听课笔记示范等。

本书具有如下特点：

一、时代性强

本书获得的问卷结果和数据分析，均在 2021 年 1 月 27 日—2021 年 3 月 15 日完成，叠加全球新冠肺炎疫情的背景，在反映当前形势下华裔子女的中文现状的同时，也展现了统计数据背后的侨情和思潮变化。

二、覆盖面广

目前国内外对海外中文学校的研究，主要集中在英国、意大利、法国和西班牙、荷兰、东南亚、北美等，较少涉及欧洲其他国家的中文学校办学情况以及华裔子女的中文学习现状。本书所展现的数据和访谈能为今后的匈牙利、希腊、罗马尼亚等国的华文教育相关研究提供宝贵资料。

三、定量分析足

国内对于海外中文学校的办学现状和问题的分析，以理论性研究为主，提供数据支撑的研究相对较少。大量的SPSS定量分析以及讨论部分的定性分析是本书的特色。

四、内容全面

本书的问卷统计，涉及的问题涵盖面广，根据不同的国家和问卷填写的先后顺序，基础问题的频数分析多，深入挖掘可以为今后做更多的相关性和交叉性研究奠定基础。

五、一手访谈

此外，本书包括大量一手访谈资料，所涉及的学校大部分都有悠久的办学历史，在一定程度上能代表该国的华文发展历史和现状。访谈对象主要为欧洲各国中文学校的校长、办学主管和一线教师，他们对华校办学和学生现状有充分了解，能从宏观和微观的角度对华裔子女的中文学习现状和问题进行分析，为今后海外华文现状研究提供了宝贵资源。

衷心希望本书所真实展示和描述的新形势下海外华文教育现状和问题，能给相关专家和学者提供研究资源，有助于开展更深层次的理论层面构建。也希望教育者能在读完此书后得到启发，挖掘更多华裔子女中文学习的问题并将海外华文教育中提到亟待解决的问题落到实处。最后，恳请读者能对本书的不足和可改进之处提出宝贵的意见和建议。

第一章　欧洲华裔子女中文现状概述

《世界移民报告2020》指出,2019年中国成为继印度、墨西哥之后的世界第三大国际移民来源国,跨国移民人数达到1 070万人。[①] 千百年来,一代又一代的中国人为了更好地生存与发展,不惜背井离乡,闯荡异国他乡。欧洲的中国移民历史可以追溯到19世纪,二十世纪八九十年代迎来出国潮爆发阶段。早期移民欧洲的海外华侨华人家族在荷兰、法国、意大利、西班牙等国侨居,20世纪末21世纪初,大量华侨华人涌入希腊、匈牙利、罗马尼亚等国。如今,许多海外华裔已繁衍到侨二代、侨三代,甚至侨四代。当前很多欧洲华裔子女在海外出生,从小接受住在国本土教育,对中国的认知不多,受中华文化影响相对较小,作为中国人的民族认同感不如老一辈强烈。他们从小学习不同的文化,接受多样的教育,在多元文化环境下成长,形成了与传统中国人不同的语言、文化、思想观念体系。欧洲华裔子女大多接受了"落叶生根"的现实,淡化了"落叶归根"的观念。随着中国国际政治、经济地位日益提高,进一步唤醒华裔子女的民族意识和自豪感,促进他们"根"意识的觉醒大有必要。当前海外华裔子女接受多元文化教育而视野开阔,是一支潜力大、富有生机与活力的新生力量。然而他们所处的环境缺乏中华传统文化熏陶,对祖国和家乡比较陌生、感情比较淡薄。在新归侨、侨眷回国创业发展渐成发展趋势的情况下,研究欧洲华裔子女的中文现状至关重要。

---

① International Organization for Migration. World Migration Report 2020[M]. Switzerland, 2020: 1-3.

第一节 欧洲华文教育回顾

《世界华侨华人概况》(欧洲、美洲卷)是国内对华文教育介绍较早的研究专著,除了对欧洲华侨华人的概况进行了简要介绍,还对典型欧洲国家的华文教育有所介绍,包括瑞典、英国、荷兰、德国、比利时、法国、瑞士、奥地利、西班牙、意大利等,主要介绍了当地比较有名的一些华文教学机构大致情况,未对华文教育的起源、发展和教育现状进行比较全面的概述,而且未涉及部分华文教育起步晚的国家。[1] 耿红卫对海外华文教育的演进历程进行了论述,根据海外华文教育的发展规律,把几百年以来的海外华文教育分为形成期、兴盛期、不平衡发展期、复兴期和高涨期等 5 个阶段,并对每个时期的特点进行了分析。[2]《海外华文教育研究报告(2018)》不但对海外华文教育的历史沿革进行了阶段的划分,包括萌芽期、起步期、发展期、高潮期、低潮期和复兴期,还对海外华文教育的概况按照不同的地域包括亚洲、欧洲、非洲、美洲和大洋洲予以概括综述,并对海外华文教育提出了思考。[3]

总体来看,欧洲的华文教育相对于东南亚起步比较晚,主要是由于华侨华人移民欧洲的时间相对较晚,"二战"后还经历过低迷阶段,使得本来为数不多的华文学校,由于各种条件的限制和制约,于"二战"期间被迫停办甚至关闭。[4] 但是中华民族的五千年悠久历史以及源远流长的中华文化,使得海外华侨华人虽然身居异国他乡,在海外奋斗和发展的同时,渴望从中华文化当中汲取丰富的民族精神食粮,因此对华文教育有迫切的需求。

荷兰是欧洲华文教育发源最早的国家之一,主要原因是中国人移民荷兰历史悠久。1912 年,有一批从"荷属东印度"(当今的印尼)来到荷兰求学的华裔学生,在荷兰莱顿成立了自己的"中华会"。1919 年荷兰"中华会"创办了第一个面向华裔的中文班,该中文班存在的时间不长,但是作为荷兰华侨史上第一个创办的中文班,其尝试有着非常重要的历史意义。随着后期荷兰的中国

---

[1] 刘兴标,张兴汉.《世界华侨华人概况》(欧洲、美洲卷)[M].广州:暨南大学出版社,1994.
[2] 耿红卫.海外华文教育的演进历程简论[J].民族教育研究,2009(1):116-123.
[3] 陈水胜,李伟群.海外华文教育研究报告(2018)[M].北京:社会科学文献出版社,2019.
[4] 刘芳彬.当前海外华文教育发展之处境与对策分析[J].八桂侨刊,2015(2):35-39.

移民增加，以广东人为主的"中华会馆"在鹿特丹开办了第一个华裔子弟识字班，随后1930年代中期在阿姆斯特丹开办了第二个中文识字班。不久后，由于第二次世界大战爆发，荷兰中文识字班也停止了办学。一直到1948年，荷兰旅荷华侨总会才接过了中文学习班的接力棒。但是由于二十世纪五六十年代在荷兰居住的华裔儿童人数比较少，加之华人的经济条件有限，中文学校的维持和运营遇到一定的困难，华文教育时断时续未能长期坚持。1960年代，英国和荷兰虽有创办几所中文学校或中文识字班，但未坚持办下来。一直到1979年，随着荷兰华人社会从几千人增长至近1万人，华裔青少年的人数明显增加，旅荷华侨总会成立了中文教育组专门推进中文母语教育，并成立了第一所中文学校。1981年，旅荷华侨总会在乌特纳推出了中文学校的分校之后，在荷兰南部城市同时创办了3所下属的中文学校，之后又在荷兰分别成立了17所中文学校。该校当时学生规模达到1 800多名，教学利用每周末上午11点至下午3点的时间，通过租借公立学校校舍，在老师的辅导下学习中文。荷兰华裔儿童还参加来自该地中文学校组织的武术班、中国民间舞蹈班等，借此来接受中国文化的熏陶。旅荷华侨总会的中文学校校董和教师每年通过给学校组织募捐，教师充当义务教学的形式来维持教学，因此"自力更生、无私奉献"成为旅荷华侨总会中文学校渡过重重难关的重要支柱，遍布荷兰东西南北中的17所中文学校也为华裔青少年提供了学习母语的良好机会。①

20世纪70年代随着中国移民大量涌入欧洲，欧洲其他国家的华侨华人数量增加，因此欧洲华校的数量也逐渐增多。其中1980—1986年在英国、法国、比利时、德意志联邦共和国等的大中城市先后创办了20所左右的中文学校。②有研究指出，2011年在欧洲的华侨华人总人数约有250万人，开办华文学校340所，就读的华人子弟有5.5万多人。③李明欢教授2021年3月26日的报告分析指出，新冠肺炎疫情前欧洲华校约有400所，在校学生约有5万人，有55所海外华文教育示范学校，该数据由各国欧洲各国侨团通过上报的形式得

---

① 《旅荷华侨总会五十周年纪念特刊(1947—1997)》，内部资料。
② 杨万秀.海外华侨华人概况[M].广州：广东人民出版社，1989：265.
③ 丘进主编.华侨华人蓝皮书.华侨华人研究报告(2011)[M].北京：社会科学文献出版社，2011：312.

出。① 由此可见,在过去10年,欧洲华校的数量有了一定增长,在中文学校就读的华裔子女数量趋于稳定。因此,海外华文教育的演进历程的时期划分,可以继形成期、兴盛期、不平衡发展期、复兴期和高涨期5个阶段之后新增第6个时期:稳定期。

基于新时期的华文教育发展,贾益民就"一带一路"时代背景下华文教育新发展的机遇与问题进行了研究。② 孙宜学指出"一带一路"沿线国家华侨华人构成不均衡,社会地位也相对不稳定,因此华语的使用程度出现了不一致。以东南亚为例,大部分东南亚国家华人占的比例较高,而且部分国家华语作为官方语言,占有非常重要的地位,因此这些国家的华侨华人民族文化认同感比较强,华人的凝聚力比较高,支持非华裔的汉语学习的情况比较普遍,包括新加坡、泰国、马来西亚等国。然而在欧洲国家的华文教育,相对来说由于华侨华人的数量比较少,因此重视性不及东南亚。但是随着世界格局的变化,华侨华人开始陆续在欧洲的一些国家形成社区,并且开始逐步推进华文发展。"一带一路"国家中,政府出台了一系列的鼓励措施,中国与"一带一路"沿线的中东欧国家出现了一些贸易合作,促进了海外"华文热"的持续升温。孙宜学在其著作中对"一带一路"沿线国家的语言文化政策的现状、问题和对策提出了思考。通过对该沿线国本土语言的政策推广以及华文推广教育进行对比分析,提出了如何培养华人的思考和推动中华文化国际传播的解决办法,包括师资培训、教材和教法的改革,以及如何实现孔子学院与当地华文学校的资源整合,如何使用汉语科技创新平台来更好地实现中华文化的推广和国际传播,构建海外华侨华人广阔的国际文化生态环境。③ 郭熙对如何在新时代的海外华文教育中提升中国国家语言能力提出了若干建议,指出加强华文教育智库建设、让"华文教育"回归本质、积极推进新时代侨民教育、利用海外华侨服务"一带一路"建设等。④

---

① 李明欢教授在温州大学浙江省侨界智库联盟学术交流浙江省侨界智库联盟学术交流暨首届华侨华人发展与侨务工作研讨会作的《疫情冲击下欧洲中文学校遭遇的挑战和应对》报告。
② 贾益民."一带一路"建设与华文教育新发展[J].世界华文教学,2016(1):12-18.
③ 孙宜学."一带一路"与海外华文教育[M].上海:同济大学出版社,2018.
④ 郭熙.新时代的海外华文教育与中国国家语言能力的提升[J].语言文字应用,2020(4):16-25.

第二节　汉字读写标准与语言认同

一、汉字读写标准

林蒲田认为,海外华文教育的主要教学内容分为汉语教学和中华传统文化教学。① 现代汉语通用汉字约有 7 000 个,其中常用汉字 3 500 个。学习汉语的基本功是认字,因此汉语词汇和语法教学是汉字教学的基础。② 徐子亮指出低年级学生一堂课能接受 10 多个生词,中年级学生一堂课容量逐渐增大可以接受 20 多个生词,高年级约 30 多个。③ 2019 年最新修订版的《义务教育语文课程标准》为九年一贯整体设计的课程标准。标准在总目标之下把小学阶段按照两个年级为一个阶段进行划分,对小学一二年级、三四年级、五六年级、初中七至九年级分别提出了阶段目标,体现了语文课程的整体性和阶段性。按照该课程标准,小学语文一二年级识字和写字的标准分别为认识常用汉字 1 600 个、会写 800 个左右。小学三四年级累计的认识汉字量达到 2 500 个左右、会写 1 600 个。小学五六年级需要认识汉字累计 3 000 个左右,会写 2 500 个。初中阶段能认识的累计汉字量为 3 500 个左右(去掉了会写汉字 3 000 个的要求)。

欧洲华裔子女参加的面向海外的汉语考试主要有:中小学生汉语考试(YCT)和汉语水平考试(HSK),面向母语非汉语者(包括外国人、华侨、华裔和中国少数民族考生)的国际汉语能力标准化考试。中小学生汉语考试(YCT)主要考查汉语为非第一语言的中小学生在日常生活和学习中运用汉语的能力。YCT 考试分为笔试和口试两部分,二者相互独立。笔试的 YCT(一级)、YCT(二级)、YCT(三级)和 YCT(四级)要求掌握的词汇量分别是 80 个、150 个、300 个和 600 个最常用词语以及相关语法知识。YCT 口试初级和中级要求掌握 200 个和 400 个左右最常用词语以及相关语法知识。汉语

---

① 林蒲田. 华侨教育与华文教育概论[M]. 厦门:厦门大学出版社,1995:74-76.
② 李大遂. 从汉语的两个特点谈必须切实重视汉字教学[J]. 北京大学学报(哲学社会科学版),1998(3):127-131.
③ 徐子亮. 汉语作为外语教学的认知理论研究[M]. 北京:华语教学出版社,2000.

水平考试(HSK)在中小学生汉语考试(YCT)的基础上增加了"工作"考试语境,笔试等级包括 HSK(一级)、HSK(二级)、HSK(三级)、HSK(四级)、HSK(五级)和 HSK(六级),分别要求掌握 150 个、300 个、600 个、1 200 个、2 500 个和 5 000 个及 5 000 个以上最常用词语以及相关语法知识。汉语水平口语考试 HSKK 主要考查汉语口头表达能力,包括 HSKK 初级、HSKK 中级和 HSKK 高级,分别要求掌握 200 个左右、900 个左右和 3 000 个左右常用词语。①

面向海外华裔的华语水平考试(HSC)由暨南大学研发,小学库的词语根据年级分布信息分为 3 个等级(一级、二级、三级),初中库的词语初次定为四级,高中库的词语初次定为五级。小学库的总次数,按照年级(一二年级、三四年级、五六年级 3 个阶段)分别统计次数,基本词语条目分别为一级 2 162 个词条、二级 2 825 个词条、三级 4 299 个词条、四级 5 044 个词条、五级 6 607 个词条。因此小学 3 个级别的词条总计为 9 286 个。词条涵盖范围比汉字广,因此对汉字的具体要求较难确定。②

2021 年 3 月,由教育部和国家语委正式发布《国际中文教育中文水平等级标准》,该标准把中文分为"三等九级"的国际化新框架,指初等一至三级,中等四至六级,高等七至九级,对中文的音节、汉字、词汇、语法进行了基准描述。以汉字为例,初等一级 300 个,二级 600 个,三级 900 个;中等四级 1 200 个,五级 1 500 个,六级 1 800 个;高等七至九级 3 000 个。③

欧洲华校由于非母语教学环境的影响、华校上课时间的限制,以及欧洲各国中文教育所采用的教材和课本不统一等条件限制,其中文水平与国内中文情况有着一定差异。以教材使用为例,有些欧洲华校采用人教版《语文》课本,有些采用中国台湾地区的《中文》课本,有些采用中国香港地区和侨居国当地编写的中文课本,有些采用暨南大学出版社的《汉语》,还有一些兼用上述教材。④ 各类教材的课程要求和课程内容不统一。因此,教材问题以及教学效果

---

① 《考试介绍》.汉语考试服务网.http://www.chinesetest.cn/gosign.do?id=1&lid=0#.
② 王洁.华文水平测试词汇大纲研制的理念与程序[J].华文教学与研究,2020(1):55-63.
③ 刘英林.《国际中文教育中文水平等级标准》的研制与应用[J].国际汉语教学研究,2009(1):6-9.
④ 章志诚.欧洲华文教育的历史与现状[J].八桂侨刊,2003(1):21-28.

成为一些学者的研究重点,郭熙就新形势下华侨母语的教育问题提出一些建议,指出新旧式侨教的区别,并对华侨教育、华文教育和语文教育进行了异同比较。① 叶静论述了海外华文教育的发展和现状以及当前发展所面临的问题与挑战。② 郭熙对汉语教学的三大分野进行了分类阐述,指出国家通用语言教学、华文教学和中文教学的分类和意义。③ 刘芳彬指出海外华文教育要整合两岸的华文资源优势,规范海外华文教育语言文字。④ 胡建刚对世界华文教育发展进行了年度报告,对华文教育政策和发展形势、华文教育的交流与合作、华文教育的活动开展、华文教育的师资培养以及中国台湾地区的华文教育开展提出了建议。⑤ 陈丽宇和陈思卫通过对"阅读能力"和"写作能力"的教材和教法的实验,就如何提升海外华裔学生的读写能力,提出了充实学生文化知识、利用当地资源、与中文学校共存共荣和与华裔学生亦师亦友的建议。⑥ 代清萌以意大利 Livorno 中文学校 20 名华裔学生为调查对象,通过汉语继承语能力的学生自我评估和 YCT 四级成绩发现,该校的中文继承语水平都在中级以上。⑦ 伊丽娜指出浙江大学海外华人学生们的语言能力,其听说读写方面并非均衡发展,往往在口语和听力最好,其次是语法和阅读理解。⑧

二、语言认同

人的根源性因素包括族群、地域、语言和宗教信仰 4 个方面,其中语言是根源性认同的一个重要因素,对于文化认同和国家认同有着基础性的意义。⑨ 语言作为一种文化遗产,承载着民族的文化历史传统。因此,语言认同有助于

---

① 郭熙.关于新形势下华侨母语教育问题的一些思考[J].语言文字应用,2015(2):84-89.
② 叶静.海外华文教育的历史与现状[J].佳木斯职业学院学报,2012(11):15-18.
③ 郭熙.论汉语教学的三大分野[J].中国语文,2015(5):475-478.
④ 刘芳彬.当前海外华文教育发展之处境与对策分析[J].海外华文教育动态,2012(3):43-47.
⑤ 胡建刚,洪桂治,张斌等.世界华文教育年度发展报告(2019)[J].世界华文教学,2020:3-17.
⑥ 陈丽宇,陈思卫.如何提升海外华裔学生读写能力——以荷兰乌特勒支中文学校青年班教学为例[J].海外华文教育,2012(3):227-238.
⑦ 代清萌.意大利华裔学生汉语继承语学习现状调查情况研究[D].重庆大学,2019.
⑧ 伊丽娜.汉语作为继承语及其对中国华文教育启示:基于对浙江大学海外华人学生汉语状况的实证调查[D].浙江大学,2013.
⑨ 陈科华.根源性认同与爱国主义[C].中国伦理学会会员代表大会暨第 12 届学术讨论会论文汇编,2004.

构建民族的整体身份。① Johnson 和 Rohrer 认为语言本身就是一种文化行为,在某种意义上语言的力量可以塑造一个民族,是该族人民拥有的思想保护,具有稳固种族情感和希望以及作为该民族的概念性和标记性的载体的作用。② 语言是文化的载体,身在异国的华侨华人在多元文化交换的环境中,面对两种或多种文化冲突和碰撞。华裔青少年与住在国的社会和接受的学校教育有明显的差异,传统意义的华人家庭的文化教育被削弱,对华裔子女的民族身份认同产生一定的影响,导致文化观念的隔阂、冲突和碰撞。他们对中文保持的情感联系,既有家庭内部成员特别是来自父母的中文语言环境的需求的驱使,也有其他外因和自身的要求。加强海外华裔青少年对中国语言的认同,使他们有足够的时间和机会接触和面临中国传统文化载体与符号,使中国传统教育在海外不丢失深厚的文化根基。

语言认同包括语言认知认同、语言情感认同和语言行为认同倾向认同 3 个方面③,是中国传统习俗和价值观得到理解、传输和传承基础,也被称为继承语认同。④ 因此,面向海外华侨华人子弟的中文学习,也被称为继承语学习。⑤ 继承语的发展是多种条件和因素综合作用的结果,如社会背景、身份信息,以及学校双语教学环境等。⑥ 周明朗认为美国和东南亚的华人子弟的华语认同有 3 种情况:华语认同困难、认同分裂和双重身份认证,认为解决华人子弟的华语认同困惑是华语教育的关键。⑦ 国内外大量的研究都探讨了父母在子女语言认同中的基础作用:基于美国和澳大利亚华裔家庭的实证研究表明,华裔家庭父母语言状况、意识类型、对子女中文学习的提供条件和坚持度等都是

---

① 肖燕,文旭. 语言认知与民族身份构建[J]. 外语研究,2016(4):7-11.

② Johnson, M., Rohrer, T. We Are Live Creatures: Embodiment, American Pragmatism, and the Cognitive Organism, Berlin. New York: Mouthon de Gruyter, 2017.

③ 陈燕玲. 菲律宾华裔青少年的语言情感与文化认同——基于"词语自由联想"实验的研究[J]. 东南学术,2015(4):198-206.

④ Valdés, G., Geoffrion-Vinci, M. Heritage Language Students: The Case of Spanish[M]. New Jersey: Wiley-Blackwell, 2011.

⑤ 原鑫. 华裔学生继承语水平影响因素研究[J]. 语言文字应用,2020(8):122.

⑥ Bartlett L. Bilingual Literacies, Social Identification, and Educational Trajectories[J]. Linguistics & Education, 2007(3-4):215-231.

⑦ 周明朗. 语言认同与华语传承语教育[J]. 华文教学与研究,2014(1):15-20.

影响华裔子女的重要因素①②。鞠玉华提出传承中华民族文化和强化语言能力的方式可以做出的努力,包括发挥家长作用、参与民族文化活动、提升民族精神、营造文化氛围等。③ 除分析父母的因素,耿红卫和张巍还对欧洲华文教育的现状和存在的问题进行了分析,提出了促进欧洲华文教育的对策和建议,包括加强华文学校师资培养力度、增强图书供给渠道、提高学生兴趣等。④ 赵卫国对在日华裔青少年18人进行了历时四年的追踪调查,探讨了在日华裔青少年对汉语和日语的使用环境的切换及其文化认同的因素,包括赴日动机、语言经历、语言能力等八大因素。⑤ 沈玲认为通过家庭教育和社会教育的途径进行文化传播收效缓慢且受其他条件限制,因此学校教育要承担传播的重担。⑥

三、欧洲华文教育的国别研究

《世界侨情蓝皮书(2020)》对欧洲按照东欧、西欧、北欧、中欧、南欧等分别进行了侨情分析,主要涉及的国家有英国、法国、荷兰、意大利、西班牙等华侨华人相对比较集中的国家,报告主要反映华侨华人群体在当地的生活,以及融入当地社会和社区生活的情况,教育板块主要介绍中国赴欧洲各国的留学生的情况,对于海外华校的教育发展未作涉及。⑦

关于海外华文教育的国别与区域研究,有不少不同国家华文教育的个案研究。如《华文教育研究第1集》收录的国别研究主要为东南亚和美洲的华文教育研究。⑧ 严晓鹏等采用社会学和教育学的相关理论,以旅意温州人创办的6所华文学校为例,通过大量的数据支撑来对意大利华文教育的现状和问题进

---

① 沈椿萱,姜文英.儿童的汉语保持水平与父母的角色——基于布里斯班五个华人移民家庭的个案研究[J].海外华文教育,2017(1):5-19.
② 王玲,支筱诗.美国华裔家庭父母语言意识类型及影响因素分析[J].华文教育与研究,2020(3):28-36.
③ 鞠玉华,Ju Yuhua.海外新华侨华人子女文化传承状况论析——以日本新华侨华人子女为中心[J].东南亚研究,2013(1):54-58.
④ 耿红卫,张巍.欧洲华文教育的现状分析与策略研究[J].海外华文教育,2018(6):98-103.
⑤ 赵卫国.在日华裔青少年语言与文化认同的影响因素[C].第十七届全国心理学学术会议论文摘要集,2014.
⑥ 沈玲.东南亚新生代华裔文化认同的国别比较研究[J].民族教育研究,2017(6):124-129.
⑦ 张春旺,张秀明主编.世界侨情报告2020[M].北京:社会科学文献出版社,2020.
⑧ 曾毅平主编.华文教育研究第1集[M].广州:暨南大学出版社,2017.

行了研究。研究既包括华文教育与华文学校的关系,也包括华文教育与华文教师的关系,以及华文教育与学生之间的关系。研究通过大量的资料以及数据统计分析,系统地对华侨华人的华文教育情况,特别是以学校教师师资和学生作为研究对象,分别进行基数数据统计和分析,对中文学校的师资、教学、教材和学生的情况进行了深入的研究,探讨了影响华裔青少年中文学习效果的一些影响因素,并通过得出的结论,为意大利华文教育的发展提供理论上的支持。[①] 严晓鹏以意大利佛罗伦萨中文学校为例,在研究该校的发展轨迹的基础上,对影响欧洲华文学校发展的关键影响因素进行了分析。[②] 王琳对法国华文教育的发展概况及特点、影响其发展的内外因、华文教育面临的困境等进行了研究。[③] 谷佳维在研究了西班牙华文教育的发展历程、现状特点和存在的问题的基础上,分析了西班牙华文教育的发展新趋向。[④] 这也是整个华人社会融入当地社区和华裔新生代力量不断壮大的基础。薛南和金震指出了在全球化视野下意大利华文教育的发展现状和未来走向。[⑤] 金志刚等对意大利华文教育的发展历程和现状、主要存在的问题以及发展对策提出了建议。[⑥] 鞠玉华对英国周末制中文学校的教学和运营状况进行了分析,指出了中文学校发展的特点、原因、影响和存在的问题。[⑦] 许木对英国华文教育的主要特点、原因和面临的挑战进行了分析。[⑧] 包含丽以温州籍华裔中小学生为例研究了欧洲华裔中小学生的华文学习现状、学习动机,并对发展欧洲华裔中小学教育提出了建

---

① 严晓鹏,包含丽,郑颖.意大利华文教育研究——以旅意温州人创办的华文学校为例[M].杭州:浙江大学出版社,2015.
② 严晓鹏.欧洲华文学校发展的关键影响因素分析——以意大利佛罗伦萨中文学校为例[J].教育学术月刊,2013(8):29-34.
③ 王琳.法国华文教育的新发展及其困境——以法国新兴华文学校为例.世界华文教学,2020(7):83-100.
④ 谷佳维.从留根教育到综合素质教育:西班牙华文教育发展的新趋向[J].华侨华人历史研究,2020(1):11-19.
⑤ 薛南,金震.全球化视野下的意大利华文教育变革与发展[J].华北电力大学学报(社会科学版),2018(6):130-135.
⑥ 金志刚,李博文,李宝贵.意大利华文教育的现状、问题与对策[J].辽宁师范大学学报(社会科学版),2017(5):104-110.
⑦ 鞠玉华.英国中文学校发展现状探析[J].八桂侨刊,2014(2):18-24.
⑧ 许木.蓬勃发展的英国华文教育[J].世界教育信息,2015(11):17-20.

议。① 刘悦对欧洲华裔新生代的概念维度及其移民身份认同的宏观维度、中观维度和微观维度进行了分类,指出华文教育者的视角对新生代移民身份的"他驱动"的影响。②

第三节 欧洲华裔子女中文学习现状调查的目的和意义

综上所述,海外华文教育研究特点明显。首先,研究理论构建相对完善,包括相关术语的规范,以及华文教育的理论框架的构建。其次,研究中对海外华文教育的历史、现状、问题和措施的研究相对比较完善。再次,个案研究涉及的欧洲国家覆盖了英国、法国、意大利、西班牙等海外华侨华人相对聚集比较集中的国家,因此较具有代表性。最后,研究的时代性比较强,一些建议和思考联系了当前新时期的海外华文教育现状。

就语言认同看,涉及海外华侨华人的文化认同的研究比较多,研究将中国文化认同作为整体,涵盖的内容较广,把中文认同作为单独参数的研究较少。此外,海外新生代华裔青少年的相关语言认同侧重于理论探讨和文学作品文本分析较多,基于现实的实证调查和定量数据分析的相对较少。目前的欧洲华文研究的地域大部分集中在西欧国家,以英国、意大利、法国、西班牙的研究为主,欧洲其他国家的研究相对不足,特别是希腊、匈牙利、罗马尼亚等南欧和东欧国家,而全球新冠疫情下海外华文教育的现状和问题需要及时更新。以海外华裔青少年为对象的国别比较研究集中于东南亚,欧洲国家华人子弟的语言认同现状研究较少。通过欧洲华裔青少年对中文认同的国别比较,可以揭示出华裔青少年对祖国身份认同差异,同时可以了解该群体对自己的族群归属的认知和情感特征。了解欧洲华裔青少年的语言认同,可以针对华裔青少年有的放矢地开展中文传播和教育推进。

欧洲华裔子女的中文水平研究也存在若干不足,主要有:首先,无论是理

---

① 包含丽.欧洲华裔中小学生华文教育研究——以温州籍华裔中小学生为例[J].教育评论,2012(1):117-119.
② 刘悦.跨文化记忆与身份构建——欧洲华裔新生代文化认同[M].厦门:厦门大学出版社,2019.

论研究还是个案研究，交叉的内容比较多，包括海外华侨的历史发展、现状问题及解决办法，其中所反映共性的问题较多，主要体现在教学设施、师资储备、办学资金、教材等方面。其次，较多理论层面研究，以数据为支撑的分析相对较少，除意大利华文教育采用了详细的数据统计和分析的定量研究外，其他国家的相关研究较匮乏。再次，目前的欧洲华文教育研究的地域大部分集中在西欧国家，以英国、意大利、法国、西班牙的研究为主，欧洲其他国家的研究相对不足，特别是希腊、罗马尼亚等南欧和东欧国家。最后，全球新冠肺炎疫情下海外华文教育的现状和问题没有得到及时更新。此外，现有的研究以办学者和管理者的角度研究居多，以海外华文学校学生和华裔子女为研究对象的定量研究相对较少。

基于以上现状，本书的主要观点有：

一、欧洲不同国家由于移民历史和移民代次不同，华裔子女的基本情况、中文水平、中文重要性认可程度存在差异。

二、欧洲各国华裔子女的中文重要性认同与子女的年龄、国籍、中国居住史、学习中文时长等多变量之间存在相关性。

三、欧洲各国华裔子女的中文读写水平与子女的年龄、国籍、中国居住史、学习中文时长等多变量之间存在相关性。

四、欧洲各国在全球新冠肺炎疫情背景下，从办学的中文学校、家庭环境、学生本身等因素来看，华裔子女的中文学习的目的、内容和形式的需求会发生变化。

因此，本书的研究主旨是弥补当前研究中的一些空白和不足，主要体现在：

首先，对研究选定的欧洲国家华裔子女中文学习现状进行研究，包括华裔子女的出生、年龄、国籍、就读年级、现居住国、在中国居住时间、中文的"读"和"写"水平状况。对中文教学的形式和内容、学习中文的目的、认为中文重要性程度等问题进行了问卷调查，对所研究的欧洲国家的中文学校办学历史、办校规模、授课模式、教学场所、办学师资、学费收取、运营成本、赛事组织、中文教学、疫情前后教学方式和规模的变化以及影响、华文赛事参与情况等，通过访谈，获得了一手资料和数据。

其次，问卷调查结果通过 SPSS24.0 软件进行了各项的频数分布、相关性和交叉性分析,包括:各个选项的频数、所占的百分比、累计百分比等;分析华裔子女的年龄段、日常交际使用的语言、曾在中国居住的时间、学习中文的时长、认为中文学习的重要性这几项问题的相关性,以及出生地、现居住地、国籍状况、认为中文学习的重要性这几项的相关性,并按照皮尔逊相关的显著性(双尾)标准进行相关性分析;分析华裔子女的年龄段、曾在中国居住的时间的交叉表,学习中文的时长、日常交际使用语言、国籍状况、中文重要性等的交叉表。再次,研究中新增了对欧洲的荷兰、意大利、法国和西班牙等国以外的希腊、匈牙利及罗马尼亚的华裔子女中文学习现状的研究,为欧洲国家的华文教育研究提供更全面的数据,增进和补充对华文教育现状的了解。最后,研究的问卷结果和数据分析,均在 2021 年 1 月 27 日—2021 年 3 月 15 日间完成,以全球新冠肺炎疫情和面向海外华裔子女的华文教育网络特色教育为背景,既反映了当前形势下华裔子女的中文学习现状,又揭示了华文教育的新机遇和挑战。

第四节 欧洲华裔子女中文学习现状调查的研究方法

一、研究方法

本书主要采用亲临实践、问卷调查、深入访谈和统计分析,对欧洲 7 个国家,包括法国、意大利、西班牙、荷兰、希腊、匈牙利和罗马尼亚的华裔子女的中文学习现状进行调查。

1. 亲临实践

由温州大学外国语学院"国学咏流传"多语教学团队面向海外华裔子女开展的在线"国学大讲堂"于 2020 年 7 月开始筹备,2020 年 12 月开始教学资源准备,2021 年 1 月起正式实施。第一期"国学大讲堂"推广的主要内容为中国传统品德:孝、悌、忠、信、礼、义、廉、耻,教学通过分别列举古代圣贤名士的经典故事,展现古人的智慧,让海外华裔子女传承中华民族的优良美德。教学团队对接的海外中文学校涉及法国、西班牙、意大利等国多所学校。在教学过程中,笔者通过课堂教学组织的各个环节亲临实践和指导,在此过程中对华裔子女的中文现状进行观察思考。

2. 问卷调查

在参与和指导海外国学推广期间,笔者通过问卷星在线发放《××华裔就读子女中文学习现状调查表》(在不同国家发放时,问卷名称均不一样,内容也有差异,××表示不同的国家名称),在开展教学的学校发放问卷。由于教学团队对接的学校开展线上教学时间有先后,因此问卷发放和收集的时间各异。法国完成时间最早,在2021年2月4日前完成,之后的几所学校的问卷发放在法国卷的基础上有微调,问卷问题根据该国实际情况有所增减。以下每个章节的研究对象部分,均对问卷发放对象进行了说明。

3. 深入访谈

在每个国家的问卷填写前后,笔者分别访谈了该国中文学校的校长、中文学校班级管理教师或华裔家长。访谈的内容包括该校的办学历史、办校规模、授课模式、教学场所、办学师资、学费收取、运营成本、赛事组织、中文教学、疫情前后教学方式和规模的变化以及影响、华文赛事参与情况等。由于所采访的中文学校的办学情况不一,包括海外华文教育示范基地、私塾性质的小型地方办学机构、当地华人协会办学机构、教会性质中文辅导班等,因此访谈的内容有所差异。

4. 统计分析

本书收集的《××华裔就读子女中文学习现状调查表》(××分别表示不同的国家名称)共收得有效问卷394份,分别为法国44份、意大利58份、西班牙84份、荷兰51份、希腊52份、罗马尼亚71份和匈牙利34份。问卷涉及的内容有:华裔子女的出生地、年龄、国籍、就读年级、现居住国、在中国居住时间、中文"读"和"写"水平状况、中文教学的形式和内容、学习中文的目的、认为中文重要性程度等。通过SPSS24.0对单项问题的数据统计,包括各个选项的频数、所占的百分比、累计百分比等,并就几项关键问题的相关性按照离散数据的肯德尔交叉性、相关性和显著性(双尾)标准进行分析,在问卷调查的最后结合问卷结果和访谈内容对各国华裔子女中文学习现状展开一定讨论和总结。

二、问卷设计说明

本调查问卷由笔者自行设计,包括单选题和多选题,所研究的各个国家根据实际情况有一定的区别,具体在每个章节的数据统计和分析中有说明。

1. 华裔就读子女的年龄段

欧洲各国华裔子女的年龄分段采用了与中国国内小学的认读水平一致的阶段划分方法,一共分为6个阶段:第一阶段为6岁以下,等于国内幼儿园及以下年龄段;第二阶段为7—8岁,对应国内小学一二年级;第三阶段为9—10岁,对应国内小学三四年级;第四阶段为11—12岁,对应国内小学五六年级,第五阶段为13—15岁,对应国内初中;第六阶段为15周岁以上,问卷说明填写就读子女的年限上限为23周岁,即国内大学本科。该年龄段的设置是为了研究欧洲华裔子女的年龄段与读写水平的相关性。

2. 华裔就读子女的现居住地、出生地

华裔就读子女现居住地按照"祖(籍)国—住在国—周边国—其他国家"的顺序排列。列出选项为中国和各住在国,并给出"其他"作为开放填写选项。

3. 就读子女日常交际使用的语言

就读子女日常交际使用的语言选项排列按照"祖(籍)国语言—住在国语言—其他国家语言"的关联紧密度依次排列(除荷兰外,增加了英语的组合选项)。

4. 华裔就读子女曾在中国居住的时间

一般的年份和年限分段均采用5年为一个档,参考了华人新移民海外融入5年为一个分水岭的观点。① 然而,笔者在前期温州丽岙侨乡留守妇女的生存现状的研究中,发现温州大部分移民海外融入时间偏短,基本表现为3年一个分水岭。因此将选项进行折中设置,分为没有居住过、3年以内、5年以内、7年以内、10年以内和10年以上。

在中文学习重要性与其他变量的相关性和回归性研究中,采用"是"和"否"的二分法来研究两者的相关性,在相关表和回归表中均有说明。

5. 华裔就读子女学习中文的时长

华裔就读子女学习中文的时长分为1年、3年、5年、7年、10年以内和10年以上。选项设置的标准是以法国华人进出口商会中文学校和西班牙巴塞罗那中加友好学校为例,该校的幼儿班第一批招生教学采用的是暨南大学出版

---

① 李其荣. 国际移民与海外华人研究(第三卷)[M]. 武汉:湖北人民出版社,2018:431.

社出版的《幼儿拼音》第3、4册,教学周期为一年,之后进入小学阶段的学习。为了与问卷调查的就读子女的年龄段进行匹配,学习中文的时间设置为:1年主要针对幼儿班学生,3年以内针对小学一二年级学生,5年以内针对小学三四年级学生,7年以内针对小学五六年级学生,10年以内针对初中学生,10年以上针对初中以上教育水平的学生。

6. 华裔就读子女认为中文学习的重要性

华裔就读子女认为中文学习的重要性,按照五点李克特量表进行评估,分别为:非常重要、重要、一般重要、不太重要和不重要。在相关性研究中,分别赋值1、2、3、4、5。

7. 华裔就读子女会"读"和会"写"的词汇量

在调研的欧洲华校中,意大利西西里巴勒莫中文学校、佛罗伦萨中文学校、米兰华侨中文学校、希腊雅典中文学校、匈牙利布达佩斯光华中文学校、罗马尼亚某教会中文班等校均采用人民教育出版社的《语文》教材,因此问卷中华裔子女的中文认读水平的5个等级分级标准与2019年最新修订版小学语文新课程标准《义务教育语文课程标准》一致,分别为1 600字以内(中国小学一二年级水平)、2 500字以内(中国小学三四年级水平)、3 000字以内(中国小学五六年级水平)、和3 000字以上(初中起点以上)。由于我国对学龄前儿童的中文认读水平未设标准,因此问卷的最低标准采用国际中小学生汉语考试(YCT)口试中级水平,该标准主要面向海外华校每周2—3课时进度学习汉语,时长达到两个学期以上,掌握400个左右最常用汉语词语和相关语法知识的中小学生;国内初中起点以上的要求会读3 000个左右和会写2 500个分别设置为最高等级。

8. 华裔就读子女中文哪项能力好

华裔就读子女中文能力的划分,按照《华文教育概论》中的语文能力的听话、说话、写作和阅读四大要素来进行划分。另有一选项为"都不太好"。

9. 华裔就读子女学习中文的目的、希望学习中文的教学形式、希望学习中文的教学内容、希望中文拓展辅助方面、学习中文的主要途径

这几项问题选项内容按照从法国华人进出口商会中文学校和意大利西西里巴勒莫中文学校了解到的情况,以及温州大学教育学院李梁教授根据国内语文教学的汉语基础、汉语理解,以及中国传统文化学习的分类建议进行编

写,部分选项参考了韩颖的研究①。具体选项见每章节的问卷调查统计结果。

10. 就读子女的国籍状况

就读子女的国籍状况选项按照与中国的地缘和血缘关系的紧密度依次排列,分别为:中国国籍无外国居留、中国国籍有外国居留、外国国籍父母双方中国人、外国国籍一方父母中国人、外国国籍双方父母外国人。

在就读子女国籍状况与其他变量的相关性和回归性研究中,采用"是"和"否"的二分法来研究两者的相关性,在相关表和回归表中均有说明。

11. 华裔就读子女课外辅导中文学校的年级分布

华裔就读子女课外辅导中文学校的年级分布选项涉及小学和初中各年级以及以上选项(部分国家有此项调查)。

以上各项问题,将全部用于频数分析。选取华裔就读子女的年龄段、是否在中国居住过、学习中文的时长、认为中文学习的重要性、中文会"写"的词汇量、中文会"读"的词汇量、国籍状况进行相关分析。然后根据相关性结果,选取影响就读子女认为中文学习的重要性、中文会"写"的词汇量、中文会"读"的词汇量进行回归分析。

三、问卷设计的不足

本问卷在设计时考虑到问卷填写人的填写意愿和疫情期间客观条件的限制,故通过问卷星在线填写完成,因此存在以下不足:

(一)设计的题目较少,比如华裔子女的日常交际语言,采用单一问题形式,未采用量表的形式来测量,没有区分各种日常交流使用语言的场合和对象。

(二)由于在线教学条件的限制,未能对华裔子女的实际中文水平进行规范测试,而是以自评为主。另外,由于意大利西西里巴勒莫中文学校、意大利佛罗伦萨中文学校、意大利米兰华侨中文学校、希腊雅典中文学校、罗马尼亚某教会中文学校、匈牙利布达佩斯光华中文学校等,均采用的国内人教版的《语文》教材,因此华裔就读子女会"读"和会"写"的词汇量未采用中小学生汉语考试(YCT)和汉语水平考试(HSK)标准来进行划分,而采用国内小学语文

---

① 韩颖.汉语学习视野下多米尼加华族新生代中华文化认同研究[D].浙江科技学院,2021.

新课程标准《义务教育语文课程标准》。从问卷结果统计看,采用《义务教育语文课程标准》更客观,各参数变量分配人数相对平均。

(三)问卷调查最早实施对象为法国巴黎的部分中文学校(以法国华人进出口商会中文学校为主)和意大利西西里巴勒莫中文学校。在问卷设计前,笔者向校方了解情况,两校的教学招生以小学低年级段为主,因此问卷设计中关于华裔就读子女学习中文的时长、中文会"读"和会"写"水平均按照小学低年级水平设计。后期在西班牙、希腊、荷兰、匈牙利、罗马尼亚等国虽然问卷调查的内容有所变化,但是部分题目的选项没有增加,因此形成了诸如罗马尼亚的一些高年龄段相关选项统计结果堆积的现象。

(四)在问卷收集过程中,关于年龄段、学习中文时间和在中国居住时间等问题,最初的选项采用滚动下拉式菜单,可以进行年龄和时间的灵活选择。但是调查对象对此填写方式填写意愿不强,因此改用了阶段划分式,以增加问卷填写人的填写意愿。

第二章 法　　国

　　本章探讨法国华裔子女的中文学习现状，共分为4个小节。第一小节探讨法国中文学校发展的情况，包括法国的中国移民简介、华裔子女对中文学习的需求、中文学校大致办学历程等。第二小节主要介绍温州大学外国语学院"国学咏流传"多语教学团队进行法国华校国学推广的实施过程，以及在该过程中如何开展《法国华裔就读子女中文学习现状调查表》问卷调查和本次涉及问卷调查发放的法国华裔学生就读的中文学校的简介。第三节是法国华裔子女中文学习现状调查的统计分析与讨论，分析包括问卷设计的各项问题频数表和法国华裔子女的年龄与在中国居住时间、中文学习时间、认为中文学习的重要性和国籍状况等的交叉表，本节重点探讨法国华裔子女的年龄与中文读写水平及与中文学习重要性的相关性，讨论还包括法国华裔就读子女的中文学习现状，以及法国社会、家庭、法国华校和华文工作开展等层面的一些建议和思考。第四节是对本章内容的总结。"国学咏流传"多语教学团队进行海外华校国学推广和法国华裔子女中文学习现状调查问卷收集期间，笔者联系了法国华人进出口商会中文学校郑秀莲校长（以下简称 ZXL）、法国巴黎精英中文学校萱琛校长（以下简称 XC）、两位中文学校班级管理教师（以下简称 FGJS1 和 FGJS2）以及两位华裔学生家长（以下简称 FGJZ1 和 FGJZ2）进行了深度访谈，选取访谈相关的内容对频数统计表的结果进行说明。

第一节　法国中文学校发展情况

　　法国是欧洲大陆最早出现华侨的国家之一，可以追溯至1684年。18世纪末19世纪初,开始出现经商的华侨,之后人数不断增多,有开设澡堂、豆腐公司、洗衣店和餐饮等各行业人员。20世纪初,法国华侨逐渐增多,有留学生和桑蚕技术人员等。第一次世界大战由于战争需要,法国在中国沿海招募了20万前往法国的华工,战后一批华工留在了法国。此后通过经营领带、皮包、石雕等商品前往法国经商的人越来越多,1929年,浙江籍华侨已增至数千人。第二次世界大战期间旅法华侨人数有所减少,至1955年只有2 700人。1964年1月27日,法国与中国建交,这使得法国成为重要的中国移民的移居地。1970年,旅法华侨人数达到7 000人。1987年、1989年法国的华侨华人分别达到15万人和20万人。[1] 根据2018年法国全国统计和经济研究所(INSEE)的数据,法国移民达到650万人,达到法国总人口的9.7%,其中华侨华人70余万人,大部分居住在大巴黎地区,如果算上华人后裔,在法华侨华人有近100万人。[2]

随着法国华侨华人数量的增加,中国经济发展和中国政治地位的提高,华侨华人社会越来越重视华文教育。20世纪90年代,法国华侨华人开设中文学校或中文班50多个,绝大部分是由各社团主办的业余性质的,教学日为周三、周六和周日,一般单次一个半小时时间,按照学生的中文程度进行分班教学。一些比较富裕的商人、知识分子、多子女家庭以及住处比较偏远的华侨华人,采用聘请家庭教师的方式。[3] 目前法国各地开办的中文学校和中文辅导机构越来越多,办学主题包括各类俱乐部、互助会、同乡会、商会、报社等机构。中文学校通过各类课程,由浅入深地教授各类中文的文化、艺术、历史等知识。王琳指出,法国华文教育虽然起步晚,但是21世纪以来法国出现了一股学习华文的热潮,是欧洲华文教育发展最快的地区之一,她以法国新兴华文学校为例,指出了法国华文教育的新发展和困境以及解决办法。[4]

法国巴黎的中文学校应该不止三四十所,大一点的学校的学生人数

---

[1] 刘兴标,张兴汉.《世界华侨华人概况》(欧洲、美洲卷)[M].广州:暨南大学出版社,1994:71-73.
[2] 张春旺,张秀明主编.《世界侨情报告2020》[M].北京:社会科学文献出版社,2020:157.
[3] 刘兴标,张兴汉.《世界华侨华人概况》(欧洲、美洲卷)[M].广州:暨南大学出版社,1994:77.
[4] 王琳.法国华文教育的新发展及其困境——以法国新兴华文学校为例.世界华文教学,2020(7):83-100.

大概在七八百到一千左右,小一点的大概两三百人吧。我们巴黎有一个中文学校创办者的群,里面有40多个中文学校的管理者。整个法国中文学校的数量我没有统计过,不过我根据那个学校负责人的群,统计了巴黎地区大约有40多个,整个法国肯定不止这个数量。法国华人进出口商会中文学校是由我们法国华人进出口商会自己创办的,办学已经很多年了。除了现在和温州大学一起办学招生的幼儿班和一年级的常规教学班之外,我们学校现在还有其他年级的学生,也有开设其他课程的班级。我们本校招生,老师正在教学的班级有学第一册的十几个学生、学第二册的十几个、学第三册的有十几个。第四、五、六册的学生有,但是人不是很多,所以我们采用合班教学的形式,把学生合并在一起,大约有20人左右。人数少的主要原因是一些学生和家长,他们觉得疫情期间上网课太麻烦,而且效果不太满意,所以现在暂时没有学了。我们现在用的是暨南大学出版社的《汉语》教材。学生用的教材是免费的,由大使馆提供。我们学校每年都统计好需要订购的中文书的数量,然后上报到大使馆,如果预定的书到了,我们过去取回来发给学生就可以了。(受访者:ZXL)

法国巴黎精英中文学校是周末制的学校,性质跟法国华人进出口商会中文学校差不多。以前疫情刚开始我们有周三、周六、周日上课,既有线下教班,又有线上班。我们的这三天时间孩子和家长任意选一次就可以了,相当于学生每周就上一次课。目前因为疫情我们全部转到了线上。不管线上还是线下,我们每次上课时间都是一个半小时。(受访者:XC)

第二节　法国华裔学生就读学校状况调查

法国是温州大学外国语学院"国学咏流传"多语教学团队最早进行海外国学推广的国家。在国学推广活动开始之前,笔者与法国进出口商会中文学校郑秀莲校长进行了多次联系和协商,就上课形式、上课内容、上课平台等问题进行讨论。在郑秀莲校长的积极努力下,创建了"进出口商会国学讲座免费兴趣班"微信群,国学推广期间群成员维持在160位左右,其中有法国巴黎多所中文学校校长、授课教师、学生家长等。郑校长和海外国学教学团队通过该群发布上课公告,各个中文学校将上课信息转发至自己学校的教学群,鼓励各自学校的学生参与。因此,开放性是在法国进行本次国学推广的最大特点。面向法国的海外国学教学推广从2021年1月24号开始,上课时间为欧洲当地时间周日下午2:00—3:00(北京时间周日晚9:00—10:00),采用Zoom平台每次授课1小时,Zoom房间由郑秀莲校长建立,将房间号和密码分享在微信群。笔者通过微信群后期对接的中文学校包括法国巴黎精英中文学校、法国巴黎同济中文学校、法国巴黎欧洲时报中文学校等。本次调研的《法国华裔就读子女中文学习现状调查表》通过问卷星在线发放,邀请法国华裔子女在线填写,经过1周左右的时间,一共收到44份有效问卷。

参与本次问卷调查的华裔子女就读的法国巴黎两所中文学校情况如下:

法国华人进出口商会中文学校于2002年创办,学校位于法国巴黎93区商业批发中心,教室租用该商会场所,该商会有3个教室,用于中文学校教学。该校主要招收相当于国内小学年龄段的学生。学校对刚入门学拼音和认读中文的华人华侨子女的教育尤为重视,主要集中于低龄段华人子弟的中文学习教学。招生对象除了该商会的会员外,也对外招生,因此为华人商圈的华文教育做了很多工作,也受到当地华人家长的认可。经过多年发展,中文班不断扩大。疫情前,该中文学校的学生数量已超过200多人,学校根据学生的不同中文程度分为6个教学班。疫情期间,该校采用线上授课形式,授课平台为Zoom。

法国巴黎精英中文学校于2003年由法国语言文化国际交流协会(ALCIE)在巴黎注册成立。2007年,在中国驻法使馆和国务院侨办支持下,在巴黎94区成立该中文学校的分校,开设中文学习班。随着学校招生规模不断扩大,2011年在巴黎11区又增设了新校区。学校设5岁起幼儿汉语启蒙班,6岁起中文一册至十六册汉语高级班,以及书法、国画课外兴趣班,生源主要面向华裔儿童和青少年。2014年11月,该校被国务院侨务办公室正式授予"海外华文教育示范学校"称号。2015年,该校与当地市政府签约,租用当地公立小学教室,开设93区新校区。2020—2021学年,由于疫情,学校注册人数有所减少,学校保留20区和11区两个校区,合并93校区,变更办学方式和教学模式,推出线上课程,面向全法招生。

第三节 法国华裔子女中文学习现状统计分析与讨论

研究收回《法国华裔就读子女中文学习现状调查表》有效问卷 44 份,通过 SPSS24.0 软件进行了各项问题的频数分布、相关性和交叉性分析,并结合问卷结果和访谈内容展开法国华裔子女中文学习现状的分析和讨论。

一、法国华裔子女中文学习现状统计分析

(一) 频数分析

1. 法国华裔就读子女的年龄段

表 2-1 是法国华裔就读子女的年龄段频数分布表。在调研的 44 位法国华裔就读子女中,9—10 岁和 13—15 岁的人数最多,各有 14 人,各占总人数的 31.8%;11—12 岁,有 9 人,占 20.5%;7—8 岁、15 岁以上,分别有 4 人、3 人,分别占 9.1% 和 6.8%。此次调研各年龄层的华裔子女均有参与,9—15 岁的参与人数较多,没有学龄前子女参与调研。

表 2-1　　法国华裔就读子女的年龄段频数分布表

年龄段	频数	百分比	有效百分比	累计百分比
6 岁以下	0	0	0	0
7—8 岁	4	9.1	9.1	9.1
9—10 岁	14	31.8	31.8	40.9
11—12 岁	9	20.5	20.5	61.4
13—15 岁	14	31.8	31.8	93.2
15 岁以上	3	6.8	6.8	100.0
总计	44	100.0	100.0	

注:本书所有数据、图表资料来源于笔者 2021 年 1 月 27 日—3 月 15 日的调研。

我们现在这里的教材是从面向 4 岁的孩子开始,用的教材是暨南大学出版社的《幼儿汉语》。《幼儿汉语》一共有 4 册,可以学 2 年。6 岁以后

进入小学阶段的学习,使用的教材是《汉语》,我们一般教到第12册,再往上一般就不招生了。我们现在最高是在教第11册,相当于六年级第一学期。所以我们主要招收的学生相当于国内的小学年级的水平。疫情期间,我们学校现在规模也折损得蛮厉害的,现在学生总人数已经只有五六百人了。以前学生多多了,仅一年级都有七八个班。(受访者:XC)

我们这里招生就是面向小学生程度的。《幼儿汉语》我们只教3、4册,1、2册太简单了,家长觉得没有必要教。《汉语》我们目前只教1—6册,再往上走,招生就比较困难了,所以一般都没有办班,除非家长的需求非常强烈。目前我们和温州大学教学团队合作的就是两个班,分别是拼音班和一年级的班级。其他班级的学生数量也还可以,能过得去,但是比以前差多了,学生数大概比以前少了大半。现在这个情况除了疫情影响之外,主要原因还是周边学校竞争也厉害。我们这里有个新的学校办起来,叫作"SY宝贝"。它也是跟国内某个学校合作,利用了国内学校的资源和师资。国内的学校听说丽水或者是杭州这一带的学校,据说是这个中文学校(负责人)有个亲戚在国内,然后他组建了一个学生团队,在给他们教学,所以大家可能觉得他们学校办得很好。他们学校的招生对象也是低年龄阶段的孩子,所以对我们的招生影响很大。(受访者:ZXL)

2. 法国华裔就读子女的现居住地

表2-2是法国华裔就读子女的现居住地频数分布表。居住地按照"祖(籍)国—住在国—周边国—其他国家"的顺序排列。在调研的44位法国华裔就读子女中,有43人在法国,1人在中国。因此参与本次调研的对象以现居法国的华裔子女为主。

表2-2　　　　法国华裔就读子女的现居住地频数分布表

现居住地	频　数	百分比	有效百分比	累计百分比
中　国	1	2.3	2.3	2.3
法　国	43	97.7	97.7	100.0
总　计	44	100.0	100.0	

我们法国华人进出口商会中文学校在线上课的学生,不一定都在法国,有的学生回国后跟国内的公立学校一起上课,但是国内的教学内容对他们来说有一定困难,所以他们也会来参与我们学校的在线中文课程的学习。也有一些人是在其他国家,选择在我们这里上网课的,毕竟现在的国学教学是免费推广,他们就当听故事也是不错的。(受访者:FGJS1)

3. 法国华裔就读子女日常交际使用的语言

表2-3是法国华裔就读子女日常交际使用的语言频数分布表。选项排列按照"祖(籍)国语言—住在国语言—其他国家语言"的关联紧密度依次排列。在调研的44位法国华裔就读子女中,有20人能进行中文和法语的随意切换,占总人数的45.5%;有14人主要使用法语,占31.8%;有9人主要使用中文,占总人数的20.5%;还有一人选择了"其他"。因此参与本次调研的法国华裔子女,懂法语的占比大,体现法国华裔子女的文化融入性较好。

表2-3　法国华裔就读子女日常交际使用的语言频数分布表

日常交际使用的语言	频　数	百分比	有效百分比	累计百分比
中文	9	20.5	20.5	20.5
中文和法语随意切换	20	45.5	45.5	65.9
法语	14	31.8	31.8	97.7
其他	1	2.3	2.3	100.0
总计	44	100.0	100.0	

我们学校线下上课的时候,很多人都喜欢在课堂上说法语。这时候,我都会鼓励,叫他们在中文学校上课一定要说中文。这虽然对他们来说有点难,因为他们有的人就是在法国出生长大,都没有去过中国,他们用一个没有接触过的国家的语言交流,有人就会觉得不自然。(受访者:FGJS2)

我们虽然跟温州大学合作招生,但是必须在上课的时候配备一个法国本地的老师,因为这里的学生很多只会说法语,他们如果连简单的中文都不会,那就没有办法进行简单的课堂交流。有的学生可能只会说简单

的"你好""谢谢""再见",深层一点的交流可能就不会,这样的话如果老师只会中文,上课也没有办法进行。(受访者:ZXL)

4. 法国华裔就读子女曾在中国居住的时间

表2-4是法国华裔就读子女曾在中国居住的时间频数分布表。在调研的44位法国华裔就读子女中,有37人没有在中国居住过,占总人数的84.1%;有5人在中国居住过3年以内,占11.4%;在中国居住过7年以内和10年以上的各有1人,各占总人数的2.3%。因此,参与本次调研的法国华裔子女,大部分都没有在中国居住的经历,少量虽然居住过,但是居住时间非常短。

表2-4　法国华裔就读子女曾在中国居住的时间频数分布表

曾在中国居住的时间	频　数	百分比	有效百分比	累计百分比
没有居住过	37	84.1	84.1	84.1
3年以内	5	11.4	11.4	95.5
5年以内	0	0	0	95.5
7年以内	1	2.3	2.3	97.7
10年以内	0	0	0	97.7
10年以上	1	2.3	2.3	100.0
总计	44	100.0	100.0	

我的家族把我和我老公两边的亲戚加起来,有200多人在法国,国内也没有什么亲人了,所以孩子出生到现在都没有回过中国。不过等疫情好转了,以后还是会到中国旅游看看。(受访者:FGJS2)

5. 法国华裔就读子女学习中文的时长

表2-5是法国华裔就读子女学习中文的时长频数分布表。44位法国华裔就读子女中,有19人学习中文的时间在3年以内,占总人数的43.2%;有10人学习中文的时间在5年以内,占22.7%;有8人学习中文的时间长达5年以上,占18.2%;还有7人的学习时长在1年以内。因此,参与本次调研的

法国华裔子女，普遍学习中文的时长都达到了一定的年限，但是整体时间偏短。

表 2-5　法国华裔就读子女学习中文的时长频数分布表

学习中文的时长	频　数	百分比	有效百分比	累计百分比
1 年以内	7	15.9	15.9	15.9
3 年以内	19	43.2	43.2	59.1
5 年以内	10	22.7	22.7	81.8
5 年以上	8	18.2	18.2	100.0
总计	44	100.0	100.0	

疫情期间，我们学校的孩子对学中文的态度和兴趣还是有变化的，孩子们的变化也各不相同，有的很喜欢线上课，有的完全不喜欢，甚至不愿意上网课，希望等到疫情结束后回到线下上课。所以这个疫情对孩子学习中文的持续性还是有一定的影响。（受访者：XC）

我们这里大概会有家长把五六岁的孩子带过来学中文，一般太小的孩子他们还不会送来。我们是根据我们上课次数和时间收费的。学校收费也不是很低，学费是一学年 230 欧元，每个星期教学时间大概一个半小时。我们教学周算 40 个星期左右，其他时间学校也要放假的。40 个星期的教学时间来平均的话，我们的收费标准就定在每小时 5 欧元左右，包括这次常规招生的拼音班和一年级的班级，我们上 11 次的课，每次课一个半小时，收费就是 50 欧元。一个班级以 15 人为例，每节课总共收入 75 欧元，扣除场地成本以及师资成本，费用基本上算下来是可以够开支的。以前办学我们都没有亏过，每年老师的费用、场地租用的费用，都是够的，但是没有盈利。我们商会办的中文学校就是专门为华侨华人服务的，本来就不是以赚钱和盈利为目的。学校定位就是公益性质的，没有把赚钱当目的，至少我办学这么久，没有把这个当作赚钱的企业在做。只有通过公益的形式，才能让孩子学习中文的持续时间更久。我们商会也成立很多年了，协会也有很多会员，如果把这个学校当作赚钱的工具，这个影响就不好了，所以本身就是以维持运作为主，这样做的目的也是让更多的华人子弟来学习中文。我们这个学校和别的私人办学不一样,私人创办的学校用了许多方法,就是为了赚钱。而法国有些家长他们对小孩非常重视,认为学校只要把孩子教育好,让孩子开心,学费贵一点也无所谓。私人办学收费很高,他们每个小时的价格是我们的两倍或是三倍,可能还不止吧,我没有具体了解。(受访者:ZXL)

6. 法国华裔就读子女认为中文学习的重要性

表2-6是法国华裔就读子女认为中文学习的重要性频数分布表。在44位法国华裔就读子女中,有29人认为中文学习非常重要,占总人数的65.9%;有12人认为中文学习重要,占27.3%;分别有2人和1人认为中文学习一般重要或不重要。因此参与本次调研的法国华裔子女普遍比较重视中文学习。

表2-6 法国华裔就读子女认为中文学习的重要性频数分布表

认为中文学习的重要性	频数	百分比	有效百分比	累计百分比
非常重要	29	65.9	65.9	65.9
重要	12	27.3	27.3	93.2
一般重要	2	4.5	4.5	97.7
不太重要	0	0	0	97.7
不重要	1	2.3	2.3	100.0
总计	44	100.0	100.0	

父母和孩子对中文学习的重视程度各不相同。重视的家长每节课都会陪伴孩子,对老师说的每一句话都非常关注,并会要求孩子高质量地完成作业。平时也会跟学校老师保持紧密联系。不重视的家长把孩子送到学校就不管了,甚至来给孩子报名的时候都不知道自己孩子上几年级。(受访者:XC)

家长和孩子重不重视中文还要看情况的。有些家长是非常重视中文学习的。只要学校教得好,家长就很乐意送孩子过去学习。所以我现在打算把我们学校的几个小班办得好一点,以至于后续收费也可以提高一点。当然,这也不是一时半会儿的事情,需要长时间的努力。据我的了解,"SY 宝贝"学校刚创办的时候也是非常辛苦的,学校里只有几个学生,负责人也一直在加班。后来市场慢慢打开了,才有现在好的发展。但是我朋友好像也说那个学校也没有想象中的那么好,可能大家跟风的人也比较多,看到别人去了,感觉自己也要去。不过总的来说,华人家庭的子女一般都会去学习中文。经济条件不太好的家长偏向于让孩子去学费较低的学校学习,哪个学校学费低,他们的孩子就一直在那个学校学习。而经济条件较好的家长,则是不论学校学费的高低,只要大家说这个学校好,他们就会让自己的孩子去这个学校学习。主要的方法就是给学校打广告,让更多的人知道、了解这个学校,只要学校广告打得好,学费高一点对于家长们说也没关系。巴黎的中文学校这么多,也就意味着华侨家长对孩子的中文教育还是很重视的。基本上每个华侨子女都有学习中文。不过很多家长更喜欢孩子学习英语,有的甚至觉得英文比中文更重要。(受访者:ZXL)

对华侨子女的中文学习不能说每个人(父母)都非常重视,但是他们也希望孩子中文能尽量学得好,而不是说过来认个字。有的华侨感觉回来认个路标差不多了,因为他们本身没有打算回国发展,有的华侨就希望孩子一定要把中文学得很好,因为他们以后有可能会回到中国读大学等。不过总的看来回中国读大学的可能是小部分,他们更多是想在欧洲或者英语国家读吧,毕竟这样今后的就业机会会更广阔一些,我是这样觉得的。不过现在孩子还小,他们应该还没有想过这些问题。(受访者:FGJS2)

7. 法国华裔就读子女中文会"写"的词汇量

表2-7是法国华裔就读子女中文会"写"的词汇量频数分布表。在参与调研的44位法国华裔就读子女中,会"写"的词汇量在400字以下,有23人,占总人数的52.3%;有13人能达到国内小学一至二年级水平,占29.5%;8人能达到国内小学三至四年级水平;能达到词汇量2 500以内和2 500以上的没有。因此,参与本次调研的法国华裔子女中文的会"写"的水平偏低,书写能力较薄弱。

表2-7　　法国华裔就读子女中文会"写"的词汇量频数分布表

中文会"写"的词汇量	频　数	百分比	有效百分比	累计百分比
400字以内（YCT口语中级标准）	23	52.3	52.3	52.3
800字以内（中国小学一至二年级水平）	13	29.5	29.5	81.8
1 600字以内（中国小学三至四年级水平）	8	18.2	18.2	100.0
2 500字以内（中国小学五至六年级水平）	0	0	0	100.0
2 500字以上	0	0	0	100.0
总计	44	100.0	100.0	

我们学校主要都是招生低年级的学生，而且开设的年级也不多，所以读写能力都一般，有些家长就认为私立的会不会教得好一点。其实私人办学的中文学校的教学质量和我们商会创办的中文学校相比哪一个学校好也不好说。我有个朋友的孩子也在"SY宝贝"学校学，但学习了半年后，他又觉得"SY宝贝"学校不太好，不太喜欢这个学校，认为还是我们的学校比较好，就把孩子又送来我们商会的中文学校学习中文。因为"SY宝贝"学校是由私人创办，没有专业的课本，他们的课本是由自己创编或是私人从中国运送过来的。而我们学校则是一直以来都用大使馆提供的《汉语》课本，是从拼音开始一步步深入的。前些日子，"SY宝贝"学校的负责人联系我，询问我法国这边免费的中文书在哪里可以领取。一方面，因为中国书的价格比较高；另一方面，由于疫情，中国的书难以运送到法国，没有课本他们学校也没法维持下去。所以学生学习的好坏和教材、教法和教师都有很大的关系。（受访者：ZXL）

8. 法国华裔就读子女中文会"读"的词汇量

表2-8是法国华裔就读子女中文会"读"的词汇量频数分布表。在参与调研的44位法国华裔就读子女中，会"读"的词汇量在500字以下，有20人，

占总人数的 45.5%；有 12 人能达到国内小学一至二年级水平，占 27.3%；5 人能达到国内小学三至四年级水平；能达到会"读"词汇量 3 000 以上的有 5 人；还有 2 人会"读"的词汇量在 3 000 以内。因此，参与本次调研的法国华裔子女中文的会"读"的水平偏低，但是与会"写"的词汇量相比，整体水平要稍高一些。

表 2-8　法国华裔就读子女中文会"读"的词汇量频数分布表

中文会"读"的词汇量	频　数	百分比	有效百分比	累计百分比
400 字以内（YCT 口语中级标准）	20	45.5	45.5	45.5
1 600 字以内（中国小学一至二年级水平）	12	27.3	27.3	72.7
2 500 字以内（中国小学三至四年级水平）	5	11.4	11.4	84.1
3 000 字以内（中国小学五至六年级水平）	2	4.5	4.5	88.6
3 000 字以上	5	11.4	11.4	100.0
总计	44	100.0	100.0	

我们上完课之后会布置作业，有一些预习和复习作业，有写的作业和读的形式。如果是读的作业，学生要给老师发音频的，这样老师监督起来会更到位。这样的话，我觉得一次课也差不多了。两次课，学生和家长都找不出这么多时间。所以他们整体中文学习的时间还是偏少，听说水平会好一点，读写水平就没有那么好。（受访者：XC）

我们对学生学习中文需要达到的水平要求是比较高的。我们学校学生每学期都有听写以及考试，和国内差不多，每年也都有组织结业典礼，也有评选三好学生，所以总体水平不会特别差。（受访者：ZXL）

9. 法国华裔就读子女中文能力各项能力分析

表 2-9 是法国华裔就读子女中文能力各项能力分析频数分布表。在参

与调研的44位法国华裔就读子女中,实际问卷统计涉及21份,其中听、说能力好的分别为16人和15人,分别占40%和37.5%;有8人读的能力好,占20%;有1人写的能力好。因此,参与本次调研的法国华裔子女中文听和说的能力比较好,读和写的能力相对较差,特别是写的能力整体不好,另外23位华裔子女的各项能力均不太好。

表2-9 法国华裔就读子女中文能力各项能力分析频数分布表

中文哪一项能力好(多选)	个案数	百分比	累计百分比
听	15	37.5	71.4
说	16	40.0	76.2
读	8	20.0	38.1
写	1	2.5	4.8
总计	40	100.0	190.5

注一:使用了值1对二分组进行制表。
注二:本题采用SPSS统计软件的"多项响应"功能,其中有23人填写"都不太好"。在输入选项答案(0,1)的时候,系统默认0为"否",因此实际统计的是问卷中有做选择的21份问卷结果。

家长和学生对中文学习程度期望也各不相同,有的希望能跟中国的孩子水平一致,有的就希望他们能听懂中文、会说中文就好,所以想要达到听说读写都好,这个对他们来说有点困难。(受访者:XC)

我们现在招收的学生都是低年级的偏多。除了学校里面的学习外,家里的语言环境也有关系的。有的中文会说一些,中文写得好的还比较少。(受访者:ZXL)

10. 法国华裔就读子女学习中文的目的

表2-10是法国华裔就读子女学习中文的目的的频数分布表。44位参与调研的法国华裔就读子女中,学习中文的目的是为了更好地了解中国文化,有29人,占65.9%;为了增强自己的多语言能力,有25人,占56.8%;为了与家人语言沟通更便利,有15人,占34.1%;为了增强自己的民族认同感,有10人,占22.7%;为了今后回国就学就业,有8人,占18.2%;另外有2

人选择了"其他"。因此,参与本次调研的法国华裔子女中文把了解中国文化和增强语言能力放在学习目的的首位,而为今后回国就学就业做准备的人数相对较少。

表2-10　　法国华裔就读子女学习中文的目的频数分布表

学习中文的目的(多选)	个案数	百分比	累计百分比
为了增强自己的多语言能力	25	28.1	56.8
为了与家人语言沟通更便利	15	16.9	34.1
为了今后回国就学就业	8	9.0	18.2
为了更好地了解中国文化	29	32.6	65.9
为了增强自己的民族认同感	10	11.2	22.7
其他	2	2.2	4.5
总计	89	100.0	202.3

中国现在越来越发达,华侨子女未来做生意、回国旅游和来往时都需要用到中文的,他们的根都在中国。不过以后孩子是不是要回国发展,以目前的情况来看,我们也难以准确把握。因为孩子年龄较小,他们也不能确定未来的发展究竟会如何。如果未来他们生意做大了,中国发展更好了,回国的人自然也会多。但是如果是法籍或是专业学校毕业,在这里工作也比较好,回国的意愿便会淡一些。不过很多人都认为如今中国比法国更加稳定,经济发展更快,大家也都很喜欢中国。像我的第二个孩子,他读完了经济学校后,也劝我和他一起回中国发展。其实现在的问题是我们回中国也不清楚应该去做什么生意,都需要重新开始。他之前被法国银行派去新加坡工作了两年。回来后他觉得在法国做生意比较难,也比较辛苦,还是想回中国发展。这需要看个人的发展情况。其实有的家长在中国有不少投资,在国内的发展还是挺不错的。我所了解的是做贸易和房地产生意的家庭积蓄会比较多。否则如果在国内没有投资,回去也是没法生存的。(受访者:ZXL)

11. 法国华裔就读子女希望学习中文的教学形式

表2-11是法国华裔就读子女希望学习中文的教学形式频数分布表。44位参与调研的法国华裔就读子女中,希望认更多的字,有28人,占63.6%;希望进行知识拓展的,有27人,占61.4%;希望学习汉字书写的,有19人,占43.2%;希望学习课文朗读和分析的,有15人,占34.1%;希望创作分享的,有10人,占22.7%;另外有3人选择"其他"。因此,参与本次调研的法国华裔子女中文希望加强汉字的认读和知识拓展的比较多,对于高要求的课文分析和产出型的创作分享的中文教学形式需求偏低。

表2-11 法国华裔就读子女希望学习中文的教学形式频数分布表

希望学习中文的教学形式(多选)	个案数	百分比	累计百分比
认更多的字	28	27.5	63.6
知识拓展	27	26.4	61.4
汉字书写	19	18.6	43.2
课文朗读和分析	15	14.7	34.1
创作分享	10	9.8	22.7
其他	3	2.9	6.8
总计	102	100.0	231.8

由于我们的法国华人进出口商会中文学校办学历史比较悠久,所以在教学方法和教学理念上可能创新不够,对学生的吸引力也不太够,特别是我们低年级阶段的学生。现在的孩子学习需求可能要求更多互动和创新,我们原先的教学方法不能吸引这一批学生,学生也就留不住。这也是我们希望低年级的班级跟温州大学合作的原因。(受访者:ZXL)

12. 法国华裔就读子女希望学习中文的教学内容

表2-12是法国华裔就读子女希望学习中文的教学内容频数分布表。44位参与调研的法国华裔就读子女中,希望学习诗词歌赋,有21人,占47.7%;希望学习软硬笔书法,有17人,占38.6%;希望学习名著欣赏和器乐,分别有15人,各占34.1%;希望学习手工,有14人,占31.8%;武术和民间舞蹈,分别

有10人和4人;另外有2人选择"其他"。由此可见,参与本次调研的法国华裔子女学习中文时希望拓展的内容与中国传统文化的相关性较大,注重文化素养的培养,同时也有一些技能学习上的需求。

表2-12 法国华裔就读子女希望学习中文的教学内容频数分布表

希望学习中文的教学内容(多选)	个案数	百分比	累计百分比
诗词歌赋	21	19.3	47.7
名著欣赏	15	13.8	34.1
武术	10	9.2	22.7
民间舞蹈	4	3.7	9.1
英语教学	11	10.1	25.0
软硬笔书法	17	15.6	38.6
器乐	15	13.8	34.1
手工	14	12.8	31.8
其他	2	1.8	4.5
总计	109	100.0	247.7

我们本身就有开设书法、国画等技能课,能开班就说明有需求。师资方面我们自己招的华人,也有一些留学生。老师的情况跟进出口商会中文学校差不多。疫情期间回国师资基本上没有问题,我们只有一位老师回国。但是现在是线上上课,所以也不影响。现在我们后续的师资储备都已经安排好了。我们做这种课后辅导班的,流动也是常态,所以自己也要做好充足的准备。(受访者:XC)

家长们都不太喜欢老套一点的东西,越是新办的学校,家长认为教学方法就会更新,他们也越愿意去跟风,所以我们的拼音班招生的人数越来越少。以前上课,我们学校的班级人数都还可以,每个班也有20多人。现在实行网课,我们的老师,特别是年纪大一点的,电脑技术之类的也不是很擅长,很多教学方法都跟不上了。我们学校原来招入的两个老师在我们学校工作已经很久了,其中一个老师原先是我们附近一个学校的老师,后来因为她所在的学校倒闭了,我们便把她请过来,担任我们学校的中文教师,另外一个老师则是一直在我们学校里面教学。我们的老师是固定的,目前的情况是学生比较流动。我们本来是有六七个老师,有英语老师,有声乐钢琴老师,还有低年级的老师,之后还会再聘请一帮老师。还有教学内容上,学生还是希望能有丰富的内容,以前我们的钢琴、武术之类的,现在因为疫情关系都停掉了。(受访者:ZXL)

13. 法国华裔就读子女的国籍状况

表2-13是法国华裔就读子女的国籍状况频数分布表。选项排列按照与中国的地缘和血缘关系的紧密度依次排列。44位参与调研的法国华裔就读子女中,中国国籍有外国居留,有13人,占29.5%;外国国籍父母双方中国人,有13人,占29.5%;中国国籍无外国居留,有10人,占22.7%;外国国籍父母一方外国人,有7人,占15.9%;外国国籍父母双方外国人,有1人。由此可见,参与本次调研的法国华裔子女保留中国国籍和加入外国国籍的人数比较接近。值得注意的是,在法国的华裔就读子女中还有不少人身居法国,但没有法国居留身份。

表2-13 法国华裔就读子女的国籍状况频数分布表

国籍状况	频数	百分比	有效百分比	累计百分比
中国国籍无外国居留	10	22.7	22.7	22.7
中国国籍有外国居留	13	29.5	29.5	52.3
外国国籍父母双方中国人	13	29.5	29.5	81.8
外国国籍父母一方外国人	7	15.9	15.9	97.7
外国国籍父母双方外国人	1	2.3	2.3	100.0
总计	44	100.0	100.0	

我孩子还是保留的中国国籍,毕竟这样回国方便一点,不然要去申请中国的签证也很麻烦,比方说疫情期间要是回中国就会方便很多。(受访者:FGJZ1)

我孙子因为是在法国出生,所以给他上的法国户口。他们在这里出生上学之类的,拿法国的护照肯定方便得多,比方说去欧盟的国家进出也

比较方便。(受访者：FGJZ2)

(二) 交叉表分析

1. 法国华裔就读子女的年龄段与曾在中国居住时间的交叉表

表2-14是法国华裔就读子女的年龄段与曾在中国居住的时间的交叉表。由此表可以看出，44位参与本次调研的法国华裔子女，37人没有在中国居住过，主要分布在9—10岁、13—15岁和11—12岁，分别为12人、12人、8人，其他居住年限的不同年龄段分布比较分散。

表2-14 法国华裔就读子女的年龄段与曾在中国居住时间的交叉表

		曾在中国居住的时间					总计（人数）
		没有居住过	3年以内	5年以内	7年以内	10年以内	10年以上	
年龄段	6岁以下	0	0	0	0	0	0	0
	7—8岁	3	1	0	0	0	0	4
	9—10岁	12	2	0	0	0	1	14
	11—12岁	8	0	0	0	0	0	9
	13—15岁	12	1	0	1	0	0	14
	15岁以上	2	1	0	0	0	0	3
总计（人数）		37	5	0	1	0	1	44

由此可见，在37位没有在中国居住过的法国华裔就读子女中，人数分布相对分散；各年龄段在中国居住的时间都偏短，各年龄段没有在中国居住过的占了绝大多数。

2. 法国华裔就读子女的年龄段与曾在中国居住的时间的交叉表

表2-15是法国华裔就读子女的年龄段与学习中文的时长的交叉表。由此表可以看出，44位参与本次调研的法国华裔子女中，9—10岁、中文学习时长在3年以内的最多，有9人；11—12岁、有3年中文学习经验，有6人；13—15岁的学习中文的时长较长，5年以内和5年以上的分别有5人；其他不同年龄层的中文学习时长分布比较分散。

表2-15　法国华裔就读子女的年龄段与就读子女学习中文的时长的交叉表

		学习中文的时长				总计（人数）
		1年以内	3年以内	5年以内	5年以上	
年龄段	6岁以下	0	0	0	0	0
	7—8岁	3	1	0	0	4
	9—10岁	1	9	4	0	14
	11—12岁	2	6	1	0	9
	13—15岁	1	3	5	5	14
	15岁以上	0	0	0	3	3
总计（人数）		7	19	10	8	44

由此可见，中文学习时间分布较为集中的是9—15岁，学习中文时长为3年以内或者5年以内的法国华裔就读子女较多，中文学习时间均不长。

3. 法国华裔就读子女日常交际使用语言与曾在中国居住的时间的交叉表

表2-16是法国华裔就读子女日常交际使用的语言与曾在中国居住的时间的交叉表。由此表可以看出，44位参与本次调研的法国华裔子女中，没有在中国居住过的子女，其日常交际使用的语言呈现多样性分布，有16人能进行中文和法语的随意切换，12人日常交际使用法语，8人日常交际使用中文，总体看前三类语言状况有人数差异。

表2-16　法国华裔就读子女日常交际使用的语言与曾在中国居住的时间的交叉表

		曾在中国居住的时间						总计（人数）
		没有居住过	3年以内	5年以内	7年以内	10年以内	10年以上	
日常交际使用的语言	中文	8	1	0	0	0	0	9
	中文和法语随意切换	16	3	0	1	0	0	20
	法语	12	1	0	0	0	1	14
	其他	1	0	0	0	0	0	1
总计（人数）		37	5	0	1	0	1	44

由此可见,没有在中国居住过的法国华侨就读子女,能够用中文交流(单语或多语)的法国华裔子女的总人数达到24人,能够用法语交流(单语或多语)的人数达到28人,两者数量相差不大。

4. 法国华裔就读子女日常交际使用语言与学习中文时长的交叉表

表2-17是法国华裔就读子女的日常交际使用的语言与学习中文时长的交叉表。由表格可以看出,44位参与本次调研的法国华裔子女中,日常交际语言是法语而且中文学习时间在3年以内的人数最多,有7人;日常交际语言是中文且中文学习时间在3年内者、中法语言能随意切换、学习年限为3年以内和5年以上者,分别为6人,其他项均存在一定的交叉。

表2-17　法国华裔就读子女的日常交际使用的语言与学习中文时长的交叉表

		学习中文的时长				总计（人数）
		1年以内	3年以内	5年以内	5年以上	
日常交际使用的语言	中文	2	6	1	0	9
	中文和法语随意切换	3	6	5	6	20
	法语	2	7	4	1	14
	其他	0	0	0	1	1
总计（人数）		7	19	10	8	44

由此可以看出,法国华裔就读子女能够进行中文和法语随意切换的人,中文学习时间相对于其他类别普遍较长。

5. 法国华裔就读子女的年龄段与国籍状况的交叉表

表2-18是法国华裔就读子女的年龄段与国籍状况的交叉表。由表格可以看出,44位参与本次调研的法国华裔子女中,13—15岁、持有中国国籍有外国居留的人最多,有5人;中国国籍有外国居留的主要集中在9—15岁;外国国籍父母双方为中国人的主要集中在9—10岁,其他项均存在一定的交叉。

表 2-18　　法国华裔就读子女的年龄段与国籍状况的交叉表

		国籍状况					总计（人数）
		中国国籍无外国居留	中国国籍有外国居留	外国国籍父母双方为中国人	外国国籍父母一方为外国人	外国国籍父母双方为外国人	
年龄段	6岁以下	0	0	0	0	0	0
	7—8岁	1	1	0	2	0	4
	9—10岁	1	4	6	3	0	14
	11—12岁	3	3	2	0	1	9
	13—15岁	4	5	4	1	0	14
	15岁以上	1	0	1	1	0	3
总计（人数）		10	13	13	7	1	44

由此可见,法国华侨就读子女的国籍表现均以其父母双方中国人为主,无外国居留但是身居法国的也不在少数,主要年龄段集中在11—15岁。

6. 法国华裔就读子女的年龄段与中文重要性的交叉表

表 2-19是法国华裔就读子女的年龄段与认为中文学习重要性的交叉表。由表格可以看出,44位参与本次调研的法国华裔子女中,9—10岁认为中文学习非常重要的人最多,有11人;13—15岁和11—12岁认为中文学习非常重要的分别有6人和5人;7—8岁认为学习中文非常重要的有4人;认为学习中文重要的主要集中在9—10岁;其他项均存在一定的交叉。

表 2-19　　法国华裔就读子女的年龄段与认为中文学习重要性的交叉表

		认为中文学习的重要性					总计（人数）
		非常重要	重要	一般重要	不太重要	不重要	
年龄段	6岁以下	0	0	0	0	0	0
	7—8岁	4	0	0	0	0	4
	9—10岁	11	2	0	0	1	14
	11—12岁	5	3	1	0	0	9
	13—15岁	6	7	1	0	0	14
	15岁以上	3	0	0	0	0	3
总计（人数）		29	12	2	0	1	44

由此可见,法国华裔就读子女对学习中文重要性的认识普遍较高,认为非常重要和重要的占绝大多数,11—15 岁认为学习中文重要性的分布相对后移。

(三) 相关分析

表 2-20 是《法国华裔就读子女中文学习现状调查表》各项的肯德尔 tau-b 相关矩阵。由此表可以看出,法国就读子女的年龄段与学习中文的时长、中文会"读"的词汇量等项存在正相关($p<0.05$),学习中文的时长与中文会"读"、会"写"的词汇量等项存在正相关($p<0.01$),国籍状况与中文会"读"、会"写"的词汇量等项存在正相关($p<0.05$),中文会"读"的词汇量与会"写"的词汇量存在正相关($p<0.01$)。该结果显示,法国华裔就读子女是调研的 7 个欧洲国家中各项构成相关性相对较少的华裔子女群体。

表 2-20 《法国华裔就读子女中文学习现状调查表》各项的肯德尔 tau-b 相关矩阵

	年龄段	是否在中国居住过	学习中文的时长	认为中文学习的重要性	中文会"写"的词汇量	中文会"读"的词汇量	国籍状况变量
年龄段[a]	1.000	0.007	0.492**	0.215	0.257	0.255*	−0.212
是否在中国居住过[b]	0.007	1.000	0.152	−0.183	−0.008	−0.022	0.017
学习中文的时长	0.492**	0.152	1.000	0.053	0.463**	0.490**	0.059
认为中文学习的重要性[c]	0.215	−0.183	0.053	1.000	−0.120	0.162	0.226
中文会"写"的词汇量	0.257	−0.008	0.463**	−0.120	1.000	0.630**	0.310*
中文会"读"的词汇量	0.255*	−0.022	0.490**	0.162	0.630**	1.000	0.326*
国籍状况[d]	−0.212	0.017	0.059	0.226	0.310*	0.326*	1.000

注:** 表示 $p<0.01$。* 表示 $p<0.05$。

[a] 原问卷将法国华裔就读子女年龄段分为 6 岁以下,7—8 岁,9—10 岁,11—12 岁,13—15 岁以及 15 岁以上。由于本次调研 6 岁以下的子女数为 0,因此在相关性研究中分别将 7—8 岁、9—10 岁、11—12 岁、13—15 岁以及 15 岁以上设置为变量 1、2、3、4、5。

[b] 原问卷将法国华裔就读子女在中国居住过的年限分为没有居住过、3 年以内、5 年以内、7 年以内、10 年以内和 10 年以上。在本表中,按照二分变量进行统计,因此没有在中国居住过的设置为变量 1,将有居住过不论年限均设置为变量 2。

[c] 原问卷将法国华裔就读子女认为中文学习的重要性分为非常重要、重要、一般重要、不太重要和不重要。由于不太重要的选择人数为 0,因此将剩余 4 个选项非常重要、重要、一般重要和不重要分别设置为变量 1、2、3、4。

[d] 原问卷将法国华裔就读子女的国籍状况分为中国国籍无外国居留、中国国籍有外国居留、外国国籍父母双方为中国人、外国国籍父母一方为中国人、外国国籍父母双方为外国人。在本表中,按照二分变量进行统计,因此将中国国籍均设置为变量 1,将有外国国籍均设置为变量 2。

具体来说,法国华裔就读子女的年龄段与学习中文的时长相关系数为 0.492,呈显著正相关($p=0.000<0.01$);年龄段与中文会"读"的词汇量相关系数为 0.255,呈显著正相关($p=0.046<0.05$)。法国华裔就读子女学习中文的时长与中文会"写"的词汇量相关系数为 0.463,呈显著正相关($p=0.001<0.01$);学习中文的时长与中文会"读"的词汇量相关系数为 0.490,呈显著正相关($p=0.000<0.01$)。法国华裔就读子女的国籍状况与中文会"写"的词汇量相关系数为 0.310,呈显著正相关($p=0.041<0.05$);国籍状况与中文会"读"的词汇量相关系数为 0.326,呈显著正相关($p=0.031<0.05$)。法国华裔就读子女中文会"读"的词汇量与中文会"写"的词汇量相关系数为 0.630,呈显著正相关($p=0.000<0.01$)。其他各项均不存在相关性($p>0.01$)。因此,法国华裔就读子女会"读"的词汇量与年龄段、学习中文的时长等项相关,但中文会"写"的词汇量与年龄段不相关。尤其值得注意的是,法国华裔就读子女认为中文学习的重要性与其他各项均不存在相关性。

二、法国华裔子女中文学习现状讨论

(一) 法国移民现状利于中文学习

法国华人华侨人口众多、基数大、历史久,因此有中文学习需求的群体基数大。该现象造就了两个必然趋势:1. 海外华侨华人对海外华校中文学校的需求会越来越大,自然促使华校数量增加。2. 海外华裔在海外给华裔子女形成了自然的中文学习环境,因此能给华裔子女较好的社会语言环境。两者相辅相成,构成了法国较好的中文学习条件,因此法国华人华侨子女的听说能力相对较高。法国华校虽然起步晚,但是发展迅速。数量多、分布广,是该国中文学校的第一大特点。这有利于解决海外华裔子女对于中文学习的旺盛需求。特别是华人社会的一些协会组织,对于创建良好的中文环境,有很大的帮助。

> 法国有很多商会,早一点的商会都有五六十年了。有些家长参加商会活动的时候,也会把自己的后辈带上,他们说是去熏陶中国文化的气息。(受访者:FGJZ1)

（二）法国华裔子女中文学习读写水平偏低，需求和目的不一

总体来看，法国华裔子女的中文"读""写"的水平并不高，虽然"读"的能力略好于"写"，与国内同年龄段的孩子相比能力普遍偏低。由于法国华裔子女的语言输入环境影响，以及法国大部分华校使用的中文教材相对比较简单，因此对华裔子女的中文水平产生了一定影响。

华裔子女对中文重要性的认知均值比较高，大多数都认为学习中文非常重要或者重要。因此，如何来提高和保持法国华裔子女的中文学习热情是接下来的工作重点。从问卷调查的情况来看，法国华裔子女学习中文的目的各有不同，他们希望达到的要求也各有不一，一部分家长希望孩子能够达到和国内相接轨的中文水平，因此对孩子的中文学习要求比较严格，期望值也比较高。然而也有一部分家长把中文学习当作孩子的兴趣爱好，或者把中文学习当作维持基本日常交流的工具，因此对孩子的中文学习要求停留在能够满足基本的日常交流和简单认读。因此，问卷调查中对学习中文的目的选择今后想回国就学就业的人数较少。法国移民人口众多，一部分家长早期在国内从事进出口贸易和国内房地产投资以及其他经济和业务往来，因此其家庭跟国内仍然保留着或多或少的血缘或地缘关系。整体看来，法国与西班牙相比，有回国就学就业打算的人相对较少，比例与意大利较为接近。

（三）法国华裔父母的家庭作用

法国华侨华人家长是子女日常生活和交际使用中文的主要对象之一，因此家庭成为中文学习的重要场合。由于法国移民历史悠久，华裔父母因为移民代次的关系，本身的中文使用水平有所不足，虽然他们意识到中文学习的重要性，但是对子女的中文学习帮助有限。因此，通过营造跨代的家庭中文环境，对于华裔就读子女的中文学习有帮助。

> 我们儿子女儿辈的讲中文是没问题的，但是跟孙辈中文只能讲简单的。我们有时候给孙辈讲中文，以普通话为主，没有用温州话。如果不是通过我们老一辈的话，家里有可能就很少说中文了。我跟他们在一起，尽量还是要用中文的，启发他们对中文的一种意识。也许有一天他们将来要回国，也存在这个可能。虽然目前他们没有这个打算，因为他们的事业都在法国。他们要是真的回国创业的话，也不一定适应。（受访者：FZJZ2）

(四) 法国中文学校的办学压力

数量众多的法国中文学校造就了中文学校竞相压价、挤压生存空间的现状。就疫情形势下的华校办学情况来看,访谈者均提到了竞争激烈,并且把这个作为亟待解决的首要问题。这种竞争不但存在于法国内部的各个中文办学机构,甚至包括欧洲各国的互相竞争,特别是疫情环境下的网课。现在这种竞争关系不断向外延伸,蔓延至整个欧洲,而中国国内大量线上课程的推出,更是让海外华校的生存举步维艰。

> 目前主要困难一是竞争越来越激烈,新创办的学校越来越多。就巴黎来看,感觉隔着几条街就能看到一所中文学校;二是网络教学使教材和教学方法变得透明,传统的线下在教学上很难存在优势,很多家长孩子都会货比三家,而且现在法国的学生也可以上中国学校的课,这对我们的冲击是相当大的。(受访者:XC)

> 我们华侨在国外创办的一般都不是私人的学校,都是以公益的方式来创办的,收费也不会很高。而有些私人创办的学校,他们创办的方法和招生都与我们不同,他们招生是很细心,挨家挨户去询问的。我们很少做宣传。巴黎的三四十个学校当中有好几个都是私立的,其他大部分都是商会办的,还有个是欧洲时报(报社)办的。所以我们如果不做宣传,生源肯定会受影响,但是如果去宣传,这个成本我们也不知道能不能负担。(受访者:ZXL)

(五) 疫情冲击下的华裔子女中文学习影响

因为疫情而产生的招生人数折损对海外华校产生了巨大的冲击。此外,由于一部分家长操作网课不熟练以及家庭设备等硬性条件的限制,这些孩子无法通过网课学习。另外,有一部分家长认为网课学习对孩子的学习帮助不大,而且对孩子的身心健康不利,认为线上教学与传统的通过教师课堂授课学习存在着较大区别和差异,因此他们选择让孩子暂时停止在线学习,等待疫情结束之后再返回中文学校进行线下学习。可以预测,华裔子女年龄段和中文水平的相关性会受到影响。当前由于缺乏相关性研究,所以无法进行横向对比。本书提供的数据将对今后的类似研究有一定的帮助和启发。此外,国内网络特色课程的开设,对海外华校的招生和教学也产生了较大的影响和冲击。

现在中国的网络教学公司大量涌入,这对于(法国)当地的中文学校来说也是一个很大的冲击。以前我们一个班级都是小班教学,一个班就一二十人。现在网课一对多,一个人上课,下面几千人都可以一起上课,还要这么多老师干什么?另外,上网课时有些家庭不方便,而且也很抵触,比方有的家庭一个账号有两三个孩子在使用,他们肯定没有办法照顾所有孩子,这也是在我们学校线上上课注册量大幅下滑的原因之一。政府方面可以考虑为我们海外的中文学校提供免费课程支持,补充教学,为中文学校赋能,而不是一味地挤压我们中文学校的生存空间。其实国内的一些网络课程开出来我们还是有很大的顾虑的,因为之前欧洲有一家办学机构,去年从6、7、8月份协助国内某个地方侨联,在巴黎举办一个讲故事的公益活动,然后这期间大概圈了两三百"粉丝",很多同学去参加这个线上夏令营活动。后来夏令营结束了,他们就宣布成立网校,然后就招生推广。他们的网校也是采用我们现在使用的这个教材,所以对我们的招生是有很大的影响的。现在的网课现状,海外华校已经叫苦连天,我建议不要再雪上加霜。如果都来抢夺海外华侨的资源,真的是叫我们没有活路了。(受访者:XC)

疫情期间,主要的困难是我们要想办法保证孩子能有学上,因为有的学生的家庭受疫情影响收入不太可观,导致学生无法继续学习。有些家长工资也不高、能力也一般、在家里也没有条件学习,但是孩子如果想学怎么办,我也要想办法给他们一个学习的机会。我们学校的场地在商会里面。我们商会有3个教室。用商会的教室租金也是很贵的,一年需要1万多欧元。假如不是在疫情期间,我们的人工和场地租金费用都是够的。在疫情期之前,我们学校有几百个学生,学生的人数还是很多的,这样运转还轻松一点,现在招生下降,运营还是有点艰难。我们也有考虑过将几个公益型华校的资源整合在一起创办一个大一点的学校。但是整合在一起后,我们需要较大的教学场地,而我们现在没有大的场地。(受访者:ZXL)

第四节 总　　结

　　本章对法国华裔子女的中文学习现状进行了研究,具体包括华裔子女的年龄、国籍、就读年级、现居住国、在中国居住时间、中文的"读"和"写"水平状况、希望的中文教学形式和内容、学习中文的目的、认为中文重要性程度等相关问题,其结果通过SPSS24.0进行了频数分布、相关性和交叉性分析。与其他的国家相比,法国华裔子女对中文的重要性认知较高,但是中文水平也普遍偏低。这与法国移民历史悠久因此产生的代次差异等有着密切关系,后疫情时代法国中文学校的发展问题也亟待解决。

　　因为本书研究进度的安排,法国问卷调查工作的开展以及问卷停止收集的时间较早,因此样本数相对于意大利和西班牙偏少,另外所涉及的样本年龄层相对比较集中,主要分布在9—15岁。

第三章 意大利

本章探讨意大利华裔子女中文学习现状，总共分为4个小节。第一小节探讨意大利中文学校发展的情况，包括意大利的中国移民简介、华裔子女对中文学习的需求、中文学校大致办学历程等。第二小节主要介绍"国学咏流传"多语教学团队进行意大利华校国学推广的实施过程，以及在该过程中如何开展《意大利华裔就读子女中文学习现状调查表》问卷调查和涉及问卷调查发放的意大利华裔学生就读的中文学校的简介。第三节是意大利华裔子女中文学习现状调查的统计分析与讨论，分析包括问卷设计的各项问题的频数表和意大利华裔子女的年龄与在中国居住时间、中文学习时间、认为中文学习的重要性和国籍状况等的交叉表，重点探讨意大利华裔子女的年龄与中文读写水平及与其认为中文学习重要性的相关性，讨论部分包括对意大利华裔就读子女的中文学习现状，以及意大利社会、家庭、意大利华校和国内华文工作开展等层面的一些建议和思考。第四节是对本章内容的总结。在"国学咏流传"多语教学团队进行海外华校国学推广和意大利华裔子女中文学习现状调查问卷收集期间，笔者联系了意大利西西里巴勒莫中文学校陈士钗校长（以下简称CSC）和意大利佛罗伦萨中文学校潘世立校长（以下简称PSL）、谢群副校长（以下简称XQ）、两位中文学校班级管理教师（以下简称YDLJS1和YDLJS2）以及一位家长（以下简称YDLJZ），对各小节的内容进行了深度访谈，选取访谈相关的内容对频数统计表的结果进行说明。

第一节 意大利中文学校发展情况

早年在意大利的华侨华人多为浙江温州和青田地区人。1925—1935年，在意大利的华人华侨从几十人增至500多人，到20世纪90年代初旅居意大利的华侨华人增至1.22万人。1970年11月6日，意大利与中国建立外交关系。截至2018年1月1日，在意大利的中国人约有30万人，是该国的第四大移民群体，约占意大利外籍或有外国血统总人数650万的4.6%。[1]

早期的意大利华侨教育，主要在家庭的日常生活中实施，对中国的经籍、伦理道德和风俗习惯等进行讲习。20世纪90年代，意大利米兰有"中国国语补习班"一所，属于中文学习课外补习性质，华人子弟均在当地学校就读。[2] 2013年，中国提出建设"一带一路"倡议，秉承和平合作、开放包容、互学互鉴、互利共赢的理念，打造的"丝绸之路经济带"其中一条是从中国经过中亚向西北到欧洲波罗的海，对沿线国的意大利的海外华文教育带来了重大影响。截至2021年，非官方统计的意大利中文学校有五六十所。严晓鹏以意大利佛罗伦萨中文学校为例，研究了该校的创建、稳步发展和新的阶段，并对学校发展的影响因素进行了分析。[3] 佛罗伦萨中文学校是意大利中文学校的一个缩影，见证了意大利的中文学校从无到有、从少到多的变化和发展过程。

我创办中文学校的想法开始于1996年，主要是因为看到当地华人的工厂里孩子不但没有好好在当地意大利的学校读书，也没有学习中文的机会。我本身也是搞教育工作的，也很在意教育的发展。每次看到待在工厂里的孩子们，我就会想起在瑞安教育局工作的情景。那时候每年每学期上课前两个星期我们普教科都要下乡动员，到山区里挨家挨户地去没来上学的孩子家里鼓励孩子去上学。这给我留下了非常深刻的印象，

---

[1]《2018年意大利移民总人数超500万华人占30万排名第4》，《欧洲时报》意大利版微信公众号"意烩"。

[2] 刘兴标，张兴汉.《世界华侨华人概况》（欧洲、美洲卷）[M].广州：暨南大学出版社，1994：129.

[3] 严晓鹏.欧洲华文学校发展的关键影响因素分析——以意大利佛罗伦萨中文学校为例[J].教育学术月刊，2013(8)：29-34.

我认为自己还背负着作为一名教育局老师的使命。看到在意大利有许多孩子对学习中文不重视的时候,我想既然在中国有九年制义务教育,在意大利的中国孩子也应该要学中文,一定要给孩子提供学中文的机会,所以我就和我儿子的中文老师玛利亚一起开始了办学,中间经历了很多复杂的准备工作和手续之类的。最后真正(开始)办学招生是2001年,学校的名称叫意大利佛罗伦萨中文学校,到现在已经有20年的历史了,最开始只有60个学生。刚开始办学,当地市长、教育局局长、教育部部长都来到我们学校参观,同老师座谈。后来我们学校的老师也到意大利学校教中文,就这样形成了循环的合作。大概七八年后,我的学校和意大利的学校成立了联盟。这个联盟是一种交流,中国孩子既在意大利学校读书,也在我们中文学校读书。我们学校作为目前全意大利唯一被意大利教育部门纳入多元文化教育计划的华文学校。到现在为止,我们学校一直得到国侨办的重视,每年都有派老师到我们学校来教学,从2011年就开始有外派过来的老师了。(受访者:PSL)

我在2007年6月因家庭团聚带着一儿一女两个半大不小的孩子从国内来到意大利。刚到意大利时,因为我年纪较大、语言不通,找工作处处碰壁。为了生活,我曾当过保姆、刷过马桶、遭过白眼,只为能找到一个遮风避雨的地方,赚一份不给家人蒙羞的钱,这几年是我人生的低谷。我从一个国内受人尊敬的"人类灵魂工程师",沦落到为了糊口整天东奔西跑,一家四口分居在德国、意大利的南部和北部,"团聚"在欧洲。2009年11月,一个偶然的机会,我来到意大利南部西西里岛的巴勒莫。这里有一个华人批发市场,以市场为中心,方圆100公里内大约有三四千华人在这里生活,却没有一个中文班级。孩子们下午一两点放学,有的跟着父母上班,看看电视,玩玩游戏;有的大孩子带着小孩子在家里等待父母下班。了解到这些情况后,我立志要在这个边远小岛扎根,不为别的,只为能让孩子初步了解中华文化的博大精深,只为能继续圆我的教师梦。经过几个月的筹备我成立了意大利西西里巴勒莫中文学校,2010年3月开始招生上课。第一次招生,报名8人,小的5岁,大的15岁,分成了两个班。开学不到一星期就有两个孩子不读了,那时我真的怀疑自己的教学能力。为什么这么大的市场却没人学中文,为什么孩子来了留不住呢?怎样才能让学生进得来而且留得住？通过反思，我发现了问题所在：教学方法和教学质量！功夫不负有心人，经过不断努力，我采用多媒体教学，从家庭式到小型学校；从一位老师两个班级到四位老师六个班级；从单开中文课，到偶尔把国内数学的思考方法带给孩子们，到现在的意大利语补习教学。渐渐地，我在巴勒莫战胜竞争对手站稳脚跟，既满足了家长孩子的需求，又体现了自己的人生价值。（受访者：CSC）

第二节 意大利华裔学生就读学校状况调查

"国学咏流传"多语教学团队面向意大利开展国学教学推广的学校一共有3所：意大利西西里巴勒莫中文学校、意大利佛罗伦萨中文学校、意大利米兰花桥中文学校。由于新冠肺炎疫情影响，这三所中文学校均开始从线下转到线上教学。教学团队最早开展中国国学教学推广的是意大利西西里巴勒莫中文学校，开讲时间为2021年1月23日，通过加入该校Zoom平台的房间进行授课。2021年2月，笔者对接上了意大利佛罗伦萨中文学校潘世立校长、谢群副校长和意大利米兰华侨中文学校陈小微校长，国学推广教学团队创建了面向两所学校的高阶班和低阶班的专属钉钉群，2021年2月6日采用钉钉直播形式进行教学。本研究的问卷《意大利华裔就读子女中文学习现状调查表》通过问卷星在线发放和填写，调查面向这三所学校的学生，最终回收有效问卷58份。

参与本次问卷调查的华裔子女就读的3所中文学校情况如下。

意大利西西里巴勒莫中文学校于2010年由陈士钗校长创建，位于意大利南部的西西里岛，地处当地华人批发市场周边，方圆100千米内约有三四千华人生活。建校初期，当地华裔子女普遍中文水平不高，而且公立学校下午1—2点放学后无人看管，为提供孩子初步了解中华文化的机会，陈校长创建该校。疫情前，意大利西西里巴勒莫中文学校规模从家庭式私塾制辅导向小型学校教学转型，招收对象为小学一至六年级学生，学生规模约百人。受疫情影响，目前该校招收学生主要为一至四年级，未招收小学五六年级学生，该校上课时间为周一到周六每天下午放学后的两小时，教材采用与国内同步的人教版《语文》教材。

意大利佛罗伦萨中文学校于 2001 年 9 月创立,2011 年被中华人民共和国国务院侨务办公室授牌为"海外华文教育示范学校"。目前该校拥有两个校区（佛罗伦萨市保罗茨落学校校区和岗比市圣托里诺学校校区）,是正规八年半日制（小学四年、初中二年、高中二年）海外中文学校,招生规模达 650 人。佛罗伦萨中文学校与当地学校合作,坐落于意大利学校内部。疫情前,学生上午在意大利当地学校学习,初高中 15:30—17:00、小学 17:10—18:40 在当地公立学校校舍继续学习中文。

意大利米兰华侨中文学校创办于 2001 年,原名米兰文成同乡会中文学校,2005 年更名米兰华侨中文学校,是意大利第一所周末全日制中文学校,办学历史已达 20 年。目前在中国驻米兰总领事馆支持和帮助下,该校现已达到 20 个教学班、10 余个特长班,600 名学生的规模。2009 年,该校被中国国务院侨办授予首批"海外华文教育示范学校"称号。

第三节 意大利华裔子女中文学习现状统计分析与讨论

研究收回《意大利华裔就读子女中文学习现状调查表》有效问卷 58 份,通过 SPSS24.0 软件对各项问题进行了频数分布、相关性和交叉性分析,结合问卷结果和访谈内容展开意大利华裔子女中文学习现状的分析和讨论。

一、意大利华裔子女中文学习现状统计分析

(一) 频数分析

1. 意大利华裔就读子女的年龄段

表 3-1 是意大利华裔就读子女的年龄段频数分布表。在调研的 58 位意大利华裔就读子女中,7—8 岁的人数最多,有 25 人,占总人数的 43.1%;9—10 岁的其次,有 18 人,占 31.0%;接下来是 11—12 岁的,有 12 人,占 20.7%;13—15 岁以上的有 3 人,占 5.2%。此次调研华裔子女年龄段主要集中在 7—12 岁,无学龄前及 15 岁以上子女参与调研。

表3-1　　　　　意大利华裔就读子女的年龄段频数分布表

年龄段	频　数	百分比	有效百分比	累计百分比
6岁以下	0	0	0	0
7—8岁	25	43.1	43.1	43.1
9—10岁	18	31.0	31.0	74.1
11—12岁	12	20.7	20.7	94.8
13—15岁	3	5.2	5.2	100.0
15岁以上	0	0	0	100.0
总计	58	100.0	100.0	100.0

我们这边的中文学校学生从一年级开始上学读书,读到三四年级就差不多了,五年级基本上就是人数锐减,一下子就没几个学生了。我在这里就待了十几年,开了十几年的班,只有两个班带到六年级,每个班只有三四个,到六年级勉强结束的时候,两个班也就七八个人。基本上四五年级就是一个分界线,到了五年级就人数锐减。我今年也想带到五年级就结束。因为他们读到五年级的时候,孩子基本上也进入初中和高中,学习也比较忙了,再说家长也觉得自己孩子的中文文化程度和看文章的能力也基本差不多了,所以也就不读了。西西里和佛罗伦萨不同,佛罗伦萨人数多是一个大城市,那边的华侨人数很多,学生人数也多,佛罗伦萨的学校每个年级招起来都是好几个班的。西西里这里的华人有几千人,但是整个西西里岛太分散了,我们巴勒莫是西西里最大的岛屿,这里疫情前一年级招生也就十来个学生,平时都能够来我学校上学的就是离家近的,走路几分钟就到的这一片区,如果离开这一片区他们就来不了。办学规模没有办法扩大的原因是因为本地的生源就只有这么多。我每一年的新招生也就十来个学生,规模扩大不了。我坚持的就是能够让附近的学生都能留下来学习中文。(受访者:CSC)

意大利学校的初中和高中是在上午上课,在一点之前必须要让学生回家,没有住校。下午学校四点半放学,而且学生都是就近上学。所以我们有两个时间段,一个是15:30—17:00,一个是17:10—18:40。15:30—

17:00 上课的都是在意大利学校读书的初中、高中生,而 17:10—18:40 上课的都是小学生。我们的学生的年龄和国内的学生基本差不多,而且我们学校就是创办在意大利学校里面,十分方便。家长都是 16:30 意大利学校放学后直接把孩子送到我们学校。随着学生规模的扩大,我们在 2014 年创办了一个分校。小学生都能就近送到我们学校。我们学校两个校区都受两个市的市政府重视,他们亲自来揭牌授牌,招生规模有 600 多个学生。受疫情影响,学校现在上课的时间都安排在晚上,可能时间不太合适,有些孩子就退出了,所以我们现在大概是将近 500 个学生。(受访者:PSL)

2. 意大利华裔就读子女的现居住地

表 3-2 是意大利华裔就读子女的现居住地频数分布表。在调研的 58 位意大利华裔就读子女中,所有华裔就读子女都居住在意大利。因此参与本次调研的对象均为在意大利的华裔子女。

表 3-2　　意大利华裔就读子女的现居住地频数分布表

现居住地	频　数	百分比	有效百分比	累计百分比
意大利	58	100.0	100.0	100.0
总　计	58	100.0	100.0	

因为外国比较自由,有些人可能会频繁地换地方工作生活,所以学生人数经常会有变化。从目前我们招生的情况看,都是在意大利生活的孩子。(受访者:PSL)

我们的学生都是西西里岛本地的,现在网课会有外面的学生搭着我们的网课上课,刚才我们点学生回答问题的时候,那位回答不是很流畅的女生就是一个在德国刚刚开始在我们学校上课的,但是这个是少数。(受访者:YDLJS1)

3. 意大利华裔就读子女日常交际使用的语言

表 3-3 是意大利华裔就读子女日常交际使用的语言频数分布表。选

项排列按照"祖（籍）国语言—住在国语言—其他国家语言"的关联紧密度依次排列。在调研的 58 位意大利华裔就读子女中,有 29 位能进行中文和意大利语的随意切换,占总人数的 50.0%;有 22 位主要使用中文,占 37.9%;有 7 位主要使用意大利语,占 12.1%。因此,参与本次调研的意大利华裔子女,懂中文的占比大,主要使用中文以及中文和意大利语随意切换的人数总共达到 51 人,占绝大多数,而主要使用意大利语进行日常交流的较少。

表 3-3　意大利华裔就读子女日常交际使用的语言频数分布表

日常交际使用的语言	频　数	百分比	有效百分比	累计百分比
中文	22	37.9	37.9	37.9
中文和意大利语随意切换	29	50.0	50.0	87.9
意大利语	7	12.1	12.1	100.0
总计	58	100.0	100.0	

学生的意大利语和中文都不错。我们上课的时候一般都会把聊天室关掉,因为学生经常会在聊天框里面打字聊天,很多时候他们就直接用意大利语,有时候聊跟学习无关的内容。所以我们上课要求学生不要打字聊天,如果有问题就开麦用中文说。如果需要写字的时候我们一般都会采用书面写了交上来的形式。（受访者：YDLJS2）

4. 意大利华裔就读子女曾在中国居住的时间

表 3-4 是意大利华裔就读子女曾在中国居住的时间频数分布表。在调研的 58 位意大利华裔就读子女中,有 38 位没有在中国居住过,占总人数的 65.5%;有 14 位在中国居住过 3 年以内,占 24.1%;居住时间在 5 年以内、7 年以内的分别是 5 人、1 人,占总人数的 8.6%、1.7%。因此,参与本次调研的意大利华裔子女,没有在中国居住过的占比最大,几乎占了 2/3。

表 3-4　意大利华裔就读子女曾在中国居住的时间频数分布表

曾在中国居住的时间	频　数	百分比	有效百分比	累计百分比
没有居住过	38	65.5	65.5	65.5
3 年以内	14	24.1	24.1	89.7
5 年以内	5	8.6	8.6	98.3
7 年以内	1	1.7	1.7	100.0
10 年以内	0	0	0	0
10 年以上	0	0	0	0
总计	58	100.0	100.0	

西西里岛这里的华人批发市场里的都是在这里生活了两代以上的人，来得晚的在这里生意都比较难做，后来也都做不下去搬到其他地方了，所以很多孩子都没怎么回国过。（受访者：CSC）

5. 意大利华裔就读子女学习中文的时长

表 3-5 是意大利华裔就读子女学习中文的时长频数分布表。在 58 位意大利华裔就读子女中，有 34 位学习中文的时间在 1 年以内，占总人数的 58.6%；有 15 位学习中文的时间在 3 年以内，占 25.9%；有 7 位学习中文的时间在 5 年以内，占总人数的 12.1%；还有 2 位的学习时长在 5 年以上。因此，参与本次调研的意大利华裔子女，普遍学习中文的时间都达到一定的年限，但是主要集中在 3 年以内，整体时间偏短。

表 3-5　意大利华裔就读子女学习中文的时长频数分布表

学习中文的时长	频　数	百分比	有效百分比	累计百分比
1 年以内	34	58.6	58.6	58.6
3 年以内	15	25.9	25.9	84.5
5 年以内	7	12.1	12.1	96.6
5 年以上	2	3.4	3.4	100.0
总计	58	100.0	100.0	

当地附近的孩子去上中文学校的覆盖率我们还没有统计。但是据我所了解,因为我们当地都是大工厂和大家族,我们认识的人家里的孩子都入学了,那么说明这片区的孩子基本上都入学了。有些家庭最多的是家里4个孩子都来学习中文。总体来看大家都有在学,但是时间长短这个很难把握。(受访者:PSL)

6. 意大利华裔就读子女认为中文学习的重要性

表3-6是意大利华裔就读子女认为中文学习的重要性频数分布表。在58位意大利华裔就读子女中,有43位认为中文学习非常重要,占总人数的74.1%;有11位认为中文学习重要,占19.0%;此外,认为中文学习不太重要和不重要的人数为0。因此,参与本次调研的意大利华裔子女,重视中文学习的人数非常多。

表3-6　意大利华裔就读子女认为中文学习的重要性频数分布表

认为中文学习的重要性	频数	百分比	有效百分比	累计百分比
非常重要	43	74.1	74.1	74.1
重要	11	19.0	19.0	93.1
一般重要	4	6.9	6.9	100.0
不太重要	0	0	0	100.0
不重要	0	0	0	100.0
总计	58	100.0	100.0	

像我们这所学校已经经营20年了,从发展的角度看,从60个学生到670个学生,说明孩子是想学的,家长也开始重视中文的学习。我们这所学校,不需要广告推广,是受到政府、学生、家长的认可的,学生人数也很多。我们考虑到这里的家长挣钱也很辛苦,星期六是全部免费的,也不会存在收费过高的情况。(受访者:PSL)

至少西西里这里的孩子他们学习中文主要就是想认识一些字,在我这里读了几年就不读了。他们现在想回去发展读大学很难,我这边有一个孩子有回国的想法,可是一个十几岁的孩子,中文认字不多,学习能力也一般,回去能读几年级呢?很多家长把孩子送过来的时候就说认几个字就好了。很多家长送孩子过来都是急匆匆的,没有那么多时间聊聊天。大家都是走路10分钟内的路程,家长到点就接走孩子,除非偶尔的时候老师拖课了。有的家长自己很忙,没空来接孩子的也有。有的家长好像就是把孩子送到中文学校,然后所有事情都交给老师了。我们有两个四年级的班,家长的要求是不一样的,四年级我们有一个上册下册,上课的时候那几个活跃的孩子都是四年级下册班的,他们家长要求高一点的。所以说,我觉得重视程度还是看家长和学校的区域情况。(受访者:CSC)

7. 意大利华裔就读子女中文会"写"的词汇量

表3-7是意大利华裔就读子女中文会"写"的词汇量频数分布表。在参与调研的58位意大利华裔就读子女中,会"写"的词汇量在400字以内的有28人,占总人数的48.3%;有17人能达到国内小学一至二年级水平,占29.3%;有11人能达到国内小学三至四年级水平;有2人能达到词汇量2 500以内;而词汇量2 500以上的人数为零。因此,参与本次调研的意大利华裔子女中文,会"写"的水平偏低,书写能力较为薄弱。

表3-7　意大利华裔就读子女中文会"写"的词汇量频数分布表

中文会"写"的词汇量	频　数	百分比	有效百分比	累计百分比
400字以内(YCT口语中级标准)	28	48.3	48.3	48.3
800字以内(中国小学一至二年级水平)	17	29.3	29.3	77.6
1 600字以内(中国小学三至四年级水平)	11	19.0	19.0	96.6
2 500字以内(中国小学五至六年级水平)	2	3.4	3.4	100.0
2 500字以上	0	0	0	100.0
总计	58	100.0	100.0	

我们学校有时候会把一些学生的优秀作文发到学校的公众号上。你

要跟国内的学生比还是有一段差距的,跟阅读相比的话,总体他们的写作还是欠缺一些。长一点的文章,学生能写到四五百字的作文,大部分时候我们对学生的作文要求都不高,一般一两百字就差不多了。(受访者:YDLJS1)

8. 意大利华裔就读子女中文会"读"的词汇量

表3-8是意大利华裔就读子女中文会"读"的词汇量频数分布表。在参与调研的58位意大利华裔就读子女中,会"读"的词汇量在500字以下的,有24人,占总人数的41.4%;有19人能达到国内小学一至二年级水平,占32.8%;有7人能达到国内小学三至四年级水平;能达到"读"词汇量3 000以内的有5人;还有3人会"读"的词汇量在3 000以上。因此,参与本次调研的意大利华裔子女,中文会"读"的水平偏低,但是相比会"读"与会"写"的词汇量,整体"读"的水平稍高。

表3-8　意大利华裔就读子女中文会"读"的词汇量频数分布表

中文会"读"的词汇量	频　数	百分比	有效百分比	累计百分比
400字以内(YCT口语中级标准)	24	41.4	41.4	41.4
1 600字以内(中国小学一至二年级水平)	19	32.8	32.8	74.1
2 500字以内(中国小学三至四年级水平)	7	12.1	12.1	86.2
3 000字以内(中国小学五至六年级水平)	5	8.6	8.6	94.8
3 000字以上	3	5.2	5.2	100.0
总计	58	100.0	100.0	

我所在的地方的华侨子女,可能他们父母对孩子的期望值不是很高,希望孩子读到一定的水平就差不多了,他们觉得孩子认几个字就可以了,大部分家长都是这个意思。家长对孩子要求高的还是少数,并不多,所以我学校的办学定位也要做调整。(受访者:CSC)

9. 意大利华裔就读子女中文能力各项能力分析

表3-9是意大利华裔就读子女中文能力各项能力分析频数分布表。在参与调研的58位意大利华裔就读子女中,实际问卷统计涉及40份问卷,其中听、读能力好的就读子女均为22人,均占26.2%;有21人说的能力好,占25.0%;有19人写的能力好。因此,参与本次调研的意大利华裔子女中文听说读写各项能力相对平均,其中有18人的各项能力都不好。

表3-9 意大利华裔就读子女中文能力各项能力分析频数分布表

中文哪一项能力好(多选)	个案数	百分比	累计百分比
听	22	26.2	55.0
说	21	25.0	52.5
读	22	26.2	55.0
写	19	22.6	47.5
总计	84	100.0	210.0

注:使用了值1对二分组进行制表。本题采用SPSS统计软件的"多项响应"功能,其中有18人填写"都不太好",在输入选项答案(0,1)的时候,系统默认0为否,因此实际统计的是问卷中有做选择的40份问卷的结果。

我们学校大部分的孩子可以去意大利学校和中文学校这两所学校读书。以前有些孩子比较不认真,在意大利学校以中文学校作业很多为理由在课堂上写中文作业,在中文学校又把意大利学校作业拿出来在课堂上写。后来我们中国的老师一来学校就建立了很完善的制度,孩子如果不来学校需要向老师请假。如果意大利学校要补课,我们会配合意大利学校让意大利学校优先,不与之产生冲突。建立了联盟之后,每一学期我们都要进行一次零距离的交流,意大利学校的老师和我们中文学校的老师共同讨论孩子在两所学校的情况。意大利老师和中文老师分别反馈孩子在学校的学习成绩、表现素质等等。有时候两方老师的反馈是一样的,但是有些孩子两方老师的反馈是完全相反的。我们还发现,即使意大利学校没有补课,也有孩子会以意大利学校补课为理由请假,我们就与该学生的家长联系。这样两方学校都能知道学生在学校里的表现,能够更好地管理学生。在我们的交流联盟学校成立以后,意大利教育部十分赞许我们办学的交流融入的模式,每年意大利的教育会议我们会参加,并且发言、交流经验。所以我们学校学生的中文水平一直不错。(受访者:CSC)

10. 意大利华裔就读子女学习中文的目的

表3-10是意大利华裔就读子女学习中文的目的频数分布表。58位参与调研的意大利华裔就读子女中,为了增强自己的多语言能力的有40人,占69.0%;为了更好了解中国文化的有27人,占46.6%;为了与家人语言沟通更便利的有23人,占39.7%;为了今后回国就学就业的有15人,占25.9%;为了增强自己的民族认同感的有14人,占24.1%;另外1人选择了"其他"。因此,参与本次调研的意大利华裔子女把增强语言能力放在首位,为了了解中国文化和与家人更便利沟通放其次,而为今后回国就学就业做准备和增强自己的民族认同感的人数相对较少。

表3-10　　意大利华裔就读子女学习中文的目的频数分布表

学习中文的目的(多选)	个案数	百分比	累计百分比
为了增强自己的多语言能力	40	33.3	69.0
为了与家人语言沟通更便利	23	19.2	39.7
为了今后回国就学就业	15	12.5	25.9
为了更好地了解中国文化	27	22.5	46.6
为了增强自己的民族认同感	14	11.7	24.1
其他	1	0.8	1.7
总计	120	100.0	206.9

在和国外一些家长的交流中我了解到,有一些条件比较好的家庭为了孩子考虑,在没有疫情的情况下,他们会把孩子送到美国、英国、中国读书来培养孩子。现在疫情爆发了之后,家长可能在国外的生意受到了影响。没有经济来源之后家长们可能就想要回国,那么一家人就会一起回来。所以这个主要还是看家长的发展方向。在疫情期间回国的,虽然不绝对,但基本上都是因为家长决定回国发展,像我们学校也有一些回国的

学生。这次"两会"我参加也写了个提案,孩子回来要给他们安排学习。瑞安教育局在这方面做得很好,如果是疫情期间回国并且是施教区的孩子,教育局会优先安排。但是我认为还需要加大宣传力度,让每个回来的孩子都能学习。另外,从国外回来的家长经济状况不同,也很难在短时间内找到合适的工作。我认为政府应该给他们一个就业、创业的平台。这个建议得到了政协主席和几个参加会议的华侨委员的认同。另外,我们还了解到了一个问题,孩子回国读书的开销非常高。一个学期光是作文辅导、作业辅导就需要 4 500 元,如果在老师家托管也要 5 000 元。并且还要给孩子买一些学习用品等等。前天我的一个朋友说,作为一个打工的工薪阶层,无法承担 3 个孩子在国内的读书费用,如果疫情缓解,可能还是要出国。因为在欧洲的华侨的经济收入是由每年生意决定的,如果生意好,可能会在国内买店面、房子,没有很多存款。如果陪孩子在国内读书,开销大,而且没有稳定的经济来源。(受访者:PSL)

他们到了小学四年级之后就觉得差不多了,不再继续学习中文,以后就打算回国来读大学的很少。我知道的也就只有一两个回去读大学的。不过他们目前好像是在网络上就读,疫情结束后他们可能会回中国留学。这些孩子他们的意大利语都不怎么样,读书好的也不多。我观察下来,他们去其他欧美国家或者中国留学的也都很少。自己办学 10 多年,现在接触到的孩子中,也没有几个在读大学之类的,也就是高中读完就好了,基本上就是在家里帮忙之类的,可能是因为语言的障碍。有几个读大学的也是在意大利西西里岛这一块的。如果是意大利别的地方会好一点,因为在西西里岛,中国人在这里的人数相对来说也不是很多,毕竟范围有限,而且这些华侨子女的文化程度也不好。可能是因为他们父母自身文化水平就不怎么好吧。如果有好的大学可能会跳出西西里岛。要么就是西西里岛的大学比较有名,我对意大利的大学情况不是很了解。(受访者:CSC)

11. 意大利华裔就读子女希望学习中文的教学形式

表 3-11 是意大利华裔就读子女希望学习中文的教学形式频数分布表。58 位参与调研的意大利华裔就读子女中,希望认更多的字的有 45 人,占

69.2%;希望进行知识拓展的有25人,占38.5%;希望学习汉字书写及课文朗读和分析的均有18人,均占27.7%;希望创作分享的有17人,占26.2%;另外有10人选择了"其他"。因此,参与本次调研的意大利华裔子女希望加强汉字的认读和知识拓展的人数较多,对于产出型的创作分享的中文教学形式的需求偏低。

表3-11 意大利华裔就读子女希望学习中文的教学形式频数分布表

希望学习中文的教学形式(多选)	个案数	百分比	累计百分比
认更多的字	45	33.8	69.2
知识拓展	25	18.8	38.5
汉字书写	18	13.5	27.7
课文朗读和分析	18	13.5	27.7
创作分享	17	12.8	26.2
其他	10	7.6	15.4
总计	133	100.0	204.7

上课的形式肯定是多样性的课程学生会更喜欢。家长和学生重视中文学习就是因为看到了中国经济的发展。但是在改变学生的一些世界观以及对中国的认同(方面),还是老师起到了很大的作用。虽然他们也能够从媒体和电视上看到中国经济的发展,但是这还是需要人去引导的,我们说要向世界推广中国文化,但是一些孩子他们可能不喜欢看这些。所以总的来说这还是需要家长的配合,营造整个的氛围以及对孩子的引导,因此一些多元性课程的开设其实是有必要的。(受访者:XQ)

12. 意大利华裔就读子女希望学习中文的教学内容

表3-12是意大利华裔就读子女希望学习中文的教学内容频数分布表。58位参与调研的意大利华裔就读子女中,希望学习诗词歌赋的有29人,占44.6%;希望学习软硬笔书法的有26人,占40.0%;希望学习名著赏析和英语的分别有18人,均占27.7%;希望学习武术和器乐的分别有17人,均占

26.2%;希望学习手工的有 10 人,占 15.4%;希望学民间舞蹈的有 7 人,占 10.8%;另外有 2 人选择了"其他"。由此可见,参与本次调研的意大利华裔子女希望拓展学习中文的内容与中国传统文化的相关性较大,注重文化素养的培养,同时也对部分技能学习有需求。

表 3-12　意大利华裔就读子女希望学习中文的教学内容频数分布表

希望学习中文的教学内容(多选)	个案数	百分比	累计百分比
诗词歌赋	29	20.1	44.6
名著欣赏	18	12.5	27.7
武术	17	11.8	26.2
民间舞蹈	7	4.9	10.8
英语教学	18	12.5	27.7
软硬笔书法	26	18.1	40.0
器乐	17	11.8	26.2
手工	10	6.9	15.4
其他	2	1.4	3.1
总计	144	100.0	221.7

学习中文的话,我们的中文老师是使用和国内一样的教育方法的。不过我们只教语文,没有其他科目。其他比如英语、数学、舞蹈等等就是根据孩子的兴趣去学习,并不是主要的。(受访者:XQ)

13. 意大利华裔就读子女的国籍状况

表 3-13 是意大利华裔就读子女的国籍状况频数分布表。58 位参与调研的意大利华裔就读子女中,中国国籍有外国居留的有 46 人,占 79.3%;外国国籍父母双方中国人的有 9 人,占 15.5%;外国国籍父母双方外国人和外国国籍父母一方外国人分别有 2 人和 1 人,分别占 3.4%和 1.7%。由此可见,参与本次调研的意大利华裔子女保留中国国籍的占多数,加入外国国籍的相对较少。

表3-13　　　　意大利华裔就读子女的国籍状况频数分布表

国　籍　状　况	频　数	百分比	有效百分比	累计百分比
中国国籍无外国居留	0	0	0	0
中国国籍有外国居留	46	79.3	79.3	79.3
外国国籍父母双方中国人	9	15.5	15.5	94.8
外国国籍父母一方外国人	1	1.7	1.7	96.6
外国国籍父母双方外国人	2	3.4	3.4	100
总计	58	100.0	100.0	

注：问卷调查中将意大利华裔就读子女的国籍状况分为中国国籍无外国居留、中国国籍有外国居留、外国国籍父母双方为中国人、外国国籍父母一方为中国人、外国国籍父母双方为外国人，选项设置是为了更好地展示意大利华裔子女的国籍状况。

我的孩子是中国国籍，拿的意大利居留。我主要是因为中国国籍难拿，如果转到意大利国籍，以后再想换回中国国籍就难了。其实有这边的居留和有国籍在待遇上没有什么差别，享受的福利和待遇都是一样的。（受访者：YDLJZ）

(二) 交叉表分析

1. 意大利华裔就读子女的年龄段与曾在中国居住时间的交叉表

表3-14是意大利华裔就读子女的年龄段与就读子女曾在中国居住的时间的交叉表。由此表可以看出，58位参与本次调研的意大利华裔子女中，38人没有在中国居住过，主要集中在7—8岁、9—10岁和11—12岁这几个年龄段，分别为19人、11人、6人，其他居住年限的不同年龄段分布比较分散。

表3-14　　　意大利华裔就读子女的年龄段与曾在中国居住时间的交叉表

		曾在中国居住的时间					总计（人数）
		没有居住过	3年以内	5年以内	7年以内	10年以内	10年以上	
年龄段	6岁以下	0	0	0	0	0	0	0
	7—8岁	19	4	2	0	0	0	25

续表

		曾在中国居住的时间						总计（人数）
		没有居住过	3年以内	5年以内	7年以内	10年以内	10年以上	
年龄段	9—10岁	11	6	1	0	0	0	18
	11—12岁	6	3	2	1	0	0	12
	13—15岁	2	1	0	0	0	0	3
	15岁以上	0	0	0	0	0	0	0
总计（人数）		38	14	5	1	0	0	58

由此可见，在38位没有在中国居住的意大利华裔就读子女中，人数分布相对分散，主要集中在7—10岁，其他年龄段的人数相对较少。

2. 意大利华裔就读子女的年龄段与曾在中国居住的时间的交叉表

表3-15是意大利华裔就读子女的年龄段与就读子女学习中文的时长的交叉表。由此表可以看出，58位参与本次调研的意大利华裔子女中，7—8岁中文学习时长在1年以内的人最多，有20人；9—10岁学习中文时长3年的有8人，11—12岁学习中文的时长较长，5年以内和5年以上的分别有5人和1人，其他不同年龄层学习中文时长分布比较分散。

表3-15　意大利华裔就读子女的年龄段与学习中文的时长的交叉表

		学习中文的时长				总计（人数）
		1年以内	3年以内	5年以内	5年以上	
年龄段	6岁以下	0	0	0	0	0
	7—8岁	20	5	0	0	25
	9—10岁	8	7	2	1	18
	11—12岁	3	3	5	1	12
	13—15岁	3	0	0	0	3
	15岁以上	0	0	0	0	0
总计（人数）		34	15	7	2	58

由此可见,学习中文时长分布较为集中的是 7—12 岁,学习中文时长为 3 年以内或者 5 年以内的意大利华裔就读子女较多,中文学习时间均不长。

3. 意大利华裔就读子女日常交际使用语言与曾在中国居住的时间的交叉表

表 3-16 是意大利华裔就读子女日常交际使用的语言与曾在中国居住的时间的交叉表。由此表可以看出,58 位参与本次调研的意大利华裔子女中,没有在中国居住过的子女,其日常交际使用的语言呈现多样性分布,有 19 人能进行中文和法语的随意切换,13 人日常交际使用中文,8 人日常交际使用法语,总体看使用前三类语言状况有较明显的人数差异。

表 3-16　　意大利华裔就读子女日常交际使用的语言与曾在中国居住的时间的交叉表

		曾在中国居住的时间					总计（人数）
		没有居住过	3 年以内	5 年以内	7 年以内	10 年以内	10 年以上	
日常交际使用的语言	中文	13	6	2	1	0	0	22
	中文和法语随意切换	19	7	3	0	0	0	29
	法语	6	1	0	0	0	0	7
	其他	0	0	0	0	0	0	0
总计（人数）		38	14	5	1	0	0	58

由此可见,没有在中国居住过的意大利华侨就读子女中,能够用中文交流（单语或多语）的意大利华裔子女达到 32 人,能够用法语交流（单语或多语）的达到 25 人。

4. 意大利华裔就读子女日常交际使用语言与学习中文的时长的交叉表

表 3-17 是意大利华裔就读子女的日常交际使用的语言与学习中文的时长的交叉表。由表格可以看出,58 位参与本次调研的意大利华裔子女中,日常交际语言是中文和法语随意切换且中文学习时长在 1 年以内的人数最多,有 16 人;日常交际语言是中文且中文学习时间在 1 年内的有 13 人;其他项的数据均存在一定的交叉。

表3-17　意大利华裔就读子女的日常交际使用的语言与学习中文的时长的交叉表

		学习中文的时长				总计(人数)
		1年以内	3年以内	5年以内	5年以上	
日常交际使用的语言	中文	13	7	1	1	22
	中文和法语随意切换	16	6	6	1	29
	法语	5	2	0	0	7
	其他	0	0	0	0	0
总计(人数)		34	15	7	2	58

由此可以看出，意大利华裔就读子女能够进行中文和法语随意切换的，其中文学习时长相对于其他类别普遍较长。

5. 意大利华裔就读子女的年龄段与国籍状况的交叉表

表3-18是意大利华裔就读子女的年龄段与国籍状况的交叉表。由表格可以看出，58位参与本次调研的法国华裔子女中，7—8岁持有中国国籍有外国居留的最多，有25人；中国国籍有外国居留的主要集中在9—15岁；其他项均存在一定的交叉。

表3-18　意大利华裔就读子女的年龄段与国籍状况的交叉表

		国籍状况					总计(人数)
		中国国籍无外国居留	中国国籍有外国居留	外国国籍父母双方为中国人	外国国籍父母一方为外国人	外国国籍父母双方为外国人	
年龄段	6岁以下	0	0	0	0	0	0
	7—8岁	0	25	0	0	0	25
	9—10岁	0	10	6	1	1	18
	11—12岁	0	8	3	0	1	12
	13—15岁	0	3	0	0	0	3
	15岁以上	0	0	0	0	0	0
总计(人数)		0	46	9	1	2	58

由此可见，意大利华侨就读子女的国籍状况以中国国籍为主，本次调研没有中国国籍无外国居留的人。

6. 意大利华裔就读子女的年龄段与中文重要性的交叉表

表3-19是意大利华裔就读子女的年龄段与认为中文学习重要性的交叉表。由表格可以看出，58位参与本次调研的意大利华裔子女中，7—8岁认为中文学习非常重要的最多，有21人；9—10岁和11—12岁认为中文学习非常重要的分别有16人和5人；认为学习中文重要的主要集中在7—8岁和11—12岁；其他项的数据均存在一定的交叉。

表3-19 意大利华裔就读子女的年龄段与认为中文学习重要性的交叉表

		认为中文学习的重要性					总计（人数）
		非常重要	重要	一般重要	不太重要	不重要	
年龄段	6岁以下	0	0	0	0	0	0
	7—8岁	21	4	0	0	0	25
	9—10岁	16	1	1	0	0	18
	11—12岁	5	4	3	0	0	12
	13—15岁	1	2	0	0	0	3
	15岁以上	0	0	0	0	0	0
总计（人数）		43	11	4	0	0	58

由此可见，意大利华裔就读子女对学习中文重要性的认识普遍较高，认为重要和一般重要的，年龄层主要集中在11—12岁。

（三）相关分析

表3-20是《意大利华裔就读子女中文学习现状调查表》各项的肯德尔tau-b相关矩阵。由此表可以看出，意大利华裔就读子女学习中文的时长与年龄段、中文会"写"的词汇量、中文会"读"的词汇量、国籍状况存在正相关（$p<0.05$），年龄段与认为中文学习的重要性、中文会"写"的词汇量、中文会"读"的词汇量、国籍状况存在正相关（$p<0.05$），中文会"写"的词汇量与中文会"读"的词汇量存在正相关（$p<0.01$）。该结果显示，意大利华裔就读子女是调研的7个欧洲国家中各项构成相关性相对数量中等的华裔子女群体。

表 3-20　《意大利华裔就读子女中文学习现状调查表》各项的肯德尔 tau-b 相关矩阵

	年龄段	是否在中国居住过	学习中文的时长	认为中文学习的重要性	中文会"写"的词汇量	中文会"读"的词汇量	国籍状况
年龄段[a]	1.000	0.198	0.335**	0.312**	0.284**	0.266*	0.288*
是否在中国居住过[b]	0.198	1.000	0.234	0.054	0.145	0.094	0.167
学习中文的时长	0.335**	0.234	1.000	0.163	0.692**	0.741**	0.293*
认为中文学习的重要性	0.312**	0.054	0.163	1.000	0.112	0.068	−0.092
中文会"写"的词汇量	0.284**	0.145	0.692**	0.112	1.000	0.879**	0.217
中文会"读"的词汇量	0.266*	0.094	0.741**	0.068	0.879**	1.000	0.228
国籍状况[c]	0.288*	0.167	0.293*	−0.092	0.217	0.228	1.000

注：** 表示 $p<0.01$；* 表示 $p<0.05$。

[a] 原问卷调查中将意大利华裔就读子女年龄段分为 6 岁以下、7—8 岁、9—10 岁、11—12 岁、13—15 岁以及 15 岁以上。由于本次调研 6 岁以下和 15 岁以上的子女数为 0，因此在相关性研究中分别将 7—8 岁、9—10 岁、11—12 岁、13—15 岁设置为变量 1、2、3、4。

[b] 原问卷调查中将意大利华裔就读子女在中国居住过的年限分为没有居住过、3 年以内、5 年以内、7 年以内、10 年以内和 10 年以上。在本相关性表格中，按照二分变量进行统计，因此没有在中国居住过的设置为变量 1，将有居住过不论年限均设置为变量 2，以此来探讨相关性。

[c] 原问卷调查中将意大利华裔就读子女的国籍状况分为中国国籍无外国居留、中国国籍有外国居留、外国国籍父母双方为中国人、外国国籍父母一方为中国人、外国国籍父母双方为外国人。在本相关性表格中，按照二分变量进行统计，因此将中国国籍均设置为变量 1，将有外国国籍均设置为变量 2，以此来探讨相关性。

具体来说，意大利华裔就读子女学习中文的时长与年龄段相关系数为 0.335，呈显著正相关（$p=0.004<0.01$）；学习中文的时长与中文会"写"的词汇量、会"读"的词汇量相关系数分别为 0.692、0.741，均呈显著正相关（$p=0.000<0.01$）；学习中文的时长与国籍状况相关系数为 0.293，呈显著正相关（$p=0.020<0.05$）。意大利华裔就读子女的年龄段与认为中文学习的重要性相关系数为 0.312，呈显著正相关（$p=0.010<0.05$）；年龄段与中文会"写"的词汇量相关系数为 0.284，呈显著正相关（$p=0.015<0.05$）；年龄段与中文会"读"的词汇量相关系数为 0.266，呈显著正相关（$p=0.02<0.05$）；年龄段与

国籍状况相关系数为 0.288,呈显著正相关($p=0.02<0.05$)。意大利华裔就读子女中文会"写"的词汇量与中文会"读"的词汇量相关系数为 0.879,呈显著正相关($p=0.000<0.01$)。其他各项均不存在相关性($p>0.01$)。因此,意大利就读华裔子女中文会"写"、会"读"的词汇量与年龄段和学习中文的时长均相关,但与是否在中国居住过、认为中文学习的重要性和是否是中国国籍不相关。尤其值得注意的是,意大利华裔就读子女认为中文学习的重要性仅与年龄段相关,与其他项均不相关。

二、意大利华裔子女中文学习现状讨论

(一) 办学经费的维持艰难

本次调研的 3 所中文学校的教学模式和时间安排,分别是三类海外中文学校的教学模式代表。第一类是周一至周五的常规教学形式(巴勒莫中文学校为周一至周六);第二种是周末制,即周六周日为教学时间;第三种是两种教学时间的混合,分别面向不同批次的学生,因此调研的数据具有一定的广泛代表意义。办学经费的维持是海外华校面临的共同难题,低廉的学费与相对较高的办学成本形成了尖锐的矛盾。

> 学费我们主要向学生集资,半年收一次学费,一年收 900 里拉,相当于 3 000 多元人民币,学费不是非常高。因为我们的学校一直以来和政府合作,收费比意大利的学校都低,而且透明度很高。星期六我们是免费的,并且我们学校在校园文化和校刊等方面的开支较多。后来欧元变成了主要的货币,我们的学费也就变成了 900 欧元。现在我们上网课,考虑到大家生意和以前相比有所下滑,而且我们这所学校是半公益性质的,所以我们现在的学费变成了 300 欧元。我们也要考虑到盈利这一块。我们这所学校两国的政府都很重视,给我们提供了许多资源,所以我们也应该多付出。比如说意大利人组团去中国参观,一些单位意大利政府没有报销,我们要帮他们买机票,促使他们拜访中国。如果国内的团队要来意大利学习,我们就要去接待,每一年都有许多官员专门到我们学校参观。瑞安外国语学校也是我们的姐妹学校,当时他们说学校经费很紧张,我们就帮他们承担一半经费,因为当初他们学校邀请意大利方的学校(团队)亲

自到瑞安的学校参观过。我们还要请杭州的团队,这都需要经费。不过我们目前有两个优势,一是签证我们办理比较方便,因为政府也知道我们的活动。二是在一些活动方面我们比较有发言权,比如一些活动我们需要意大利哪些部门给我们提供一些帮助支持,如国侨办邀请我们去各所学校调研、报告或者参观的经费都是他们出的。但是它也有限制,就是每次参加活动除了北京之外只能选择一个省,否则国家要支出和负担的经费就更大了。(受访者:XQ)

从办学成本上看,我们一个学生一个月学费是 130 欧元。一周上 6 天,每天 2 个小时,星期六的上课时间有 3 个小时,就是 13 个小时。相当于每个星期是 30 欧元,平均每天只有 5 欧元,那每个小时只有 2.5 欧元左右,一个班级就算有 10 个学生,收入也只有 25 欧元。如果再把教学成本扣掉,例如开给老师的工资,再加上租教室。教室租金一个月 500 欧元,平均一天光租金相当于 17 欧元。我们请老师的工资每个月是 1 000 多欧元,如果是 4 个班一个班十来个学生的话,一个人正好是 1 000 欧元。暑假比平时稍微多一点点,因为暑假有外地的学生过来读书。一方面是西西里岛的中国人人数少,另一方面我自己年纪也大了,没有什么远大的理想,女儿在这边,所以我也就在这边安心地过下去了。我主要是岁数大了,给别人打工也很累,做别的事情也不方便。所以办学只是勉强维持。我们这边的工资很少的,就是没有多少钱。我有一次跟我朋友说,她们家请了一个保姆,工资是一个月 1 300 欧元,她问我一个月有多少,我也跟她说我有多少的学生、怎样的收费,她算了一下,学生少的时候一个月 1 000 欧元也不到。她说那你还不如我呢!确实是这样子的,我收入可能连保姆都比不上。不过我也一直在坚持,主要应该是出于对教学本身的热爱吧,我自己也喜欢跟孩子待在一起。再说我岁数大了也就(维持)这样子了。原来我女儿嫌我收入太低,不肯帮我来继承我的事业。现在由于疫情我们也从线下转到线上学习,她也从帮忙到正式接手上阵了。(受访者:CSC)

(二)网课教学生源和质量的保障遇到挑战

意大利华裔子女中文学习现状也存在着两极分化,有一部分家长对孩子的中文学习的重要性意识不够,对中文学习的目的不明确。此外,在海外的华裔子女本身处在多语种环境。意大利的外来移民多,因此语言环境包括意大利语、英语、西班牙语和中文等。此外中文属于非西语语系,学习难度较大,因此影响了华裔子女中文学习的热情。总体看来,华裔子女学中文意愿强的趋势越来越强,从学校的办学规模上可以得到体现。

究其原因,主要有:第一,中国经济的发展使得国内外的经济往来更加频繁,因此中文的好坏意味着经济上的收益差异。第二,华裔子女回国之后的交流、旅游以及生活的需求,使得他们也有了提高中文水平的内驱力,在中国和意大利日益频繁的文化交流中,他们有机会回国并且见识国内的发展,良好中文水平给他们在国内的生活带来了较大的便利。第三,良好的中文基础对于今后在国外的就业也有更大的优势,会双语的包括中文、英语和意大利语等,职业选择面更大。第四,国内的一些大学也给海外的华侨子女提供了宽松的就读机会,促进了他们把中文学好之后回国就学的意愿。另外,意大利的侨二代和侨三代,周围有一些受过良好的教育而仍然选择回家族企业发展的熟人,这给当地的华裔造成了学历水平的高低与工作、就业情况没有直接的相关性的印象,因此,他们往高层次提高自己的学历和能力的意愿不强。

一方面,受疫情影响,一部分意大利华裔子女回国就学就业的意向比以前强烈;另一方面,前往美国、英国等其他西方国家就读的比回中国高校就读的要多,但是这种趋势正在发生一定变化。学龄阶段的意大利华裔子女回国就学有一定需求,阻碍该趋势发展的主要因素有华裔子女回国之后的入学安排、回国之后的课外辅导等额外开支等。在意大利的华侨华人的生活状况差异较大,一部分华裔父母由于疫情影响,经济收入不充足,国内额外的课外班带来的经济负担重,因此阻碍了华裔子女回国读书的意愿。

现在我们是以网课的形式上课的,也没有向外地推送广告。但是我们本地的一些学校搬到了外地之后,他们仍然可以以网课的形式参与我们的在线课程,久而久之学生就变多了。还有一种情况就是,有些学生看到了我们上课的视频,发现与自己所在的学校的教学方法不太一样,也想来我们学校听课。现在我们学校来报名上课的学生越来越多,但是我们要限制每个班级人数不能超过35个学生。现在我们每个年级有2个班级,分别都是35个人,人数比线下教学的时候多。如果一个班级学生过多会给老师的管理增加难度。就像江苏有个几千人的网上夏令营,学生多了他们就会认为自己很自由不被老师约束,就会给教学和班级管理造成困难。所以我们要限制班级人数,便于我们管理和掌握学生学习情况。有的家长想要再加个孩子到我们满员的班级里,但是由于我们的学生人数限制没有实现。我们学校现在就有家长来报名下半年的课,下半年如果国侨办派的老师能够出去,我们的学生就回学校线下上课,如果意大利的疫情还是很严重,就依旧网课。(受访者:PSL)

因为这次疫情影响,有的人反而不来学中文了,因为他们感觉线上学起来麻烦,所以干脆就停掉了,想等疫情结束以后再来学。就像我现在一二年级的本地学生就没几个了,两个班合在一起不知道有没有10个,不过现在也有一些外地的在我这上网课的。(受访者:CSC)

(三)办学师资需要保证

整体上来看,教师对于孩子的正确引导会对孩子学习中文的持续性和对重要性的认知有非常大的影响。办学活动的正常开展师资是重要的保证,然而疫情期间由于大量的国内外派师资以及学校聘请的师资回国而引起教学师资短缺,回国之后的教师又要克服时差等困难而引起的教学后续力量不足,这是现在海外华校面临的重大问题。此外,在疫情前办学本身在师资上就没有后续力量的保证以及教师薪资待遇偏低等问题,形成了意大利中文学校办学师资的"内忧外患"。

疫情暴发时,我们那里有国侨办、上师大、浙师大外派出来的十几个老师。当时意大利南部出现疫情,但是佛罗伦萨还没有出现。这些老师们的亲人朋友看到意大利相关疫情的数据,都十分担心。我们也花费了很多精力来让他们安心,我们要尽可能满足外派老师的需求,联系国侨办、省侨办和温州侨办讨论如何给外派老师做一些工作。后来开始上网课,也是我们和这些老师一起慢慢摸索,经常讨论如何把网课做得更好。后来老师们回国,我们先包车到米兰做了核酸检测,再坐总领馆安排的包机回国。只要我们能做到的,我们都会帮老师们做到。所以在老师的工作方面,疫情也锻炼了我们面对突发事件的应急能力。在之后的办学中,我们能够考虑得更加完善成熟。第二个问题就是对学校招生的影响。我们的学校老师和设备都挺稳定的,但是在我和其他华文学校校长的联系中,我了解到网课给学校办学带来了很大的难度,比如网络设备不好,老师上课难管理等等。有个校长说大家都说疫情对餐馆这些商业影响最大,我觉得还是对我们学校影响最大。确实,疫情对许多家庭的经济都造成了影响,家长也会考虑送孩子去更加便宜的学校上学,许多学校只好降低学费。所以疫情对经济成本和学校生源竞争会有一定的影响。线下我们学校有600多个学生,现在只有500多个学生了,还是有一定的影响的。就以我的学校为例,我们要考虑到学生家长的经济负担,还要考虑到一些孩子无法适应网课课程。(受访者:PSL)

我们现在有两位老师,都是留学生。她们刚开始的时候是做兼职的,现在有一位老师自己在网络上学习,还有一位就是嫁给老外了。她们上课就是每天工作2个小时,白天可能会有其他的兼职可以赚点钱,不然靠我这里的工资真的生活困难。(受访者:CSC)

(四) 重视意大利华校的民间友好力量

意大利华校从民间角度对意中两国的友谊有着很好的促进作用。这可以表现在多个层次,除了在当地推广面向海外华侨华人的华文教育之外,还通过举办一些华文活动,增进大家对华文学习的热情和对中国文化的了解,利于华文学校后续相关活动的开展和家长及各界对当地教学活动的理解和支持。同时,通过民间与官方层面的各种活动和合作,来推进中意两国之间的友好关系。海外华校在促进海外华侨华人与住在国人民之间的关系上起到了非常重要的促进作用。因此,加大力度办好优质的海外华校,对于提升中国在国外的影响力有非常关键的作用。

我们学校在中意两国友好上面的贡献主要体现在两个方面。首先是意大利对中国有了全新的认知。不管是学生、官员,还是老师来到中国,都给他们留下了十分深刻的印象。他们觉得中国发展得很快。有一次还有个人问了我这样一句话,他说中国发展得这么好,你们中国人为什么还要去意大利?这句话一问出来,我就觉得我带他们来中国是值得的,他们更加认同中国了。最初他们对中国人是一种抵制的态度,我们刚开始创办学校的时候,意大利的老师还有孩子,可能对我们都是有看法的。老师会觉得他们意大利的学业已经这么繁重了,还要学中文,不是影响了他们的学习吗?另外一个是意大利的孩子觉得我们的学校为什么要专门让你们中国人来学。这之间可能有各种各样的冲突,通过我们一次次带这些老师、学生去中国参观,然后建立了一种非常好的关系,他们慢慢地对我们改观了。从最初的扔石子、敲窗影响我们的正常教学,到后来他们认为他们和中国人是朋友。甚至是两个孩子吵架了,意大利的孩子可能与中国孩子争吵了,他也不去追究了,因为他觉得大家都是好朋友,因为潘校长带他来过中国,了解中国,(所以他)对中国的感情更深刻。(受访者:XQ)

我总结下来,最重要的一点就是意大利官员对我们中国的看法也有了巨大的改变。他们本来是亲美的,不相信我们所宣传的中国。但是他们亲自来中国之后,他们对中国的态度就转变了。所以从1996年玛丽亚来中国开始,就经常有一批一批的意大利官员来拜访中国,省侨办专门留了经费给我来招待他们。这方面的交流是十分有意义的。第二点就是谢群刚刚提到的,中国外派的老师的上课效果会更好,他们有自己教育学生的方法。中国孩子由中国的老师来辅导会更专业一些,而且对于他们的孩子我们的责任心也很大,当然不管是中国的孩子还是外国的孩子,我们都一样对待。有一次在杭州,有个意大利来中国参加夏令营的孩子中暑了,我很担心他,直接背着他就往急诊室跑。到了医院爬到3楼,医生看到是外国人,说要送到专门给外国人治病的医院,我就和医生说孩子可能是中暑了,可不可以帮他看一下。后来医生就说给他喝点开水,喝了开水之后这个小孩慢慢地好了。后来这个学生就记住了这件事,很感激。之前我们学校在这个学校里面上课,意大利的学生会调皮捣乱,这件事之后他们也开始对我们友好。所以中文学校也是一种民间力量,对两国人民的友谊的促进起到了很大的作用。(受访者:PSL)

(五) 发展海外华校新模式

目前意大利中文学校面临的困境比较多,比方说办学经费短缺、师资短缺、生源不稳定等问题。特别是在疫情下,一部分师资回国而产生的时差等问题,对于教师继续承担海外中文教学任务的意愿影响也会比较大。因此,发展海外华校的新模式,特别是鼓励有意向的企业家自己和海外华校进行办学资金和办学技术上的合作至关重要。通过企业家投资办学,之后人才回流服务企业发展等模式,使企业得到人才培养和经济收入的回报等,形成良性循环与发展。

  我之前想不到我会到国外教书,想不到创办学校。但是为了孩子能够掌握中文,我也走出了这一步,而且也想不到两国政府会如此重视。现在我认为国外对中文的学习会加强。如果其他国家能够认同把中文教育列入他们的国民教育,列入他们的学校课程安排,那就会更不一样。很可能那时的学生会像我们现在学英语一样,不必再办一个独立的学中文的机构。但是目前我估计这很难办到,因为国外也会遇到各种难题,特别是师资问题很难解决。各个学校的各个年级段都要配备中文老师,需要培训大量的中文老师,而且得保证教学效果。目前统战部已经开始在国外调研关于海外华文教育的发展。国外孔子学院有萎缩的趋势,虽然我们国家出钱创办,但是国外对我们的看法不一样,得不到他们的认可,所以就逐渐萎缩。现在经过统计之后,统战部可能要把传播文化的任务交给华文学校。但是华文学校该如何更强大?如果都像我们的学校一样,也是很难办到的,还有签证问题等。不过国家现在有一所和迪拜合作的学校,从中积累了一些经验。听说这所学校的一个老师一年工资有40万元,要教两年,当然派出去的老师也不多。国家的经费比较紧张,所以他们现在想要鼓励有意向的企业家自己和海外合作,不过这方面我还没有了解得很透彻。去国外办学也是一件难度很大的事情,比如我们中国几所较好的学校到国外办学,并不能保证有师资、生源,以及教学的质量。如果办学失败,更会影响该大学在国内的声誉。所以他们现在应该还是利用我们这一模式,多所学校一起来提供支持。我认为华文教育会发展得越来越好,因为不可能在国外的华侨子女都回中国读书,他们需要当地有中文学校来学习中文,所以现在会加强对华文学校的建设。(受访者:PSL)

第四节 总　　结

　　本章对意大利华裔子女的中文学习现状进行了研究和分析，具体包括华裔子女的出生、年龄、国籍、就读年级、现居住国、在中国居住时间、中文的"读"和"写"水平状况、对中文教学的形式和内容、学习中文的目的、认为中文重要性程度等问题的调查，其结果通过 SPSS 软件进行了各项问题的频数分布、相关性和交叉性分析。与其他国家相比，意大利华裔子女对中文的重要性认知相对较高，中文水平也相对较高，但是与东欧国家相比要低。这与意大利华裔父母对子女的中文学习重视程度和与祖（籍）国的血缘联系等密切相关。后疫情时代办学资金、生源和师资等问题，意大利中文学校和对华文教育的持续发展与创新模式等也值得探究。

　　因为本书研究进度的安排，意大利问卷调查工作开展的时间以及问卷停止收集的时间均比较早，因此虽然调研的学校比较多，但是样本数相对于西班牙等国偏少。另外，所涉及的样本年龄层相对来说比较集中，主要分布在 12 岁以下。

第四章 西班牙

　　本章探讨西班牙华裔子女中文学习现状,共分为 4 个小节。第一小节探讨西班牙中文学校发展的情况,包括西班牙的中国移民简介、华裔子女对中文学习的需求、中文学校大致办学历程等。第二小节主要介绍"国学咏流传"多语教学团队进行西班牙华校国学推广的实施过程,在该过程中如何开展《西班牙华裔就读子女中文学习现状调查表》问卷调查和本次涉及问卷发放的西班牙华裔学生就读的中文学校的简介。第三节是西班牙华裔子女中文学习现状调查的统计分析与讨论,分析包括问卷设计的各项问题频数表和西班牙华裔子女的年龄与在中国居住时间、中文学习时间、认为中文学习的重要性和国籍状况等的交叉表,重点探讨西班牙华裔子女的年龄与中文读写水平与认为中文学习重要性的回归性研究,讨论部分包括对西班牙华裔就读子女的中文学习现状,西班牙社会、家庭、西班牙华校和国内华文工作开展等层面的一些建议和思考。第四节是对本章内容的总结。在"国学咏流传"多语教学团队进行海外华校国学推广和西班牙华裔子女中文学习现状调查问卷收集期间,笔者联系了西班牙巴塞罗那中加友好学校陈淑芬校长(以下简称 CSF)和西班牙博思语言学校潘丽丽校长(以下简称 PLL)、两位中文学校班级管理教师(以下简称 XBYJS1 和 XBYJS2),对各小节的内容进行了深度访谈,选取访谈相关的内容对频数统计表的结果进行说明。

第一节　西班牙中文学校发展情况

　　中国人侨居西班牙始于清末,早期人数比较难确定。到第二次世界大战期间，当时西班牙全国的华侨为 20 人，直至 1949 年前后人数约为 40 多人，到 1952 年初增至 100 多名。1961 年西班牙华人人数为 167 人。1973 年中国与西班牙建交前，华侨华人约为 500 人。1980 年代后，西班牙成为近年来新兴的移民热点目的地。① 截至 2018 年，在西班牙的中国人约有 19 万人，是该国的第六大移民群体。2019 年旅居西班牙外国人总数 480 万人，华侨华人约占 4%。② 西班牙移民群体形成相对法国和意大利晚，移民从 1998 年的 12 306 人，到 2019 年 2 月的 195 345 人，数值和规模逐渐庞大，也说明了华人新一代移民逐渐形成。③

西班牙面向华侨华人子女提供学习中文的机构有各华人华侨社团开办的华文学校、中文补习班，也有当地创办的华侨子女学院和中文学校等。④ 谷佳维通过梳理西班牙华文教育的发展历程，指出了其起步晚、发展迅速的特点，教育目的从教授华语为主的留根教育向旨在帮助华人二代移民适应当地社会和提高群体竞争力转变。⑤ 这也是整个华人社会融入当地社区和华裔新生代力量不断壮大的基础。

  我个人估计西班牙大概有三四十家中文学校。不过有的学校的规模不一定，有些可能只有三四十个人。西班牙目前还没有中文联合会，所以没有办法统计数据，也没有办法实现资源共享。我们巴塞罗那中加友好学校在当地规模算大的。由于现在受到疫情影响，西班牙这边的华侨子女很多人回国了，还有一些人打算三四月份回国。但是这些回国的孩子估计还是要回来的，因为他们的身份都在这边，除非是他们回国后在国内发展得很好，或者是一家人都回国了，不再出国，所以这个中文学校的办学需求还在。但是受疫情影响之后，整个格局肯定会发生变化。西班牙

---

① 刘兴标，张兴汉.《世界华侨华人概况》（欧洲、美洲卷）[M]. 广州：暨南大学出版社，1994：120-121.
② 张春旺，张秀明主编.《世界侨情报告 2020》[M]. 北京：社会科学文献出版社，2020：211-212.
③ 《西班牙媒体聚焦在西中国移民：20 年增长了近 16 倍》，中国侨网，http://www.chinaqw.com/hqhr/2019/02-06/214873.shtml.
④ 刘兴标，张兴汉.《世界华侨华人概况》（欧洲、美洲卷）[M]. 广州：暨南大学出版社，1994：123.
⑤ 谷佳维. 从留根教育到综合素质教育：西班牙华文教育发展的新趋向[J]. 华侨华人历史研究，2020(1)：11-19.

有些规模比较小的学校,选择周末的时候去租场地,因为当地学校只有周一到周五才上课。西班牙这样做的学校也还蛮多的,这样相当于只用租周末的场地。我们有一个校区也是只租周末的,还有一个地方是从周一到周日都能用的,但是那个地方我们不是用来授课的,是用来做课外培训的。毕竟租学校比租办公楼要好多了,它的公共设施就好很多,有空间、操场、食堂,因为这些孩子不可能一天到晚都关在教室里,他们需要出去活动的。(受访者:CSF)

西班牙博思语言学校从2010年开始办学,地点位于西班牙的一个鞋城,当地华侨人数并不多。根据西班牙官方的统计数据来看,2018年该城市的华侨大概是4 000多人。但是我们的学生是来自整个省的,一些其他大区的孩子也会来我们学校上课。我们有注册自己的公司,其他很多中文学校是纯协会创办的性质,但两种学校本质都是一样的,只是资质上的一些区别。和很多西班牙的中文学校不一样,我们不是周末制的,而是周一到周六有上课的。我们的校舍采用的是租赁场地的做法,中心一共有3个校区,其中2个校区是自己单独租赁的,还有1个校区是租King's College(国王学院)的场地,King's College是一所英式的国际学校。因为我们周一到周五是一批学生,周六又是另外一批学生。如果是周一到周五的课程,我们是跟对方的学校对接好,白天他们上课上到下午3点,然后3点到5点我们直接在对方教室里面上课。如果学生上课时间冲突,我们就安排周六上课,这样他们周一到周五上本地的公立学校的课程,整个运行模式跟意大利的很像。其实在西班牙我们是比较早的采用这种形式的,所以跟其他学校都不太一样。我们学校从2010年刚开始办学时,学生人数是3个人开始,然后逐渐发展,课程也是越来越多,大规模教学应该是从2014年至2015年。学校课程拓展以及获得好的口碑当然是办学规模变大的一个原因,华人人数增长也是另一个原因,然后就是大家对中文越来越重视。我们还有一个特色,把IB教育加到华文教育里面。IB是三大国际教育主流,美国的AP,英国的A LEVEL,然后是瑞士国际化的IB。我目前已经联系到了3个学校大约有一两千人,都采用这种特色教学模式。我们这三个学校都是关系较好的姊妹学校,大家也会一起创办活动。(受访者:PLL)

第二节　西班牙华裔学生就读学校状况调查

"国学咏流传"多语教学团队面向西班牙开展国学教学推广的对象为西班牙巴塞罗那中加友好学校，"国学大讲堂"开讲的时间为2021年2月6日。该校是周末制中文学校，给学生安排的授课时间分别为当地时间周六和周日12:00—16:00，授课四节。国学推广团队面向该校的教学安排为：周六班授课时间为欧洲时间周六13:10—14:00，分别开设面向小学四五六年级学生的高阶班和面向小学一二三年级学生的低阶班；周日班授课时间为欧洲时间周日13:10—14:00，分别开设面向小学五六年级和初中一至三年级学生的高阶班和面向幼儿园学生的低阶班，授课沿用该校的钉钉多群联播的直播形式。"国学咏流传"多语教学团队的教学内容替换该校下午4节课中的第2节，原班级的授课教师协助管理班级和旁听多语教学团队中文授课教学。国学教学团队结束第2节课的教学后，再由该校教师继续后续两节课的教学。《西班牙华裔就读子女中文学习现状调查表》通过问卷星在线发放至该校各班级的钉钉群，最终回收有效问卷84份。

参与本次问卷调查的华裔子女就读的中文学校情况如下：西班牙巴塞罗那中加友好学校是国侨办授牌的"海外华文教育示范学校"，成立于2008年7月，坐落在西班牙加泰地区，是当地一所规模庞大的周末制中文学校。同期招生规模达1 000人以上，下设总校FONDO校区、PLAZA ESPAA中加华星学院校区、BADALONA中加翰林学院校区、SANT BOI校区四个校区，分布在布巴塞罗那各个华人聚居区，招收的学生年级包括幼儿班、小学一至六年级和初中一至三年级。疫情期间，该校采用线上教学方式。

第三节　西班牙华裔子女中文学习
现状统计分析与讨论

回收《西班牙华裔就读子女中文学习现状调查表》有效问卷84份，通过SPSS24.0软件对各项问题进行了频数分布、相关性和交叉性分析，问卷结果结合访谈内容对西班牙华裔子女中文学习现状展开分析和讨论。

一、西班牙华裔子女中文学习现状统计分析

(一) 频数分析

1. 西班牙华裔就读子女的年龄段

表4-1是西班牙华裔就读子女的年龄段频数分布表。在调研的84位西班牙华裔就读子女中，11—12岁的人数最多，有29人，占总人数的34.5%；9—10岁的其次，有21人，占25.0%；接下来是13—15岁的，有16人，占19%；7—8岁的有8人，占9.5%；15岁以上、6岁以下分别是7人和3人，分别占8.3%和3.6%。此次调研的西班牙华裔子女各年龄段的子女均有参与调研，年龄段主要集中在9—15岁。

表4-1 西班牙华裔就读子女的年龄段频数分布表

年 龄 段	频 数	百分比	有效百分比	累计百分比
6岁以下	3	3.6	3.6	3.6
7—8岁	8	9.5	9.5	13.1
9—10岁	1	25.0	25.0	38.1
11—12岁	29	34.5	34.5	72.6
13—15岁	16	19.0	19.0	91.7
15岁以上	7	8.3	8.3	100.0
总计	84	100.0	100.0	

我们西班牙巴塞罗那中加友好学校有招收小学和初中的学生。一开始我们也不是以赚钱为目的去创办学校，只是因为这里的华人子弟有这种需求。虽然我们办学初中班在亏本，但是孩子有需求学中文，我们就一直坚持办下来了。这里很多学校都只办到小学，基本上是越高年级学生越少，因为他们觉得已经学得差不多了，就不需要再继续了。我们小学阶段一个班大概是二三十人。如果是线下教学的话就有三四十人。到了初中一年级大概就十几个人了，初二会少一些，初三会更少，今年我们的初三班只有五六个人，每年情况都差不多。高年级孩子有自己的思想了，如果老师优秀，他们会一直读下去的。当然是否继续学习，这跟个人对中文

的兴趣或者家长对他的驱动力也有关系,跟老师也有很大的关系。西班牙也有很多家庭并不富裕,他们觉得能省一点也好。如果家长觉得孩子学习中文这么多年够了,就不让孩子学了。有些家长只要学费涨价一点都不愿意的,本来只要 35 欧元一个月的学费,有的家长希望学费可以再少 5 欧元。(受访者:CSF)

西班牙博思语言学校目前的招生面向小学和初中,高中还没有。我们现在都是线上授课。疫情前我们每个校区每个年级各一个班,每个班人数不等,有些班级人数多一点,有些班级人数少一些。周一到周五的班大概十几个到二十几个,周六班级的人数会多一点,有 20 多个。我们有一年级的,还有纯粹零基础的外国人。他们的中文水平跟他们的居住环境、语言环境、接触的人、父母要求他学习中文的动机、有没有接触到电视等都是有关联的。有一些初中过来学中文的孩子,虽然长着中国人的面孔,但是他实际上什么中文都不会,水平就是纯外国人,给他们上课就相当于对外汉语教学,所以情况就会比较复杂,得看每一年的实际情况。(受访者:PLL)

2. 西班牙华裔就读子女的现居住地

表 4-2 是西班牙华裔就读子女的现居住地频数分布表。选项排列按照"祖(籍)国—住在国—与在住国地缘关系远近—与在住国历史渊源—其他国家"的关联紧密度依次排列。在调研的 84 位西班牙华裔就读子女中,居住在西班牙的华裔就读子女最多,有 77 人,占总人数的 91.7%;在其他国家的均有分布。因此,参与本次调研的对象以在西班牙的华裔子女为主。

表 4-2 西班牙华裔就读子女的现居住地频数分布表

现居住地	频 数	百分比	有效百分比	累计百分比
中国	0	0	0	0
西班牙	77	91.7	91.7	91.7
法国	3	3.6	3.6	95.2
意大利	1	1.2	1.2	96.4

续表

现居住地	频数	百分比	有效百分比	累计百分比
德国	2	2.4	2.4	98.8
其他国家	1	1.2	1.2	100.0
总计	84	100.0	100.0	

西班牙离法国和意大利都很近，而且法国和意大利的移民比西班牙要早，很多家长早期是在意大利和法国等国经商，后来因为生意需要的关系搬到西班牙，然后来回做生意的，有的孩子在两边走动得也比较多。（受访者：XBYJS1）

3. 西班牙华裔就读子女日常交际使用的语言

表4-3是西班牙华裔就读子女日常交际使用的语言频数分布表。选项排列按照"祖（籍）国语言—住在国语言—其他国家语言"的关联紧密度依次排列。在调研的84位西班牙华裔就读子女中，主要使用中文和能进行中文和西班牙语随意切换的均为38人，占总人数的45.2%；有6人主要使用西班牙语，占7.1%；还有2人选择了"其他"。因此，参与本次调研的西班牙华裔子女中，懂中文的占比最大，语言使用与中文的关联更加紧密。

表4-3　西班牙华裔就读子女日常交际使用的语言频数分布表

日常交际使用的语言	频数	百分比	有效百分比	累计百分比
中文	38	45.2	45.2	45.2
中文和西班牙语随意切换	38	45.2	45.2	90.5
西班牙语	6	7.1	7.1	97.6
其他	2	2.4	2.4	100.0
总计	84	100.0	100.0	

说到西班牙的教育体制，家长整体素质比较高，大概有一半的孩子是在私立学校、国际学校里面就读，所以这批家长教育支出的费用就比较

大。像是现在的 King's College 在我们当地是最好的国际学校,马德里的一些学生根本进不去。这些学校一个月的收费是 1 000 欧元,如果两个孩子上学就是 2 000 欧元。所以重视语言教育和收入较高的家长会把孩子送到私立学校,有的学校会开中文选修课,因此那种学校的语言环境会更好。在西班牙一种是这种国际学校,属于贵族学校,还有一种是西班牙语的私立学校,这种学校一个月学费大概 300~500 欧元。还有一种是带有宗教性质的学校,教会支付一部分费用,政府也支付一部分费用,这种学校一个月的学费大概是 50~200 欧元。最后就是全部公立的学校,这种学校就是全免费的。我们华人在国外现在应该是私立和公立学校各占一半吧,上公立学校的人数也不少,这取决于家庭的经济能力。如果在公立小学或者住在华人圈,周围的中国人多的话,可能对他说中文会更有利,所以这个看家长的经济能力和层次。(受访者:PLL)

4. 西班牙华裔就读子女曾在中国居住的时间

表 4-4 是西班牙华裔就读子女曾在中国居住的时间频数分布表。在调研的 84 位西班牙华裔就读子女中,有 33 人在中国居住 3 年以内,占总人数的 39.3%;有 25 人没有在中国居住过,占 29.8%;有 13 人在中国居住 5 年以内,占 15.5%;居住 7 年以内、10 年以内和 10 年以上的分别有 7 人、5 人和 1 人,占 8.3%、6.0%、1.2%。因此,参与本次调研的西班牙华裔子女,在中国居住过的占比较大,但是没有在中国居住过的数量也不少。

表 4-4 西班牙华裔就读子女曾在中国居住的时间频数分布表

曾在中国居住的时间	频 数	百分比	有效百分比	累计百分比
没有居住过	25	29.8	29.8	29.8
3 年以内	33	39.3	39.3	69.0
5 年以内	13	15.5	15.5	84.5
7 年以内	7	8.3	8.3	92.9
10 年以内	5	6.0	6.0	98.8
10 年以上	1	1.2	1.2	100.0
总计	84	100.0	100.0	

温州籍的西班牙大量移民潮晚于法国和意大利,有一批早期移民在西班牙定居后把在国内的亲友带过来,这些第二批过来的人先过来站稳脚跟后,再把自己的配偶孩子带过来。所以,西班牙的孩子有一些还是有在国内居住过一段时间的。另外就是,西班牙早期移民政策可以让子女在国内留守一段时间,家长让孩子把中文打好一些基础再接过来。(受访者:XBYJS2)

5. 西班牙华裔就读子女学习中文的时长

表4-5是西班牙华裔就读子女学习中文的时长频数分布表。在84位西班牙华裔就读子女中,有37人学习中文的时间在5年以上,占总人数的44.0%;有21人学习中文的时间在5年以内,占25.0%;有16人学习中文的时间在3年以内,占19.0%;还有10人的学习时长在1年以内。因此,参与本次调研的西班牙华裔子女,普遍学习中文的时间都达到一定的年限,整体学习中文时间比较长。

表4-5 西班牙华裔就读子女学习中文的时长频数分布表

学习中文的时长	频　数	百分比	有效百分比	累计百分比
1年以内	10	11.9	11.9	11.9
3年以内	16	19.0	19.0	31.0
5年以内	21	25.0	25.0	56.0
5年以上	37	44.0	44.0	100.0
总计	84	100.0	100.0	

现在的家长大部分都是"90后",这批家长会越来越重视孩子的教育问题,所以把孩子送来学中文的比较多,但是他们中文学习的时间目前没有保证。这一批其实也是一个过渡。我们最早的一批家长应该是"70后"到"80后",逐渐变成现在的"90后",我们也发现其实整个家长(群体)的素质也是在提升的。最早的一批家长大部分是劳务输出,他们的后代成了当地的华侨二代,接受了当地的一些教育,所以他们已经拥有了中西文化这样的双重背景,这些侨二代的教育理念和他们的父母是完全不一样

的。(受访者：PLL)

6. 西班牙华裔就读子女认为中文学习的重要性

表4-6是西班牙华裔就读子女认为中文学习的重要性频数分布表。在84位西班牙华裔就读子女中，有71人认为中文学习非常重要，占总人数的84.5%；有9人认为中文学习重要，占10.7%；此外，认为中文学习一般重要、不太重要和不重要的人数人数很少。因此，参与本次调研的西班牙华裔子女，重视中文学习的非常多。

表4-6 西班牙华裔就读子女认为中文学习的重要性频数分布表

认为中文学习的重要性	频 数	百分比	有效百分比	累计百分比
非常重要	71	84.5	84.5	84.5
重要	9	10.7	10.7	95.2
一般重要	2	2.4	2.4	97.6
不太重要	1	1.2	1.2	98.8
不重要	1	1.2	1.2	100.0
总计	84	100.0	100.0	

西班牙这里对中文的重视程度总体上是有变化的。跟以前相比，也有了很大的进步。至少我们跟家长沟通简单了，不讲理的家长也越来越少了，但有时候还是会遇到的。有一些家长觉得把孩子送到学校里，教育孩子都是老师的事情，与他们无关。现在在国外学习中文已经形成一种潮流了，90%的中国孩子都在上中文课。不管什么身份的人，包括早期为了挣钱出国的或者是公派出国的人，他们现在都开始重视孩子的中文教育了。因为以前家长把孩子送回国，等到孩子到了上学的年纪再接过来。但是现在因为西班牙的移民有各种限制和政策问题，一次性出境不能超过2年，否则他们的居留身份会受到影响。所以，现在的孩子基本上都在上中文课，除非家住得很偏远。有些学生觉得自己用不上就不太想学。但是我觉得他们还太小，还不懂中文的重要性。从今年西班牙的各种春节活动也可以看出现在西方社会对中国越来越重视，许多政要想要与中

国联系。所以,一方面家长要及时地进行教育,还有就是学校里的老师也要进行教育。(受访者:CSF)

我们和马德里的学校就存在一个对比,像是我们学校组织学生参加演讲比赛和各种各样的活动,学生和家长都会积极配合,包括我们的春节联欢晚会,很多都是学生和家长自发组织的。一开始的配合度可能没有这么高,但我觉得这是双方的事情。后来我们学校也做了很多事情,包括举办一些活动,家长的参与度和配合度也就越来越高了。这也反映出现在的家长对中文学习越来越重视了。西班牙侨二代、侨三代他们学中文的比例80%以上应该有了。跟之前相比的话,比例变高了很多。(受访者:PLL)

7. 西班牙华裔就读子女中文会"写"的词汇量

表4-7是西班牙华裔就读子女会"写"的词汇量频数分布表。在参与调研的84位西班牙华裔就读子女中,会"写"的词汇量在400字以内的有25人,占总人数的29.8%;能达到国内小学三至四年级水平和词汇量2 500以上的均为17人,均占20.2%;15人能达到国内小学五至六年级水平;10人能达到国内小学一至二年级水平。因此,参与本次调研的西班牙华裔子女中文会"写"的水平偏高,整体书写能力较为良好,但是会"写"的词汇量在400字以内的人数最多。

表4-7　　西班牙华裔就读子女中文会"写"的词汇量频数分布表

中文会"写"的词汇量	频　数	百分比	有效百分比	累计百分比
400字以内(YCT口语中级标准)	25	29.8	29.8	29.8
800字以内(中国小学一至二年级水平)	10	11.9	11.9	41.7
1 600字以内(中国小学三至四年级水平)	17	20.2	20.2	61.9
2 500字以内(中国小学五至六年级水平)	15	17.9	17.9	79.8
2 500字以上	17	20.2	20.2	100.0
总计	84	100.0	100.0	

我们采用的教材是国内的《语文》教材。暨南大学的《汉语》教材之前也有用过。因为我们的课时量比较多,每天下午都有课的话,那本教材的内容就太简单了。我们周一到周五每天都有安排上课,每天一节课,一节课一个小时,周一到周五这种不间断的连续学习中文。我觉得这种形式教出来的学生他们的中文水平挺好的,比周末班的学生好很多。其实前一段时间我在大使馆里看到一个对比他们之间学习效果的差距和不同的报告。根据艾宾浩斯记忆规律,周六班的学生虽然学习时间是持续的,但是间隔的时间太长了,除非有家长的监督和帮助,否则学习的效果会大打折扣,很快就会把刚学过的知识遗忘。即使我们有的班级周一到周五只有三天安排上课,这种方式的教学效果比周末连续上三节课的效果也要好很多。(受访者:PLL)

8. 西班牙华裔就读子女中文会"读"的词汇量

表4-8是西班牙华裔就读子女会"读"的词汇量频数分布表。在参与调研的84位西班牙华裔就读子女中,会"读"的水平能达到国内小学三至四年级水平的有20人,占总人数的23.8%;有18人的词汇量在500以内,占21.4%;有17人能达到国内小学五至六年级水平;能达到词汇量3 000以上的有15人;有14人能达到国内小学一至二年级水平。因此,参与本次调研的西班牙华裔子女,中文会"读"的水平偏高,相比会"读"与会"写"的词汇量,整体"读"的水平略高。

表4-8　西班牙华裔就读子女会"读"的词汇量频数分布表

中文会"读"的词汇量	频　数	百分比	有效百分比	累计百分比
400字以内(YCT口语中级标准)	18	21.4	21.4	21.4
1 600字以内(中国小学一至二年级水平)	14	16.7	16.7	38.1
2 500字以内(中国小学三至四年级水平)	20	23.8	23.8	61.9
3 000字以内(中国小学五至六年级水平)	17	20.2	20.2	82.1

续表

中文会"读"的词汇量	频 数	百分比	有效百分比	累计百分比
3 000 字以上	15	17.9	17.9	100.0
总计	84	100.0	100.0	

读写能力和水平我没有确切的数据,这个跟学校上课的课程表和家庭的语言环境都有很大的关系。根据我上课的观察看,三四年级的孩子基本上上课的常用字是认得差不多的。(受访者:XBYJS2)

9. 西班牙华裔就读子女中文能力各项能力分析

表4-9是西班牙华裔就读子女中文能力各项能力分析频数分布表。在参与调研的84位西班牙华裔就读子女中,实际问卷统计涉及56份问卷,其中说、听能力好的分别为37人和36人,分别占29.4%和28.6%;有30人读的能力好,占23.8%;有23人写的能力好。因此,参与本次调研的西班牙华裔子女中文听、说、读各项能力均较好,写的能力相对较差,还有28人听说读写能力均不好。

表4-9 西班牙华裔就读子女中文能力各项能力分析频数分布表

中文哪一项能力好(多选)	个案数	百分比	累计百分比
听	36	28.6	64.3
说	37	29.4	66.1
读	30	23.8	53.6
写	23	18.3	41.1
总计	126	100.0	225

注:使用了值1对二分组进行制表。本题采用SPSS统计软件的"多项响应"功能,其中有28人填写的"都不太好",在输入选项答案(0,1)的时候,系统默认0为否,因此实际统计的是问卷中有做选择的56份问卷的结果。

可以这么讲,我们学校有学生从国外回来,然后直接到国内的小学上课,也能跟上国内的进度。所以有的回国的学生,他的中文能力是比较过

关的,但是也不是全部。(受访者:PLL)

10. 西班牙华裔就读子女学习中文的目的

表4-10是西班牙华裔就读子女学习中文的目的频数分布表。84位参与调研的西班牙华裔就读子女中,为了增强自己的多语言能力的有53人,占63.1%;为了更好了解中国文化的有49人,占58.3%;为了与家人语言沟通更便利的有33人,占39.3%;为了今后回国就学就业和增强自己的民族认同感的均有31人,均占36.9%;另外7人选择了"其他"。因此,参与本次调研的西班牙华裔子女把增强语言能力和了解中国文化作为学习目的的首位,其他学习目的的选择人数较为平均。

表4-10　　西班牙华裔就读子女学习中文的目的频数分布表

学习中文的目的(多选)	个案数	百分比	累计百分比
为了增强自己的多语言能力	53	26.0	63.1
为了与家人语言沟通更便利	33	16.2	39.3
为了今后回国就学就业	31	15.2	36.9
为了更好地了解中国文化	49	24.0	58.3
为了增强自己的民族认同感	31	15.2	36.9
其他	7	3.4	8.3
总计	204	100.0	242.9

　　我们学校是暨南大学在西班牙的海外招生办,有一些学生想要回国上大学,进行咨询的人有很多。年纪稍微大一点的孩子,开始有自己的思想,有这种想法也很正常。他们回国的话学习方面的压力肯定都会有的。但是他们如果决定要回国的话,也是经过一定的深思熟虑的。他们回国主要从事的行业选择还是有一些的,现在西班牙语在国际上也很流行,他们回国之后也可以推广西班牙语,或者去外企上班,这样会容易一些。国外的孩子跟国内的孩子相比,比较单纯直接,他们不一定能够适应国内的职场竞争。但是我觉得什么都可以学。我有一个朋友的孩子,被公司派回国2年,现在已经做到了项目经理。也有些人回国未必适应,但是我觉

得这跟个人的性格也有关系,只要一个人的性格不是太死板,什么都可以学得会。大家愿意学中文是因为中国的国际地位逐渐提高,西班牙的中国人也很多,中国游客购买力强。所以现在很多西班牙医院会有中文翻译,奢侈品店里有中文导购,银行里有中国人在工作。如果会中文的话,也相当于多了一个工作机会。他们有些人学中文是出于兴趣爱好,有些人是出于工作需要。孩子学习中文的比例比前几年多,但也不是很多。因为如果本地孩子学习中文,周末家长要接送,对他们来说也是一项支出。(受访者:CSF)

因为疫情的影响,还有国内的发展和安全,很多华侨子女都有回国的打算,这种迹象在西班牙是很明显的。而且已经有很多华侨子女选择了回国,目前有很多已经从西班牙回国的华侨子女建的聊天群,他们希望通过这些群提供更多的信息交流机会,比如说:孩子怎么去上学?怎么去学校报名?回国买机票遇到困难怎么办?这些问题他们都会在群里询问。不过也有些人他们只是因为国外疫情比较严重,所以回国躲避疫情。还有一部分人是为了回国发展。曾经我在和一位家长的交流过程中听说,在青田那边有很多从国外,比方西班牙或是意大利回来的亲戚想回国做生意开店,基本上是开几家关几家。我自己推测,原来打算回国内就业的这些人肯定会因为一些衔接上的问题而选择再次出国。不过这是我自己的推测,也不是很确定。包括我自己在国内的一些经历也说明了这个问题。就拿教育行业来举例,我们在海外开办学校,其实是很简单的一件事情,我们只需要把控好师资水平,抓好教育质量。但是国内还需要营销团队,这是最明显的一个区别。在国外,我们办学的运营模式,还有开店做生意的模式和国内都是不同的,相比于国内,我们可能少了很多套路和玩法。我自己估计可能1990年代的人出国最多,首先这批人的知识文化素养是断片的,断掉了中国国内发展的一个衔接。但是因为语言的问题,他们和西班牙的文化也是断裂的,所以说不管是在教育上或者在其他的衔接能力上,他们都是断裂的。在这种情况下回到国内,他们怎么可能马上适应快速发展的中国?可能连信息化的网络经济都适应不了。所以我认为再过一段时间,除非这个人已经积累了大量的资金,可以在中国养老,否则这批人还是会选择出国,包括那些华侨子女。(受访者:PLL)

11. 西班牙华裔就读子女希望学习中文的教学形式

表4-11是西班牙华裔就读子女希望学习中文的教学形式频数分布表。84位参与调研的西班牙华裔就读子女中，希望进行知识拓展的有44人，占52.4%；希望认识更多字的有35人，占41.7%；希望学习课文朗读和分析的有28人，占33.3%；希望学习汉字书写的有20人，占23.8%；希望进行创作分享的有15人，占17.9%；另外有5人选择了"其他"。因此，参与本次调研的西班牙华裔子女中文希望加强知识拓展和汉字认读的人较多，对于产出型的创作分享的中文教学形式的需求偏低。

表4-11 西班牙华裔就读子女希望学习中文的教学形式频数分布表

希望学习中文的教学形式（多选）	个案数	百分比	累计百分比
认更多的字	35	23.8	41.7
知识拓展	44	29.9	52.4
汉字书写	20	13.6	23.8
课文朗读和分析	28	19.1	33.3
创作分享	15	10.2	17.9
其他	5	3.4	6.0
总计	147	100.0	175.1

我们学校的宗旨主要是推行华文教育和促进两国文化的交流。因为我们会给其他学校组织一些文化交流活动，设立文化体验课，教当地人怎么写毛笔字，教他们认识文房四宝、舞龙舞狮、打腰鼓。同时也邀请当地文化协会，给中国的孩子讲当地的文化，比如说西班牙的节日习俗之类的，所以我们学校的学生整体拓展能力还不错。（受访者：CSF）

12. 西班牙华裔就读子女希望学习中文的教学内容

表4-12是西班牙华裔就读子女希望学习中文的教学内容频数分布表。84位参与调研的西班牙华裔就读子女中，希望学习诗词歌赋的有35人，占41.7%；希望接受英语教学的有34人，占40.5%；希望学习软硬笔书法的有31人，占37.0%；希望学习器乐的有30人，占35.7%；希望学习武术的有29

人,占 34.5%;希望学习手工的有 24 人,占 28.6%;希望学民间舞蹈的有 23 人,占 27.4%;希望学习名著欣赏的有 19 人,占 22.6%;另外有 5 人选择了"其他"。由此可见,参与本次调研的西班牙华裔子女希望拓展学习中文的内容与中国传统文化的相关性较大,注重文化素养和传统技能的培养。

表 4-12 西班牙华裔就读子女希望学习中文的教学内容频数分布表

希望学习中文的教学内容(多选)	个案数	百分比	累计百分比
诗词歌赋	35	15.2	41.7
名著欣赏	19	8.3	22.6
武术	29	12.6	34.5
民间舞蹈	23	10.0	27.4
英语教学	34	14.8	40.5
软硬笔书法	31	13.5	37.0
器乐	30	13.0	35.7
手工	24	10.4	28.6
其他	5	2.2	6.0
总计	230	100.0	274.0

我觉得过去的中文学校就相当于一个托儿所,家长把孩子送过来,是为了有个地方可以看管孩子。因为家长要上班,他们就把孩子送到学校里,有人看管,下午再来接。其实我们以前上课的时间就是跟现在网课的时间一样,从中午一直到下午 5 点。他们觉得孩子有人看管了,就不用他们自己看了,所以把孩子送过来。现在的家长都比较年轻,算是侨二代,他们觉得将来孩子的发展不能跟自己的父母一样,所以他们对自己孩子的教育比较重视。我觉得现在的情况跟家长受的教育等方面有关系。比如说现在他们会经常跟老师沟通,提出一些意见。但是也有好多家长根本不知道自己的孩子是哪个班级,老师姓什么。总体来说现在比以前已经好多了,因为现在的年轻家长小时候也经历过苦日子,所以他们对孩子的教育会更加重视。像以前我们开设课外兴趣班,很少有人报名,但是现在来参加的人要多很多了。现在也有很多家长会跟风,他们不是依据孩

子的喜好去送他们学习，也不是因为他们心里觉得这个东西好，就送孩子来试试。他们也很盲目，看到周围都在学，他们觉得也不能落后。西班牙本地人报名我们学校的辅导班和艺术班的人很多，本地人他们对孩子的教育更加重视。我觉得主要是因为经济和各方面的条件的关系，在西班牙的中国人的条件不怎么样，中国人在西班牙收入普遍没有本地人高，跟本地人比要差一些。（受访者：CSF）

我们学校不仅仅有中文课，还有很多兴趣课，像是英语、西班牙语，然后数学、编程、美术。开线下课程的时候还有钢琴和舞蹈，因为疫情原因这两门课程取消了，其他课程还留着，这些课程学生认可度都很高。（受访者：PLL）

13. 西班牙华裔就读子女的国籍状况

表4-13是西班牙华裔就读子女的国籍状况频数分布表。选项排列按照与中国的地缘和血缘关系的紧密度依次排列。84位参与调研的西班牙华裔就读子女中，中国国籍有外国居留的有54人，占总人数的64.3%；外国国籍父母双方中国人的有23人，占27.4%；外国国籍父母一方外国人有1人，占1.2%。由此可见，参与本次调研的西班牙华裔子女保留中国国籍的占多数，加入外国国籍的也不少。

表4-13　西班牙华裔就读子女的国籍状况频数分布表

国籍状况	频数	百分比	有效百分比	累计百分比
中国国籍无外国居留	6	7.1	7.1	7.1
中国国籍有外国居留	54	64.3	64.3	71.4
外国国籍父母双方中国人	23	27.4	27.4	98.8
外国国籍父母一方外国人	1	1.2	1.2	100.0
外国国籍父母双方外国人	0	0	0	100.0
总计	84	100.0	100.0	

小孩子如果从四五岁开始学中文，他们其实还不明白学习中文的目的是什么，只是跟着做，所以家长让孩子学习中文的动机和其自身的身份

认同是非常重要的,而且现在侨二代的家长非常的爱国。但是纵向来看,新侨和老侨出现了一个年龄断层,对国家的认同感和爱国情怀也不一样。近几年西班牙的中国移民数量非常多,大多数新侨来自北京、上海、广州这三个地方,特别是北京。他们的学习目的和爱国程度和以往的侨二代就非常不一样,这一批新出国的对祖国的情感也不一样。近几年的移民,一般都是一些高知分子选择出国,他们加入外籍的会有些多。像是《甄嬛传》的某个导演,他们大部分有不同的思想和态度,觉得国内的教育太压抑,社会太浮夸,或者因为一些人际关系的因素等不太喜欢。所以他们对孩子的教育和侨二代的教育是完全不一样的,这就是新移民出现的一些问题。(受访者:PLL)

14. 西班牙华裔就读子女在西班牙课外辅导中文学校的年级

表4-14是西班牙华裔就读子女在西班牙课外辅导中文学校的年级频数分布表。84位参与调研的西班牙华裔就读子女中,就读中文学校五、六年级的均为16人,均占19.0%;就读中文学校四年级的为12人,占14.3%;就读中文学校三年级的为11人,占13.1%;就读中文学校初三的为10人,占11.9%;其他年级分布人数较少且较分散。由此可见,参与本次调研的西班牙华裔子女中文学校年级分布主要在三到六年级,各年级均有分布,总体来看小学高年级的人数分布较多。

表4-14 西班牙华裔就读子女在西班牙课外辅导中文学校的年级频数分布表

年 级	频 数	百分比	有效百分比	累计百分比
幼儿园	2	2.4	2.4	2.4
中文学校一年级	5	6.0	6.0	8.3
中文学校二年级	5	6.0	6.0	14.3
中文学校三年级	11	13.1	13.1	27.4
中文学校四年级	12	14.3	14.3	41.7
中文学校五年级	16	19.0	19.0	60.7
中文学校六年级	16	19.0	19.0	79.8
中文学校初一	2	2.4	2.4	82.1

续表

年　级	频　数	百分比	有效百分比	累计百分比
中文学校初二	4	4.8	4.8	86.9
中文学校初三	10	11.9	11.9	98.8
其他	1	1.2	1.2	100.0
总计	84	100.0	100.0	

（二）交叉表分析

1. 西班牙华裔就读子女的年龄段与曾在中国居住时间的交叉表

表4-15是西班牙华裔就读子女的年龄段与曾在中国居住的时间的交叉表。由此表可以看出，84位参与本次调研的西班牙华裔子女中，25人没有在中国居住过，主要分布在9—10岁和11—12岁，均为11人；有33人在中国居住过3年以内，不同年龄段分布较分散；其他居住年限的不同年龄段分布也比较分散。

表4-15　西班牙华裔就读子女的年龄段与曾在中国居住时间的交叉表

		曾在中国居住的时间						总计（人数）
		没有居住过	3年以内	5年以内	7年以内	10年以内	10年以上	
年龄段	6岁以下	0	1	0	1	1	0	3
	7—8岁	2	6	0	0	0	0	8
	9—10岁	11	8	1	0	1	0	21
	11—12岁	11	11	5	2	0	0	29
	13—15岁	1	7	3	3	2	0	16
	15岁以上	0	0	4	1	1	1	7
总计（人数）		25	33	13	7	5	1	84

由此可见，西班牙华裔就读子女中，没有在中国居住过的子女，年龄段主要集中在9—12岁。

2. 西班牙华裔就读子女的年龄段与学习中文时长的交叉表

表4-16是西班牙华裔就读子女的年龄段与学习中文的时长的交叉表。

由此表可以看出,84位参与本次调研的西班牙华裔子女中,11—12岁学习中文5年以上的人最多,有18人;9—10岁学习中文3年以内的有8人;其他不同年龄层的中文学习时长分布比较分散。

表4-16　西班牙华裔就读子女的年龄段与学习中文的时长的交叉表

		学习中文的时长				总计 (人数)
		1年以内	3年以内	5年以内	5年以上	
年龄段	6岁以下	2	0	1	0	3
	7—8岁	4	3	1	0	8
	9—10岁	2	8	6	5	21
	11—12岁	0	4	7	18	29
	13—15岁	2	1	4	9	16
	15岁以上	0	0	2	5	7
总计(人数)		10	16	21	37	84

由此可见,西班牙华裔就读子女学习中文时长分布较为集中在9—12岁、学习中文时长为5年以内或者5年以上,他们学习中文时间整体较长。

3. 西班牙华裔就读子女日常交际使用语言与曾在中国居住的时间的交叉表

表4-17是西班牙华裔就读子女日常交际使用的语言与曾在中国居住的时间的交叉表。由此表可以看出,84位参与本次调研的西班牙华裔子女中,没有在中国居住过的和居住时间3年以内的,其日常交际使用的语言呈现多样性分布;能进行中文和西班牙语切换的学习中文的时间均不长,使用中文日常交流的实际上学习中文的时长并不长。

表4-17　西班牙华裔就读子女日常交际使用的语言与曾在中国居住的时间的交叉表

		曾在中国居住的时间						总计 (人数)
		没有居住过	3年以内	5年以内	7年以内	10年以内	10年以上	
日常交际使用的语言	中文	13	14	3	4	3	1	38
	中文和西班牙随意切换	10	13	10	3	2	0	38

续表

		曾在中国居住的时间					总计（人数）
		没有居住过	3年以内	5年以内	7年以内	10年以内	10年以上	
日常交际使用的语言	西班牙语	2	4	0	0	0	0	6
	其他	0	2	0	0	0	0	2
总计（人数）		25	33	13	7	5	1	84

由此可见，西班牙华裔子女在中国居住年限对在他们日常交际语言使用的选择影响较小，中文学习时长多的并不一定选择中文作为交际语。

4. 西班牙华裔就读子女日常交际使用语言与学习中文的时长的交叉表

表4-18是西班牙华裔就读子女的日常交际使用的语言与学习中文的时长的交叉表。由表格可以看出，84位参与本次调研的西班牙华裔子女中，日常交际语言是西班牙语的，中文学习时间在1年以内的人数，有3人；日常交际语言是中文的，中文学习时间在5年以上的人数最多，有15人；日常交际中文和西班牙语能随意切换的，学习中文的时长5年以上的人数最多，有20人，其他项均存在一定的交叉。

表4-18　西班牙华裔就读子女的日常交际使用的语言与学习中文的时长的交叉表

		学习中文的时长				总计（人数）
		1年以内	3年以内	5年以内	5年以上	
日常交际使用的语言	中文	2	10	11	15	38
	中文和西班牙随意切换	5	5	8	20	38
	西班牙语	3	1	1	1	6
	其他	0	0	1	1	2
总计（人数）		10	16	21	37	84

由此可以看出，西班牙华裔就读子女能够进行中文和西班牙随意切换的，

中文学习时间整体相对于其他类别较长,中文学习时间与日常交际使用语言为中文或中文和西班牙语随意切换的人数关系较大。

5. 西班牙华裔就读子女的年龄段与国籍状况的交叉表

表4-19是西班牙华裔就读子女的年龄段与国籍状况的交叉表。由表格可以看出,84位参与本次调研的西班牙华裔子女中,11—12岁持有中国国籍有外国居留的人数最多,有16人;中国国籍有外国居留的主要集中在9—12岁;外国国籍父母双方为中国人的主要集中在11—12岁;其他项均存在一定的交叉。

表4-19　　西班牙华裔就读子女的年龄段与国籍状况的交叉表

		国籍状况					总计(人数)
		中国国籍无外国居留	中国国籍有外国居留	外国国籍父母双方为中国人	外国国籍父母一方为外国人	外国国籍父母双方为外国人	
年龄段	6岁以下	0	1	2	0	0	3
	7—8岁	0	7	1	0	0	8
	9—10岁	2	15	4	0	0	21
	11—12岁	1	16	12	0	0	29
	13—15岁	2	9	4	1	0	16
	15岁以上	1	6	0	0	0	7
总计(人数)		6	54	23	1	0	84

由此可见,西班牙华侨就读子女的国籍以中国国籍为主,其中11—15岁的子女加入外籍的比例较大。

6. 西班牙华裔就读子女的年龄段与认为中文学习重要性的交叉表

表4-20是西班牙华裔就读子女的年龄段与认为中文学习重要性的交叉表。由表格可以看出,84位参与本次调研的西班牙华裔子女中,11—12岁、认为中文学习非常重要的最多,有24人;9—10岁、认为中文学习非常重要的有21人;7—8岁和15岁以上认为学习中文非常重要的均有7人;其他项均存在一定的交叉。

表 4-20　西班牙华裔就读子女的年龄段与认为中文学习重要性的交叉表

		认为中文学习的重要性					总计（人数）
		非常重要	重要	一般重要	不太重要	不重要	
年龄段	6岁以下	1	2	0	0	0	3
	7—8岁	7	0	0	0	1	8
	9—10岁	21	0	0	0	0	21
	11—12岁	24	4	1	0	0	29
	13—15岁	11	3	1	0	0	16
	15岁以上	7	0	0	1	0	7
总计（人数）		71	9	2	1	1	84

由此可见，西班牙华裔就读子女对学习中文重要性的认识普遍较高，认为非常重要和重要的占绝大多数，11—12岁的重要性分布相对后移。

（三）相关分析

表 4-21 是《西班牙华裔就读子女中文学习现状调查表》各项的肯德尔 tau-b 相关矩阵。由此表可以看出，西班牙华裔就读子女的年龄段与中文会"写"的词汇量、中文会"读"的词汇量存在正相关（$p<0.01$），是否在中国居住过与年龄段、中文会"写"的词汇量、中文会"读"的词汇量存在正相关（$p<0.05$），学习中文的时长与年龄段、中文会"写"的词汇量、中文会"读"的词汇量存在正相关（$p<0.01$），认为中文学习的重要性与中文会"写"的词汇量、中文会"读"的词汇量、国籍状况存在正相关（$p<0.05$），中文会"写"的词汇量与会"读"的词汇量、国籍状况存在正相关（$p<0.05$）。该结果显示，西班牙华裔就读子女是调研的 7 个欧洲国家中各项构成相关性数量最多的华裔子女群体之一。

具体来说，西班牙华裔就读子女的年龄段与是否在中国居住相关系数为 0.220，呈显著正相关（$p=0.027<0.05$）；年龄段与学习中文的时长相关系数为 0.434，呈显著正相关（$p=0.000<0.01$）；年龄段与中文会"写"的词汇量相关系数为 0.313，呈显著正相关（$p=0.000<0.01$）；年龄段与中文会"读"的词汇量相关系数为 0.444，呈显著正相关（$p=0.000<0.01$）。西班牙华裔就读

表4-21 《西班牙华裔就读子女中文学习现状调查表》各项的肯德尔 tau-b 相关矩阵

	年龄段	是否在中国居住过	学习中文的时长	认为中文学习的重要性	中文会"写"的词汇量	中文会"读"的词汇量	国籍状况
年龄段	1.000	0.220*	0.434**	0.054	0.313**	0.444**	−0.009
是否在中国居住过[a]	0.220*	1.000	0.064	0.138	0.207*	0.349**	0.066
学习中文的时长	0.434**	0.064	1.000	−0.026	0.308**	0.267**	0.138
认为中文学习的重要性	0.054	0.138	−0.026	1.000	0.207*	0.248*	0.245*
中文会"写"的词汇量	0.313**	0.207*	0.308**	0.207*	1.000	0.635**	0.217*
中文会"读"的词汇量	0.444**	0.349**	0.267**	0.248*	0.635**	1.000	0.133
国籍状况[b]	−0.009	0.066	0.138	0.245*	0.217*	0.133	1.000

注：** 表示 $p<0.01$；* 表示 $p<0.05$。

[a] 原问卷调查中将西班牙华裔就读子女在中国居住过的年限分为没有居住过、3年以内、5年以内、7年以内、10年以内和10年以上。在本表中，按照二分变量进行统计，因此没有在中国居住过的设置为变量1，将有居住过不论年限均设置为变量2，以此来探讨相关性。

[b] 原问卷调查中将西班牙华裔就读子女的国籍状况分为中国国籍无外国居留、中国国籍有外国居留、外国国籍父母双方为中国人、外国国籍父母一方为中国人、外国国籍父母双方为外国人。在本表中，按照二分变量进行统计，因此将中国国籍均设置为变量1，将有外国国籍均设置为变量2，以此来探讨相关性。

子女是否在中国居住过与中文会"写"的词汇量相关系数为0.207，呈显著正相关（$p=0.036<0.05$）；是否在中国居住过与中文会"读"的词汇量相关系数为0.349，呈显著正相关（$p=0.000<0.01$）。西班牙华裔就读子女学习中文的时长与中文会"写"的词汇量相关系数为0.308，呈显著正相关（$p=0.001<0.01$）；学习中文的时长与中文会"读"的词汇量相关系数为0.267，呈显著正相关（$p=0.003<0.01$）。西班牙华裔就读子女认为中文学习的重要性与中文会"写"的词汇量相关系数为0.207，呈显著正相关（$p=0.033<0.05$）；认为中文学习的重要性与中文会"读"的词汇量相关系数为0.248，呈显著正相关（$p=0.010<0.05$）；认为中文学习的重要性与国籍状况相关系数为0.245，呈显著正相关（$p=0.023<0.05$）。西班牙华裔就读子女中文会"写"的词汇量与中文会"读"的词汇量相关系数为0.635，呈显著正相关（$p=0.000<0.01$）；中文会

"写"的词汇量与国籍状况相关系数为 0.217,呈显著正相关($p=0.028<0.05$)。其他各项均不存在相关性($p>0.01$)。因此,西班牙就读华裔子女中文会"写"的词汇量与其他 6 项均存在相关性,而会"读"的词汇量与国籍状况不相关。西班牙就读子女中文会"写"的词汇量、会"读"的词汇量和是否是中国国籍,与认为中文学习的重要性相关。尤其值得注意的是,西班牙华裔就读子女认为中文学习的重要性与是否在中国居住过不相关。

二、西班牙华裔子女中文学习现状讨论

(一) 西班牙华校之间的恶性竞争

西班牙华侨华人人数在欧洲继英国、法国、意大利之后排名第四,[①]因此移民群体也比较庞大。西班牙华人群体呈现年轻化特点,平均年龄为 32.6 岁,其中持普通居留证件的 0—15 岁的儿童和青少年达 5 万多人,约占移民总人数的 1/4。[②] 庞大的华裔青少年群体对于中文教学的需求比较大,所以虽然西班牙的华校起步晚,但是在过去 20 年发展非常迅速,规模逐渐增大,大部分华校集中在马德里和巴塞罗那。一些新兴的办学机构办学设施新,也引入了国外一些先进的教学理念,对于华裔子女中文水平的提高和兴趣的提升,有较大的帮助。但是整体来看,西班牙中文学校的办学也面临着不少困境,主要表现为华校之间互相价格压制的恶性竞争。由于西班牙华裔子女对中文学习的需求,同时迫于竞争压力,华校不得不顶着办学资金不足等各种压力坚持办学。对于这一问题,不同的华校采用的解决办法不一:有的华校采用办学者自己教学,节省师资费用;有的采用复式教学——在教师人手不足、学生规模不够的情况下,好几个年级学生并班上课,学生在同一个教室,由同一个教师对不同年级的学生讲授和练习环节错开教学,充分利用办学场所和师资,减少办学成本。

> 我们学校收费很低,相当于收成本费,一个月学费才 30 多欧元,每个

[①] 《华侨华人分布状况和发展趋势》. 中华人民共和国国务院侨务办公室. http://qwgzyj.gqb.gov.cn/yjytt/155/1830.shtml.

[②] 谷佳维. 从留根教育到综合素质教育:西班牙华文教育发展的新趋向[J]. 华侨华人历史研究,2020(1):11-19.

月要上4个周末下午的课，每个周末下午有4小时的课，差不多就是半公益的性质。西班牙有的学校会收得多一些，我了解到的情况：有的巴塞罗那学校收55欧元左右。家长在孩子身上的中文学习花费不是很大。收费这么低，就是为了推动更多的家长把孩子送过来学习中文。但是在这边家长计算的不仅仅是学费的问题，还有接送的时间成本问题。有些家长需要抽出时间接送孩子，因为西班牙的人口分布更加分散，不像国内比较集中，国内可能是按照区域来分配校区，这里不是的。我们也有开设数学培训班，一个月是15欧元，每个月4节课，每次一个小时。价格低和恶性竞争都是历史上的原因了，十几年前就是这个价钱，现在一直涨不上来，就是因为学校越来越多，竞争越来越厉害。其实我校除掉开支之后，就没有多少收入，如果学生人数不多的话，根本就没有收入。有些人觉得创办学校可以赚很多钱，学着别人去做，所以大家都跟风来办学了。但是国外和国内的课外辅导市场和环境完全不一样。我们巴塞罗那中加友好学校已经在当地办学10多年了，但是现在有些人办学就利用我们的生源，在我们附近开办新的学校，然后互相打压价格。如果一个家长有鉴别能力那还好，知道哪些学校有渊源和历史，对他们选择也有一点帮助。但是有些家长根本连自己的孩子上几年级都不知道，他们只会以学费的价格决定去哪个学校，这是很普遍的现象。家长把孩子送过来学习中文，这只是一种风气，很多家长看到别的孩子在学，就把自己的孩子送过来学。所以大家跟风来学一下，但是实际上有没有学到多少他们过问的不多。他们其实不是不在乎，但是他们也不会特别关心孩子学习问题，因为很多家长工作很忙，没有时间去关心。这样的话他们也没有时间去鉴别学校好还是不好，只想便宜一点就行了。另外，国外有些家长不是以学到多少为标准的，比如说有的孩子考试以前考多少，现在考多少，现在分数考低了，考差了，家长不会去想是不是试卷跟以前不一样？是不是比以前更难了？家长会说孩子在以前的学校考了90多分，到了我们这里只考60多分，就认为我们把孩子教坏了。考试没有一个统一的标准，都是老师自己出的试卷，这就看出卷老师的良心把握。其实我可以给每个孩子都100分，但是这对孩子没有好处。（受访者：CSF）

从办学机构的角度来看，中文学校的发展前景如何，我觉得还是跟国家的政策各方面都有关系。我认为目前最大的冲击是线上教育,像现在很多国内的线上教育的目标全部对准海外市场,所以未来的发展前景大家都不是很清楚。目前海外华校也是一个市场"大洗牌"和筛选的过程,像是之前一些办学较差的机构都会被淘汰,留下较好的机构。一些办学资质差的学校短暂的冲击还是有的,但他们不具备长远的优势。其实很多人是觉得办学校很赚钱,他们看到学生多眼红了,然后他们也开始办学校了。他们不知道的是我们在国外很多费用都是花在税收上的,像我们每年都要缴纳老板税等各种各样的税收。但像那种非正规的办学机构,如果他们不走正规程序,那他们办学是赚钱的。他们不需要缴纳税收,不需要支付场地的费用。我们学费这么低,收入这么低,也都在坚持,说到底主要还是情怀。在国外教书会有价值感。我感觉有些人即使赚了很多钱,但这种价值纯粹是从经济角度来衡量的,我觉得他们活得不是太有价值。按照马斯洛需求层次理论,如果只考虑经济收入,那这些人就处于低层次需求。(受访者:PLL)

(二) 疫情引起的生源缩减

作为西班牙华裔子女接受中文教育的主体力量,西班牙中文学校承担着推行华文教育的重担。整体看来,华裔父母对子女的中文学习越来越重视,西班牙华裔父母和子女对中文能力有提升的要求,有中国文化学习的需求,今后希望回国就学就业的群体比例大于法国和意大利。相比之下,西班牙移民历史比法国和意大利短,而且新侨人数相对较多,因此这些移民与国内保持的血缘关系更为深厚。疫情期间,一些西班牙华裔家庭带着子女回国,因此对西班牙的中文学校的办学和招生产生了比较大的影响。然而,这一批回国的华裔子女后续的出国意向不明确,对今后的华校办学师资和规模也会造成不确定的影响。

与10多年前相比,华裔父母对子女的中文学习重视程度有了显著提升,例如从子女就读年级都不知晓,到现在主动与就读的学校和老师交流。西班牙绝大多数华裔子女都在中文学校学习中文,但是传统的"唯分数论"对他们影响很大。他们一味追求孩子成绩上取得高分,而对子女的实际中文能力的提升关注度不够,这也与中文学校的办学宗旨有一定的冲突。早期西班牙华裔父母把孩子送回国,等孩子到了上学的年纪再接到西班牙。但是由于西班牙的移民政策限制,出境时间不能超过2年,所以现在孩子基本都在西班牙本地上中文课。疫情期间我们流失了一部分回国的学生,接下来他们是回西班牙还是继续在国内就学,可以产生影响和变化的因素太多了,接下来我们的办学规划可能也要做出调整。(受访者:CSF)

(三) 中文教材短缺和"水土不服"

西班牙的中文学校根据自身的课程安排、学生的需求以及学生的中文水平现状,采用了不同的教材,一些学校采用的是暨南大学的《汉语》教材,还有一些学校采用的是与国内同步的《语文》教材等,然而各种教材都存在问题:只能满足常规的每学期教学的内容需求,在寒暑假期间没有相应的拓展教材。意大利一些中文学校采用的方法是把一学年分成3个学期,因此在4年之内就学完了12册的教学内容,目前该做法没有得到广泛推广。然而,在教学时间和教学内容有冲突的情况下,如何开发多样性的教材,提供能更好地满足学生多样化需求和学生水平状况的新型教材是当前华文教育的工作重点。

现在我们的孩子用的是暨南大学的《汉语》课本。但是我们需要一些课外辅导的资料,因为到了暑假,我们就没有教学资料了,需要我们自己去找材料,要么自己编教材,或者去找其他的材料,没有现成的、系统性的东西可以用。我们学校采用的暨南大学的课本还挺好的,但是有一些学校采用与国内相同的教科书,有些老师会觉得国内的教科书难度有点大,不适合国外孩子。而且教科书里的一些内容也不太适合西班牙当地的孩子,比如说我们对中国的孩子会进行爱国主义教育,但是我们上课的时候对当地的孩子就不会谈到这方面的内容。他们的爱国主义教育跟我们是不一样的,有些东西不适合在这里开展教学。包括我们学校这次负责主办的春节活动,我们在西班牙进行宣传和介绍的时候都是修改过好多次的。我们对中国的孩子会开设爱国主义教育课程进行爱国主义教育,但是我们对当地的孩子不会做这样的宣传,他们会觉得很奇怪,也会觉得不可思议。当然每个人都会热爱自己的国家,但他们不像中国人这么狂热。
(受访者:CSF)

(四) 师资和办学资金短缺

一些面向海外华文学校教师的国内教师培训缺乏海外教学背景,出现了一些不接地气的情况,使海外华校教师回国接受培训的收获有限。另外,办学资金短缺几乎是所有海外华校面临的共同问题,海外华文教育示范基地由于国家政策的支持,有一定的资金补助来缓解办学压力,而一些非海外华文教育示范基地学校的办学困境将会更大。教学模式、教学师资和教学理念的更新,以及中文学校生源在高低年级资源不均都是一些典型的海外华校急需解决的问题,特别是中文学校生源数量上的三角形结构,初中高年级出现无生可教的困境,对于中文在西班牙的推广都提出了挑战。

> 如果国家能有经费上的支持当然是大家喜闻乐见的。但是海外这么多中文学校肯定也不可能全部照顾到。我们是国侨办的第二批海外华文教育示范学校,虽然国内会有资助,但是还有很多其他学校拿不到资助。国内有些人会认为我们这些海外示范学校应该做好华文推广,而不是拿国家的钱来补贴,这就无形当中给了我们一些压力。办学的收费和成本就摆在那里,国家如果能有资金支持肯定能解燃眉之急。我刚开始办学有一个校区,每年都要亏1万多欧元。有了国家补贴的经费,至少能够维持基本的运营。一开始我们办学不是以盈利为目的,因为有很多华侨子女在这边生活,我们想要为他们提供一个环境,让他们学习母语。本来有些家长早年还把孩子留在国内学中文,但是后来因为一些移民政策的改变,孩子不能长期待在国内,不然他们在这边的居留身份可能会受到影响,所以现在孩子都留在国外,这样这边的华侨就渐渐多起来,学中文的学生人数也多了。另外,我们海外华校的师资短缺和培训也是个问题。我们学校现在聘请的老师有一部分是留学生,还有一部分是国内的老师派出国来工作的。由于我们学校是周末才上课,所以老师他们平时可以做别的工作来增加点收入。当然,我们学校有很多老师已经教了10多年了,而且他们有好多人不是为了钱才做这个职业,有好多人做这一行做久

了有感情,跟孩子待久了也有感情。我们老师也会回国参加华文教育基金会的师资培训,老师回来后也会交流讲讲自己的培训经验。这几年华文教育基金会在师资培训方面做得挺多的,我们学校有好多老师暑假的时候回国培训。但是我想这种培训应该更接地气一点,有一些培训可能太简单了一些,最好能跟我们前几天在网络上培训一样那样的难度才好。而且他们提供的培训时间比较短,比如说10天的培训,只有3天是在上课,其他时候都是在观摩或者考察之类的。我刚才说的要接地气,打个比方,中国和西班牙是两种体制的教育——中式教育和西式教育。国外的学校,老师和学生的地位是一样的,不像国内的老师有一种威严感,我们的老师会融入学生,亲近学生,跟学生打成一片,这跟国内还是不一样的,所以合适的师资比较难找。(受访者:CSF)

第四节 总　　结

本章对西班牙华裔子女的中文学习现状进行了研究和分析,具体包括华裔子女的年龄、国籍、就读年级、现居住国、在中国居住时间、中文的"读"和"写"水平状况、希望的中文教学形式和内容、学习中文的目的、认为中文重要性程度等问题的调查,其结果通过SPSS24.0软件进行了各项问题的频数分布、相关性和交叉性分析。西班牙华裔子女对中文的重要性认知非常高,中文水平相对于意大利和法国较高,这与西班牙华裔子女在中国有过居住经历的人比较多、与祖(籍)国的血缘和地缘联系等密切相关,这些因素对中文学习有良性的促进作用。后疫情时代西班牙华校的生存和政府层面的办学引导和支持等问题亟待解决。

以上讨论的中文学校存在的办学困难和问题,实际上是法国和意大利中文学校面临的共同问题。本次调研西班牙华裔子女年龄层和就读年级分布相对均衡,因此统计分析结果比较具有代表意义。

第五章 荷　　兰

　　本章探讨荷兰华裔子女中文学习现状，总共分为4个小节。第一小节探讨荷兰中文学校发展的情况，包括荷兰的中国移民简介、华裔子女对中文学习的需求、中文学校大致办学历程等。第二小节主要介绍如何开展《荷兰华裔就读子女中文学习现状调查表》问卷调查。第三节是荷兰华裔子女中文学习现状调查的统计分析与讨论，分析包括问卷设计的各项问题频数表和荷兰华裔子女的年龄与在中国居住时间、中文学习时间、认为中文学习的重要性和国籍状况等的交叉表，重点探讨荷兰华裔子女的年龄与中文读写水平以及与认为中文学习重要性的相关性，讨论部分包括荷兰华裔就读子女的中文学习现状，以及荷兰社会、家庭、荷兰华校和国内华文工作开展等层面的一些建议和思考。第四节是对本章内容的总结。在荷兰华裔子女中文学习现状调查问卷收集期间，笔者联系了荷兰鹿特丹中文学校前校长熊国秀（以下简称 XGX）和两位荷兰华侨子女家长（以下简称 HLJZ1 和 HLJZ2），对各小节的内容进行了深度访谈，选取访谈相关的内容对频数统计表的结果进行说明。

第一节　荷兰中文学校发展情况

　　早期荷兰的中国移民始于19世纪末，他们来自不同的地区，使用不同的方言；20世纪初期就已经形成小具规模的唐人街；1930年代，华人华侨的数量已经达到三四千人；到1935年，荷兰华侨华人达8 000多人。1954年11月19日荷兰与中国达成代办级外交关系协议，1972年5月升级为大使级外交关系，虽然其后经历过降级，1984年又恢复到大使级外交关系。1990年代，荷兰华侨华人人数达到 6 万多人,大部分以广东人、浙江人、福建人为主。目前,荷兰的人口增长中,华侨华人的规模达到 17 万人以上。荷兰移民人口的增长速度已经超过了本国人口的自然增长速度,亚洲占比约 18%,其中中国和印度成为荷兰的两大移民来源国,有越来越多的中国人选择荷兰作为自己求学或旅游的目的地。①

长久以来,华人子女在荷兰当地学校接受教育,对中文学习和了解不多,因此与父母的交流和沟通出现隔阂和困难。为了发扬中华民族的文化传统和保持华裔子女与中华民族文化的紧密联系,早期有不少中文学习班和中文学校创建,但是办学时间都不长久,或因诸原因停办。最早的华文教学历史可追溯到 1930 年,当时第一所中文班设于鹿特丹唐人区,1940 年代末,旅荷瓯海同乡会(原名旅荷华侨总会)在阿姆斯特丹创办了一个中文补习班,成为欧洲华文教育的先锋。随着中国综合国力的增强和 1970 年代以后中南岛大批华裔涌入欧洲,旅欧社团的华文教育机构逐渐增多。② 直到 1979 年,随着荷兰移民人数和华裔青少年人数增加,旅荷华侨总会成立了中文教育组,专门推进中文母语教育,并成立第一所中文学校,之后不断在荷兰各大城市开办中文学校达 17 所。③ 1990 年代,荷兰的华文机构多达 33 所,教师 150 多人,在校生 3 300 多人,荷兰的中文学校办学规模也逐渐壮大。④

荷兰的中文学校组织结构形式有 3 种:第一种是附属于一些社团(侨会),如旅荷华侨总会下属曾有 17 所;第二种有独立基金会、协会,如丹华教育中心、丹华奖学基金,以鹿特丹区中文学校为主;第三种由个人创办,无校董会,办学者身兼数职。大部分荷兰华校都利用星期六的课余时间上课,学时为 2~3 个多小时,利用华文报刊,如著名的《华侨通讯》等和自己建立的学校网页,来宣传办学方针、教学业务、招生广告、发表学生习作范文、校外活动通知、开辟教学园地、组织教务网络、统筹定期分批开展暑期返国进行观光旅游和夏令

---

① 《2019 年荷兰人口总数超过 1 740 万》,中华人民共和国商务部,http://nl.mofcom.gov.cn/article/jmxw/202001/20200102928884.shtml.
② 耿红卫.海外华文教育的演进历程简论[J].民族教育研究,2009(1):116-123.
③ 《旅荷华侨总会五十周年纪念特刊(1947—1997)》,内部资料.
④ 刘兴标,张兴汉.《世界华侨华人概况》(欧洲、美洲卷)[M].广州:暨南大学出版社,1994:43.

营等。①

  我是2004年在荷兰办学的,学校曾经改过名字,最早办学的校名叫荷兰中华文化才艺学校。该校于2013年和荷兰鹿特丹区中文学校合并,两校合并之后改名为荷兰鹿特丹中文学校,把之前另一所学校的"区"字去了,因为大家觉得"区"范围太窄了,最后学校名字定为荷兰鹿特丹中文学校。我在荷兰的业余时间一直在教书,对小孩也挺有感情。我一直教了很多年中文,也编过书。以前荷兰的中文教学没有书本,即使有也都是繁体字,于是我从笔画等基础知识开始编书。当时我办学的学校聘请的老师都需要培训,包括老师讲课的仪态、站的姿势、坐的姿势,全部都要培训,因为老师的形象会影响孩子放学和排队的纪律,我们根据中西结合的理念来教育孩子和培训老师。

  我了解的合并之后的鹿特丹中文学校的招生规模目前大概有两三百人,这个规模在荷兰应该来说还算不错,属于中上人数,可以解决租金和老师的费用问题。招收的年级主要是小学,初中有一两个班。初中人不多,一般是读完小学后还愿意学习就继续学的孩子。但是因为这个学校最早是香港人办的,所以它还保留了广东话的教学。当时合并的时候,我也保留了广东话。两校合并的新闻,网上也有:"2013年10月5日,荷兰鹿特丹粤语(鹿特丹区)中文学校与2004年开办的中华文化学校举行合并仪式。合并后的鹿特丹中文学校,将开设普通话、广东话和成人教学部。该校合并时有23个教学班级,学生将近400名,教师队伍近40名。鹿特丹中文学校采用周末制,学校租用荷兰人的校舍。每个学生学费在一个月20~30欧元。自2004年起,荷兰政府不再资助外侨教育,加上近些年荷兰受到金融危机冲击,大部分学校财政受到了严重影响,校舍也开始索取更高的租金费用,严重制约和影响了华文教育事业发展。两校的合并,可以大大缓解严重财政资金不足问题,将双方的优秀教师人才队伍集中培养,共享人才、资金、资源优势。合并之后的学校,老师的费用问题

---

 ① 《华文教育:荷兰华人中文教育纵横(上)》,中国新闻网,https://www.chinanews.com/2002-09-11/26/221536.html。

以及校舍的租金问题仍然是要去解决的问题。"这个说的是事实,那时候荷兰政府也没有津贴来补贴我们办学。我十几年坚持办学下来,因为当时想荷兰的福利比较好,哪怕我破产了,也可以领救济,所以办学就没有压力。我这么多年校长当下来对这里的办学情况也很了解,这里办学经费是一个大问题。

教师待遇上,一般我们每次给老师的工资是30～50欧元,也有更好的,比如周六上课的会给70～80欧元。我们也会根据教师的教学经验来区别,比如第一年刚到没经验的老师上半年作为培训学员,每次会给30欧元的工资,每次上课差不多4个小时。老师相当于边培训边工作,因此很多人愿意来我们这里培训,因为他学会技能后将来去哪里上课都没问题。半年以后老师的工资就涨到40欧元,一年以后50欧元。基本上荷兰的中文学校都是周末制。有的学校可能有一些额外课程,学校可能会给老师多点费用。有的学校可能是按月给,比如说一个月4次课,一个月就是200欧元,有的老师是180欧元或者150欧元,学校一次性支付。如果上课好的老师还有嘉奖。

除了教师工资,我还需要支付一个月2 000欧元的租金,荷兰的租金差不多都是这个价,有的还更贵,我当年学校10个月的租金需要2万欧元。但是荷兰的生源有限,就算我招100个学生,每个人算20欧元一个月的学费,一年收取的费用才够租金,没有钱来支付教师的费用了。假如聘请20个老师,平均下来一个月工资也要支付4 000欧元。这样的话,不但没有盈利,有时候还要自己贴钱,幸好我那时自己有另外做生意,生意很好。我那个时候主要是做贸易,还有快餐,比如麦当劳。后来我先生收入的一部分钱就投给我。我们办学找赞助很难,找别人赞助你一次,之后基本上不会赞助你第二次。即使拉到的赞助二三百欧元一个人,你找一二十个赞助,也只有几千欧元,基本上就只够支付一个月教师的费用。而且赞助费还要逐个去收取,很累也很辛苦。我那个时候是租的荷兰的公立学校当校舍,荷兰人租给你校园,放学的时候你要处理干净还原,因为他们校园租用之前都是清理干净的。但是有些人不清理垃圾,把人家学校弄得很脏,所以荷兰的学校就不愿意租给他们。为了省清理费,放学以后我一个人留下来打扫整个大楼的卫生。我们中文学校一般周末上午11

点上课，下午3点放学，上4个小时。我经常搞到晚上10点才回家。我也一直在坚持当了10年多的校长。后来因为我做了很多公益，所以认识了很多从事妇女工作的人，特别是2016年我当选为第六届欧华妇联主席之后太忙了，就退了学校校长的职务。（受访者：XQX）

第二节 荷兰华裔学生就读问卷发放

"国学咏流传"多语教学团队未面向荷兰的中文学校开展国学教学推广，因此《荷兰华裔就读子女中文学习现状调查表》问卷填写委托原荷兰鹿特丹中文学校校长现任荷兰中国商务文化促进会会长熊国秀推广完成。起初熊国秀将笔者通过问卷星发放的问卷转发到几所荷兰鹿特丹、海牙等城市的中文学校校长和校董会主席的个人微信，后再转发到其管理的学校填写，但是学生填写的意愿不大，问卷填写初期进展非常缓慢，一周之内仅收回5份问卷。后来熊国秀采用逐个电话和微信联系的方式，动员荷兰侨界妇女联盟、荷中商务文教促进会及其他兄弟社团的家长带着子女一起填写。在为期2周的问卷填写过程中，最终收回问卷51份。

参与本次问卷调查的华裔子女就读情况较为复杂，华校背景不一。以荷兰鹿特丹的中文学校为例，该城市的鹿特丹丹华文化教育中心的情况如下：鹿特丹丹华文化教育中心于2000年6月5日成立，已有20余年的办学历史，是荷兰一个颇具规模并且有较高素质的教育团体，中心由丹华基金会、丹华中学、鹿特丹青年语言文化学校联合组成。鹿特丹丹华文化教育中心开办各种文化学习班，包括小学部、中学部、青年普通话班，目前招生约400人。该校创办的目的是为了推动和创新华文教育，自行编写了适合海外华裔学生的一系列教材，以此来提高海外华文教育的质量，并与中国HSK（汉语水平考试）接轨。该中心经常举办各种文化教育的交流活动，以推动鹿特丹的华文教育。[1]

---

[1] 《荷兰鹿特丹丹华文化教育中心》，中国侨网，https://www.chinaqw.com/hwjy/hwhx-oz-xx/200801/03/101588.shtml。

第三节 荷兰华裔子女中文学习现状统计分析与讨论

本研究收回《荷兰华裔就读子女中文学习现状调查表》有效问卷51份,通过SPSS24.0软件进行了各项问题的频数分布、相关性和交叉性分析,问卷结果结合访谈内容展开荷兰华裔子女中文学习现状的分析和讨论。

一、荷兰华裔子女中文学习现状统计分析

(一) 频数分析

1. 荷兰华裔就读子女的年龄段

表5-1是荷兰华裔就读子女的年龄段频数分布表。在调研的51位荷兰华裔就读子女中,15岁以上的人数最多,有17人,占总人数的33.3%;9—10岁和11—12岁的其次,各有9人,各占17.6%;6岁以下的有7人,占13.7%;13—15岁的有6人,占11.8%。此次调研荷兰华裔子女各年龄段均有参与调研,9—12岁、15岁以上的参与人数较多。

表5-1　荷兰华裔就读子女的年龄段频数分布表

年龄段	频数	百分比	有效百分比	累计百分比
6岁以下	7	13.7	13.7	13.7
7—8岁	3	5.9	5.9	19.6
9—10岁	9	17.6	17.6	37.3
11—12岁	9	17.6	17.6	54.9
13—15岁	6	11.8	11.8	66.7
15岁以上	17	33.3	33.3	100.0
总计	51	100.0	100.0	

现在荷兰这边学汉语分几个年龄段,但基本上都是小学。因为小孩子在小学的时候容易被父母逼到中文学校。小学每个班级的招生数量差不多20人左右,但到了初中就慢慢地几乎没有了,就只有一个班两个班

之类的,因为他们没有使用中文的环境。(受访者:XGX)

2. 荷兰华裔就读子女的现居住地

表5-2是荷兰华裔就读子女的现居住地频数分布表。调研的51位荷兰华裔就读子女现居住地全部为荷兰。因此,参与本次调研的对象均为在荷兰的华裔子女。

表5-2　荷兰华裔就读子女的现居住地频数分布表

现居住地	频　数	百分比	有效百分比	累计百分比
荷　兰	51	100.0	100.0	100.0

3. 荷兰华裔就读子女日常交际使用的语言

表5-3是荷兰华裔就读子女日常交际使用的语言频数分布表。荷兰的官方语言是荷兰语,但是公立学校有开设英语,小学高年级已经必修英语课程,中学也安排了英语课程,大学基本都是全英语授课,民众英语普及率高,是除了欧洲非英语母语国家里普及度最高的。因此,选项排列按照"祖(籍)国语言—住在国语言—其他国家语言"的关联紧密度依次排列。在调研的51位荷兰华裔就读子女中,有25人能进行中文和荷兰语的随意切换,占总人数的49.0%;有20人主要使用荷兰语,占37.3%;主要使用中文、英语、英语和荷兰语的人分别是3人、1人、1人,分别占5.9%、2.0%、2.0%;还有1人选择"其他"。因此,参与本次调研的荷兰华裔子女日常使用语种种类丰富,懂荷兰语的占比大,中文和荷兰语随意切换占比人数多,以中文为日常交际用语的人数少,基本用中文交际的华裔局限于从小与父母或亲戚的交流习惯,体现荷兰华裔子女的文化融入性较好。

表5-3　荷兰华裔就读子女日常交际使用的语言频数分布表

日常交际使用的语言	频　数	百分比	有效百分比	累计百分比
中文	3	5.9	5.9	5.9
中文和荷兰语随意切换	25	49.0	49.0	54.9

续表

日常交际使用的语言	频　数	百分比	有效百分比	累计百分比
荷兰语	20	39.2	39.2	94.1
英语和荷兰语	1	2.0	2.0	96.1
英语	1	2.0	2.0	98.0
其他	1	2.0	2.0	100.0
总计	51	100.0	100.0	

我们一直鼓励家长在家里一定要跟孩子说母语,哪怕说家乡话也好。这些孩子在这里出生,他们的母语是荷兰语,因此对母语的东西感兴趣,对附加的这些东西不感兴趣,这是个问题。因此很多家长都说:我不逼孩子去学校学中文了,在家跟孩子讲中文,他懂一些中文就OK了。荷兰教育部门和我们也曾经一起推动荷兰中学把汉语作为升学考试的一个选修课,从2019年开始实施,但是最后的效果也不好,学中文的人还是不多。因为他们即使要去中国做生意,他们觉得中国越来越多的人懂英语,英语才是国际语言,而且在中国他们完全可以请翻译,所以掌握中文没有必要。如果想去中国做生意,学生的中文要学到能够做生意的水平,你说他要花多少时间和精力,而且还是在一个非汉语的国家?所以这个时间投资是很大的,他们不会把时间投资在这里。荷兰人的思维很理性:当你制定一个目标,要分析你所要付出的成本和回报是不是成正比,才去朝这个方向努力,在荷兰他们都是强调这种教育。在欧洲没有太强的民族主义教育,他们觉得世界就是地球村,文化是共通的。在国外你会发现如果过度地强调自己,人家会孤立你。反而互相包容、热爱人家的文化,人家也热爱你的文化。荷兰很多人的世界观是:世界大同。他们认为英语是全世界使用最广泛的语言,所以会更愿意学。我们也看到中国现在很多年轻人都在学英语,而且越来越多的留学生往英语国家去。(受访者:XGX)

这个就是一个很难的抉择,孩子如果选择用中文,他们与同龄的当地人就会缺乏深层次的沟通和交流,除非他的中文和荷兰语的切换能力真

的非常好。否则的话,要是他跟同学一起玩的时候,蹦出来几个中文,其他同学也会觉得很怪异。(受访者:HLJZ2)

4. 荷兰华裔就读子女曾在中国居住的时间

表5-4是荷兰华裔就读子女曾在中国居住的时间频数分布表。在调研的51位荷兰华裔就读子女中,有37人没有在中国居住过,占总人数的72.5%;有6人在中国居住3年以内,占11.8%;有4人居住时间在10年以上,占7.8%,居住时间在5年以内、7年以内的人数分别是1人、3人,各占2.0%、5.9%。因此,参与本次调研的荷兰华裔子女没有在中国居住过的占比最大,分化比较明显。

表5-4　　荷兰华裔就读子女曾在中国居住的时间频数分布表

曾在中国居住的时间	频　数	百分比	有效百分比	累计百分比
没有居住过	37	72.5	72.5	72.5
3年以内	6	11.8	11.8	84.3
5年以内	1	2.0	2.0	86.3
7年以内	3	5.9	5.9	92.2
10年以内	0	0	0	0
10年以上	4	7.8	7.8	100.0
总计	51	100.0	100.0	

我的孙子就是在荷兰出生的,他出生以后一直没有回过中国。疫情前几年我把他带来文成过一次,他是自己在做一个志愿者项目,要到文成来做,主要是给当地的小学做免费的英语教学活动,做了两个星期就走了。如果不是因为这个活动,他也不会来中国。(受访者:HLJZ1)

5. 荷兰华裔就读子女学习中文的时长

表5-5是荷兰华裔就读子女学习中文的时长频数分布表。在51位荷兰华裔就读子女中,有22人学习中文的时间在5年以上,占总人数的43.1%;有14人学习中文的时间在1年以内,占27.5%;有9人学习中文的时间在5年

以内,占17.6%;还有6人的学习时长在3年以内。因此,参与本次调研的荷兰华裔子女普遍学习中文的时间都达到一定的年限,主要集中在5年以上和1年以内,整体时间偏短。

表5-5　　荷兰华裔就读子女学习中文的时长频数分布表

学习中文的时长	频　数	百分比	有效百分比	累计百分比
1年以内	14	27.5	27.5	27.5
3年以内	6	11.8	11.8	39.2
5年以内	9	17.6	17.6	56.9
5年以上	22	43.1	43.1	100.0
总计	51	100.0	100.0	

孩子学中文的普及的百分比相对较低,学的时间也不久。部分原因是有的孩子住在边远地区,离大城市远,交通不便。此外有的父母做餐饮的,周末没有时间接送。另外,有的侨二代、侨三代父母觉得孩子有时间要去学孩子自己感兴趣的东西,所以周末选择孩子素质拓展或者探亲访友,而不把中文学习作为周末安排的选择。(受访者:XGX)

6.荷兰华裔就读子女认为中文学习的重要性

表5-6是荷兰华裔就读子女认为中文学习的重要性频数分布表。在51位荷兰华裔就读子女中,有28人认为中文学习非常重要,占总人数的54.9%;有9人认为中文学习一般重要,占17.6%;各有7人认为中文学习重要和不太重要,各占13.7%;此外,认为中文学习不重要的人数为零。因此,参与本次调研的荷兰华裔子女重视中文学习的人数虽然占多数,但不是绝大多数。他们对中文重要性认知相对于其他国家偏低。

表5-6　　荷兰华裔就读子女认为中文学习的重要性频数分布表

认为中文学习的重要性	频　数	百分比	有效百分比	累计百分比
非常重要	28	54.9	54.9	54.9
重要	7	13.7	13.7	68.6

续表

认为中文学习的重要性	频 数	百分比	有效百分比	累计百分比
一般重要	9	17.6	17.6	86.3
不太重要	7	13.7	13.7	100.0
不重要	0	0	0	100.0
总计	51	100.0	100.0	

很多侨二代、侨三代对中文的重视程度可能不太够,而侨一代非常重视中文学习。首先他们在家里一定要说母语,即使孩子不去中文学校读书,在家里也要说母语。但是侨二代、侨三代本身自己的中文已经不好了,没办法创造家庭环境。当然,有一些侨二代、侨三代也在让自己的孩子学中文,他们想让孩子打下一些基础,觉得对以后有好处,也怕自己忘了根。侨二代、侨三代就算当年父母让他学过中文,但他不用也就忘了,因为中文一定要有个使用的语言环境。(受访者:XGX)

我孙子觉得中文还是有些重要的,但是也不是说真的就那么重要。他的荷兰语和英语都很好,走遍世界都不怕,如果还把中文学好当然最好,但是这不是他的必须要做的。(受访者:HLJZ1)

7. 荷兰华裔就读子女中文会"写"的词汇量

表5-7是荷兰华裔就读子女中文会"写"的词汇量频数分布表。在参与调研的51位荷兰华裔就读子女中,会"写"的词汇量在400字以内的有34人,占总人数的66.7%;分别有6位子女达到国内小学一至二年级水平和词汇量2500以上,各占11.8%;有4人达到国内小学五至六年级水平;有1人达到国内小学三至四年级水平。因此,参与本次调研的荷兰华裔子女中文会"写"的水平偏低,书写能力较为薄弱。

表5-7 荷兰华裔就读子女中文会"写"的词汇量频数分布表

中文会"写"的词汇量	频 数	百分比	有效百分比	累计百分比
400字以内(YCT口语中级标准)	34	66.7	66.7	66.7

续表

中文会"写"的词汇量	频 数	百分比	有效百分比	累计百分比
800字以内（中国小学一至二年级水平）	6	11.8	11.8	78.4
1 600字以内（中国小学三至四年级水平）	1	2.0	2.0	80.4
2 500字以内（中国小学五至六年级水平）	4	7.8	7.8	88.2
2 500字以上	6	11.8	11.8	100.0
总计	51	100.0	100.0	

我们在荷兰很少看中文电视或者中文报纸之类的，一般就是商会有什么活动参加一下。现在有微信还好一点，因为有一些公众号可以关注，微信群里面也经常有一些新闻报道还有一些推送可以看，其他用到中文的机会就很少。荷兰不像中国大家都住在一个楼里面，可以经常串门打招呼，我们周围的华人如果不是因为一些活动，见面也不多，更不用说我孩子，他的中文会写的字就很少，因为他觉得写汉字拿笔要规规矩矩，很费力气。（受访者：HLJZ2）

8. 荷兰华裔就读子女中文会"读"的词汇量

表5-8是荷兰华裔就读子女中文会"读"的词汇量频数分布表。在参与调研的51位荷兰华裔就读子女中，会"读"的词汇量在500字以下的有31人，占总人数的60.8%；有8人达到会"读"词汇量3 000以上，占15.7%；分别有5人达到国内小学一至二年级水平和三至四年级水平；还有2人会"读"的词汇量在3 000以内。因此，参与本次调研的荷兰华裔子女中文会"读"的水平偏低，与会"写"的水平相当。

表5-8　荷兰华裔就读子女中文会"读"的词汇量频数分布表

中文会"读"的词汇量	频 数	百分比	有效百分比	累计百分比
400字以内（YCT口语中级标准）	31	60.8	60.8	60.8

续表

中文会"读"的词汇量	频　数	百分比	有效百分比	累计百分比
1 600 字以内(中国小学一至二年级水平)	5	9.8	9.8	70.6
2 500 字以内(中国小学三至四年级水平)	5	9.8	9.8	80.4
3 000 字以内(中国小学五至六年级水平)	2	3.9	3.9	84.3
3 000 字以上	8	15.7	15.7	100.0
总计	51	100.0	100.0	

9. 荷兰华裔就读子女中文各项能力分析

表 5-9 是荷兰华裔就读子女中文能力各项能力分析频数分布表。在参与调研的 51 位荷兰华裔就读子女中,实际问卷统计涉及 44 份问卷,听的能力好的有 38 人,占 43.2%;33 人说的能力好,占 37.5%;11 人读的能力好,占 12.5%;还有 6 人写的能力好。因此,参与本次调研的荷兰华裔子女中文听说读写各项能力均较好,听说能力偏强,还有 7 人听说读写能力均不好。

表 5-9　荷兰华裔就读子女中文能力各项能力分析频数分布表

中文哪一项能力好(多选)	个案数	百分比	累计百分比
听	38	43.2	86.4
说	33	37.5	75.0
读	11	12.5	25.0
写	6	6.8	13.6
总计	88	100.0	200.0

注:使用了值 1 对二分组进行制表。本题采用 SPSS 统计软件的"多项响应"功能,其中有 7 人填写"都不太好",在输入选项答案(0,1)的时候,系统默认 0 为否,因此实际统计的是问卷中有做选择的 44 份问卷的结果。

从长期来看,即使过去很努力学习中文的孩子,他都忘了曾经认识的中文。因为在国外环境里用得少,甚至根本不用。就像我的两个孩子,我曾经教他写、陪他读、让他听写,过去学得都很好,但是大了以后,他现在只会说了。不过最起码他知道自己还是一个中国人。(受访者:XGX)

10. 荷兰华裔就读子女学习中文的目的

表5-10是荷兰华裔就读子女学习中文的目的频数分布表。51位参与调研的荷兰华裔就读子女中,为了与家人语言沟通更便利的有30人,占28.8%;为了增强自己的多语言能力的有26人,占25.0%;为了更好了解中国文化的有22人,占21.2%;;为了增强自己的民族认同感的有14人,占13.5%;为了今后回国就学就业的有9人,占8.7%;另外3人选择了"其他"。因此,参与本次调研的荷兰华裔子女把与家人更便利沟通和增强语言能力放在中文学习目的的首位,而为今后回国就学就业做准备的相对较少。

表5-10 荷兰华裔就读子女学习中文的目的频数分布表

学习中文的目的(多选)	个案数	百分比	累计百分比
为了增强自己的多语言能力	26	25.0	51.0
为了与家人语言沟通更便利	30	28.8	58.8
为了今后回国就学就业	9	8.7	17.6
为了更好地了解中国文化	22	21.2	43.1
为了增强自己的民族认同感	14	13.5	27.5
其他	3	2.9	5.9
总计	104	100.0	203.9

我经常问孩子,你愿意学中文吗?他说不愿意,是因为爸爸妈妈逼我学我才去学。我说:等你大了就知道了,会多种语言能帮助你将来找工作。(受访者:XGX)

我们花了几代人的时间最后在荷兰融入当地社会,如果要我们还保持学中文的热情,当初就没有必要走这个弯路。孩子语言学习顺其自然好了,我觉得没有必要给他额外的压力。(受访者:HLJZ2)

11. 荷兰华裔就读子女希望学习中文的教学形式

表5-11是荷兰华裔就读子女希望学习中文的教学形式频数分布表。51位参与调研的荷兰华裔就读子女中,希望进行创作分享的有24人,占47.1%;希望进行知识拓展的有23人,占25.3%;希望认更多的字的有19人,占20.9%;希望学习汉字书写的有12人,占13.2%;希望学习课文朗读和分析的有10人,占10.9%;另外3人选择了"其他"。因此,参与本次调研的荷兰华裔子女对创作分享的中文教学形式需求较多,其次希望加强汉字的认读和知识拓展等中国文化基础性知识教学。

表5-11 荷兰华裔就读子女希望学习中文的教学形式频数分布表

希望学习中文的教学形式(多选)	个案数	百分比	累计百分比
认更多的字	19	20.9	37.3
知识拓展	23	25.3	45.1
汉字书写	12	13.2	23.5
课文朗读和分析	10	10.9	19.6
创作分享	24	26.4	47.1
其他	3	3.3	5.9
总计	51	100.0	178.5

12. 荷兰华裔就读子女希望学习中文的教学内容

表5-12是荷兰华裔就读子女希望学习中文的教学内容频数分布表。51位参与调研的荷兰华裔就读子女中,希望学习民俗风情的有16人,占31.3%;希望学习武术的有13人,占25.5%;希望学习成语故事、诗词歌赋和名著欣赏的均有12人,均占23.5%;希望学习神话故事的有11人,占2.6%;希望学习中国民俗和民间舞蹈的均为10人,均占19.6%;希望学习历史典故、民谣、古典音乐的有5人、3人、2人;另外有1人选择了"其他"。由此可见,参与本次调研的荷兰华裔子女希望拓展学习中文的内容与中国传统文化的相关性较高,注重文化素养的培养和对部分技能的学习。

表5-12 荷兰华裔就读子女希望学习中文的教学内容频数分布表

希望学习中文的教学内容(多选)	个案数	百分比	累计百分比
中国民俗	10	9.3	19.6
神话故事	11	10.3	21.6
成语故事	12	11.2	23.5
历史典故	5	4.7	9.8
古典音乐	2	1.9	3.9
民谣	3	2.8	5.9
诗词歌赋	12	11.2	23.5
名著欣赏	12	11.2	23.5
武术	13	12.1	25.5
民间舞蹈	10	9.3	19.6
民俗风情	16	15.0	31.3
其他	1	1.0	2.0
总计	107	100.0	209.7

我办学的时候一直在做中国文化推广,所以我们学校每年参加了很多的外侨活动。我当时和当地的市政府联系,说我们不需要费用支持,只用给表演的时间和场地就行,其他我都自己掏钱,然后我就带着孩子开车或租车去表演。从2002年开始,我每年都推动华人的全荷兰的新春表演,到现在已经十几年了。荷兰政府每次指定我帮他们做计划书等,所以这些活动无形中让荷兰人感受到华人的友好。我们与其说爱国的大道理,不如用与人家共同融入的良好意愿和行为去感染当地的政府更好,所以除了促进经商以外,文化也是要推广,这样的文化课程多开一些肯定有好处。真正说起来,我们能够推广的就是中国舞蹈、中国毛笔字、中国功夫之类的。(受访者:XGX)

13. 荷兰华裔就读子女希望学习中文拓展辅助方面

表5-13是荷兰华裔就读子女希望学习中文辅助拓展方面频数分布表。51位参与调研的荷兰华裔就读子女中,有15人希望辅助学习手工,占

29.4%;有13人希望辅助学习朗诵,占25.5%;有12人希望辅助学习表演,占23.5%;有11人希望辅助学习书法,占21.6%;有10人希望辅助学习写作,占19.6%;希望辅助学习器乐和国画的均有9人,均占17.6%;还有6人选择"其他"。由此可见,参与本次调研的荷兰华裔子女辅助中文学习时,对表现性强、艺术性或专业性较强的项目均有需求。这是表5-11"创作分享"分类频数的具体表现。但是整体来看,各选项的人数都偏低。

表5-13 荷兰华裔就读子女希望中文拓展辅助方面频数分布表

希望学习中文拓展辅助方面(多选)	个案数	百分比	累计百分比
书法	11	12.9	21.6
器乐	9	10.6	17.6
手工	15	17.6	29.4
表演	12	14.1	23.5
朗诵	13	15.3	25.5
写作	10	11.8	19.6
国画学习	9	10.6	17.6
其他	6	7.1	11.8
总计	85	100.0	166.6

如果孩子觉得中文陌生,就不愿意学,小孩喜欢的东西是他熟悉的东西。所以他们学习中文,一个因为爱好,一个是想去中国看看,还有的是早几年去中国办公司的人。他们有自己的理想和动机才来学,也有的人觉得中国文字挺有意思的,像画几何图,他们就愿意来学。(受访者:XGX)

14. 荷兰华裔就读子女的国籍状况

表5-14是荷兰华裔就读子女的国籍状况频数分布表。选项按照与中国的地缘和血缘关系的紧密度依次排列。51位参与调研的荷兰华裔就读子女中,外国国籍父母双方中国人的有21人,占总人数的76.5%;中国国籍有外国居留的有11人,占23.5%;外国国籍父母一方外国人有9人,占17.6%;外国国籍父母双方外国人有3人;中国国籍无外国居留的有1人。

表5-14　　荷兰华裔就读子女的国籍状况频数分布表

国籍状况	频数	百分比	有效百分比	累计百分比
中国国籍无外国居留	1	2.0	2.0	2.0
中国国籍有外国居留	11	21.6	21.6	23.5
外国国籍父母双方中国人	27	52.9	52.9	76.5
外国国籍父母一方外国人	9	17.6	17.6	94.1
外国国籍父母双方外国人	3	5.9	5.9	100.0
总计	51	100.0	100.0	

在意大利、西班牙的中国人很多是做贸易的，他们有些人没有入籍，因为他们要想好后路。在西班牙和意大利，很多人不像荷兰的这些华侨入了籍可以享受这里的福利，所以在荷兰哪怕没工作也不怕。我不知道其他国家，但是意大利、匈牙利的中国人移民很多都是浙江籍的，他们很多人语言不通，很难融入当地社会，也不知道怎么享受当地社会的服务。他们当然会想回去，所以他们一定要让孩子学中文，觉得以后一定会回去的。其实欧洲的福利都很好，但是荷兰它很特殊。最早是香港人和东南亚的人来这里开餐馆。浙江人来了以后就靠朋友介绍朋友，到餐馆打工，因为餐馆里大家都说中文，在那里语言交流方便。荷兰这里早期都是香港人、广东人开的餐馆。浙江人来了以后，他们都很聪明，跟老板学会了广东话，而且还说得很好。等这些广东人老板的孩子长大了、学历高了，都不会做餐饮业的这种辛苦工了，就转让给以前在他手下打工的浙江人，所以后来这些餐馆都由这些浙江籍的买了，现在这十几年餐馆是浙江人的天下。买了餐馆以后，这些浙江人就立足了，又把亲戚朋友带来，所以浙江人比其他地方的侨团融入得好。因为他们做餐饮的人，在荷兰的餐饮行业协会里有人，一些懂荷兰语的华人就帮助他们去了解很多福利，所以他们就懂得了很多的社会福利然后自己去争取。再加上他们孩子逐渐大了，懂语言，也能帮父母申请很多福利。他们觉得荷兰这么好，我为什么要回去？所以荷兰这个国家很好，华人一般不会回国。这不关系到爱不爱国的问题。其实在海外我们华人更爱国，因为我减轻了国家的负担，

而且还赚了钱寄回去。很多人在国内还有亲戚朋友,像我们这些行为都是帮亲戚朋友把生活变好了。我们也通过慈善组织捐钱回去给一些农村扶贫,这些都是爱国的表现。(受访者:XGX)

15. 荷兰华裔就读子女学习中文的主要途径

表5-15是荷兰华裔就读子女学习中文的主要途径频数分布表。51位参与调研的荷兰华裔就读子女中,有24人在当地中文培训机构线上或线下学习,占47.1%;有19人跟家里人学习,占37.3%;跟玩伴一起学和在就读的公立或私立中小学学习的均有3人,均占5.9%;还有2人通过其他途径的网课学习。由此可见,参与本次调研的荷兰华裔子女通过在当地中文培训机构线上或线下学习和跟家里人学习为主要学习途径。

表5-15　荷兰华裔就读子女学习中文的主要途径频数分布表

学习中文的主要途径	频数	百分比	有效百分比	累计百分比
跟家里人学习	19	37.3	37.3	37.3
在当地中文培训机构线上或线下学习	24	47.1	47.1	84.3
跟玩伴一起学	3	5.9	5.9	90.2
通过其他途径的网课学习	2	3.9	3.9	94.1
就读的公立或私立中小学有开设中文课	3	5.9	5.9	100.0
总计	51	100.0	100.0	

在中文学校学习的孩子是分几个层次的。因为家里有环境,中文好的孩子基本在家里都说普通话。而有一些父母已经是侨二代、侨三代了,他们的中文水平很差,他们作为父母因为当初自己的爸妈没让自己学中文,就想把孩子送去中文学校学习,现在疫情期间主要就是上网课。总体来看,孩子要靠家长去推动,家长逼着他们去学,如果家里说中文,孩子学中文就积极很多。(受访者:XGX)

16. 荷兰华裔就读子女课外辅导中文学校的年级分布

表5-16是荷兰华裔就读子女在荷兰课外辅导中文学校的年级频数分布

表。51位参与调研的荷兰华裔就读子女中,就读中文学校六年级的均为8人,均占15.7%;就读幼儿园的为7人,占13.7%;就读中文学校五年级的为6人,占11.8%;还有9人选择"其他";另外,其他年级的子女分布人数较少且较分散。由此可见,参与本次调研的荷兰华裔子女在中文学校各年级分布较为均衡。

表5-16 荷兰华裔就读子女在荷兰课外辅导中文学校的年级频数分布表

年级	频数	百分比	有效百分比	累计百分比
幼儿园	7	13.7	13.7	13.7
中文学校一年级	3	5.9	5.9	19.6
中文学校二年级	4	7.8	7.8	27.5
中文学校三年级	2	3.9	3.9	31.4
中文学校四年级	2	3.9	3.9	35.3
中文学校五年级	6	11.8	11.8	47.1
中文学校六年级	8	15.7	15.7	62.7
中文学校初一	3	5.9	5.9	68.6
中文学校初二	4	7.8	7.8	76.5
中文学校初三	3	5.9	5.9	82.4
其他	9	17.6	17.6	100.0
总计	51	100.0	100.0	

17. 荷兰华裔就读子女的出生地

表5-17是荷兰华裔就读子女的出生地频数分布表。51位参与调研的荷兰华裔就读子女中,有40人出生在荷兰,占78.4%。由此可见,参与本次调研的荷兰华裔子女出生地以荷兰为主。

表5-17 荷兰华裔就读子女的出生地频数分布表

出生地	频数	百分比	有效百分比	累计百分比
中国	11	21.6	21.6	21.6
荷兰	40	78.4	78.4	100.0
总计	51	100.0	100.0	

(二) 交叉表分析

1. 荷兰华裔就读子女的年龄段与曾在中国居住的时间的交叉表

表5-18是荷兰华裔就读子女的年龄段与曾在中国居住的时间的交叉表。由此表可以看出,51位参与本次调研的荷兰华裔子女中,37人没有在中国居住过,主要集中在15岁以上,有13人,其他居住年限的不同年龄段分布比较分散。

表5-18　荷兰华裔就读子女的年龄段与曾在中国居住的时间的交叉表

		曾在中国居住的时间						总计(人数)
		没有居住过	3年以内	5年以内	7年以内	10年以内	10年以上	
年龄段	6岁以下	6	1	0	0	0	0	7
	7—8岁	0	2	1	0	0	0	3
	9—10岁	6	2	0	1	0	0	9
	11—12岁	7	1	0	1	0	0	9
	13—15岁	5	0	0	1	0	0	6
	15岁以上	13	0	0	0	0	4	17
总计(人数)		37	6	1	3	0	4	51

由此可见,在荷兰华裔就读子女中,15岁以上年龄偏大的子女占比较极端,要么没有中国居住经历,要么居住时间达到10年以上。

2. 荷兰华裔就读子女的年龄段与学习中文的时长的交叉表

表5-19是荷兰华裔就读子女的年龄段与学习中文的时长的交叉表。由此表可以看出,51位参与本次调研的荷兰华裔子女中,15岁以上、中文学习时长在5年以上的人最多,有11人;11—12岁、有5年以上中文学习经历的有6人;9—10岁、有5年以内中文学习经历的有6人;其他不同年龄层的不同中文学习时长分布比较分散。

由此可见,中文学习时长分布较集中在学习5年以上,年龄11岁以上的荷兰华裔就读子女,荷兰华裔子女中文学习时间整体较长。

表5-19　荷兰华裔就读子女的年龄段与学习中文的时长的交叉表

		学习中文的时长				总计（人数）
		1年以内	3年以内	5年以内	5年以上	
年龄段	6岁以下	6	0	0	1	7
	7—8岁	0	3	0	0	3
	9—10岁	2	0	6	1	9
	11—12岁	1	1	1	6	9
	13—15岁	0	2	1	2	6
	15岁以上	5	0	1	11	17
总计（人数）		14	6	9	22	51

3. 荷兰华裔就读子女日常交际使用语言与曾在中国居住的时间的交叉表

表5-20是荷兰华裔就读子女日常交际使用的语言与曾在中国居住的时间的交叉表。由此表可以看出，51位参与本次调研的荷兰华裔子女中，没有在中国居住过的，其日常交际使用的语言呈现多样性分布，16人能进行中文和荷兰语的随意切换，17人日常交际使用荷兰语，3人日常交际使用中文，总体看前三类语言状况有人数差异。

表5-20　荷兰华裔就读子女日常交际使用的语言与曾在中国居住的时间的交叉表

		曾在中国居住的时间						总计（人数）
		没有居住过	3年以内	5年以内	7年以内	10年以内	10年以上	
日常交际使用的语言	中文	3	0	0	0	0	0	3
	中文和荷兰语随意切换	16	4	1	3	0	1	25
	荷兰语	17	2	0	0	0	1	20
	英语和荷兰语	0	0	0	0	0	1	1
	英语	0	0	0	0	0	1	1
	其他	1	0	0	0	0	0	1
总计（人数）		37	6	1	3	0	4	51

由此可见,没有在中国居住过的荷兰华侨就读子女,能够用中文交流(单语或多语)的总人数达到19人,能够用荷兰语交流(单语或多语)的达到31人。

4. 荷兰华裔就读子女日常交际使用语言与学习中文时长的交叉表

表5-21是荷兰华裔就读子女的日常交际使用的语言与学习中文的时长的交叉表。由表格可以看出,51位参与本次调研的荷兰华裔子女中,日常交际语言是荷兰语的,中文学习时间在1年以内的人数最多,有7人;日常交际语言中文和荷兰语能随意切换中文学习时间在5年以上的人数最多,有13人;其他项均存在一定的交叉。

表5-21 荷兰华裔就读子女的日常交际使用的语言与学习中文时长的交叉表

		学习中文的时长				总计(人数)
		1年以内	3年以内	5年以内	5年以上	
日常交际使用的语言	中文	1	1	0	1	3
	中文和荷兰语随意切换	5	2	5	13	25
	荷兰语	8	3	3	6	20
	英语和荷兰语	0	0	0	1	1
	英语	0	0	0	1	1
	其他	0	0	1	0	1
总计(人数)		14	6	9	22	51

由此可以看出,荷兰华裔就读子女中能够进行中文和荷兰语随意切换的中文学习时间相对于其他类别普遍较长,还有一部分人虽然有一定的中文学习经历,但是仍然选择荷兰语作为日常交际语言。

5. 荷兰华裔就读子女的年龄段与国籍状况的交叉表

表5-22是荷兰华裔就读子女的年龄段与国籍状况的交叉表。由表格可以看出,51位参与本次调研的荷兰华裔子女中,15岁以上的国籍状况以外国国籍父母双方为中国人为主,有12人,其他项均存在一定的交叉。

由此可见,荷兰华侨就读子女的国籍状况主要表现为父母双方中国人为主,子女国籍以外国国籍为主。

表5-22　荷兰华裔就读子女的年龄段与国籍状况的交叉表

		国籍状况					总计（人数）
		中国国籍无外国居留	中国国籍有外国居留	外国国籍父母双方为中国人	外国国籍父母一方为外国人	外国国籍父母双方为外国人	
年龄段	6岁以下	0	1	4	2	0	7
	7—8岁	0	0	1	1	1	3
	9—10岁	0	5	1	3	0	9
	11—12岁	0	1	6	2	0	9
	13—15岁	0	2	3	1	0	6
	15岁以上	1	2	12	0	2	17
总计（人数）		1	11	27	9	3	51

6. 荷兰华裔就读子女的年龄段与中文重要性的交叉表

表5-23是荷兰华裔就读子女的年龄段与认为中文学习重要性的交叉表。由表格可以看出，51位参与本次调研的荷兰华裔子女中，9—10岁认为中文学习非常重要的有6人；6岁以下认为中文学习非常重要的有5人；11—12岁认为学习中文非常重要的有4人；其他项均存在一定的交叉。

表5-23　荷兰华裔就读子女的年龄段与认为中文学习重要性的交叉表

		认为中文学习的重要性					总计（人数）
		非常重要	重要	一般重要	不太重要	不重要	
年龄段	6岁以下	5	1	1	0	0	7
	6—8岁	2	0	0	1	0	3
	9—10岁	6	2	0	1	0	9
	11—12岁	4	1	3	1	0	9
	13—15岁	2	1	2	1	0	6
	15岁以上	9	2	3	3	0	17
总计（人数）		28	7	9	7	0	51

由此可见，荷兰华裔就读子女对学习中文重要性的认识普遍较高，认为非常重要和重要的占绝大多数，15岁以上的重要性认识分布相对后移。

(三) 相关分析

表5-24是《荷兰华裔就读子女中文学习现状调查表》各项的肯德尔tau-b相关矩阵。由此表可以看出，荷兰华裔就读子女是否在中国居住过与中文会"写"的词汇量、中文会"读"的词汇量、国籍状况存在相关（$p<0.01$），学习中文的时长与年龄段、中文会"写"的词汇量、中文会"读"的词汇量存在相关（$p<0.01$），国籍状况与中文会"写"的词汇量、中文会"读"的词汇量存在相关（$p<0.01$），中文会"写"的词汇量与会"读"的词汇量存在相关（$p<0.01$）。该结果显示，荷兰华裔就读子女是调研的7个欧洲国家中各项构成相关性相对数量中等的华裔子女群体。

表5-24　《荷兰华裔就读子女中文学习现状调查表》各项的肯德尔tau-b相关矩阵

	年龄段	是否在中国居住过	学习中文的时长	认为中文学习的重要性	中文会"写"的词汇量	中文会"读"的词汇量	国籍状况
年龄段	1.000	−0.100	0.362**	0.143	0.049	0.084	0.049
是否在中国居住过[a]	−0.100	1.000	0.159	−0.181	0.395**	0.370**	−0.384**
学习中文的时长	0.362**	0.159	1.000	−0.024	0.471**	0.409**	−0.172
认为中文学习的重要性	0.143	−0.181	−0.024	1.000	−0.150	−0.219	0.008
中文会"写"的词汇量	0.157	0.395**	0.471**	−0.150	1.000	0.869**	−0.538**
中文会"读"的词汇量	0.084	0.370**	0.409**	−0.219	0.869**	1.000	−0.427**
国籍状况[b]	0.049	−0.384**	−0.172	0.008	−0.538**	−0.427**	1.000

注：** 表示$p<0.01$；* 表示$p<0.05$。

[a] 原问卷调查中将荷兰华裔就读子女在中国居住过的年限分为没有居住过、3年以内、5年以内、7年以内、10年以内和10年以上。在本表中，按照二分变量进行统计，因此没有在中国居住过的设置为变量1，将有居住过不论年限均设置为变量2，以此来探讨相关性。

[b] 原问卷调查中将荷兰华裔就读子女的国籍状况分为中国国籍无外国居留、中国国籍有外国居留、外国国籍父母双方为中国人、外国国籍父母一方为中国人、外国国籍父母双方为外国人。在本表中，按照二分变量进行统计，因此将中国国籍均设置为变量1，将有外国国籍均设置为变量2，以此来探讨相关性。

具体来说，荷兰华裔就读子女是否在中国居住过与中文会"写"的词汇量相关系数为0.395，呈显著正相关（$p=0.003<0.01$）；是否在中国居住过与中

文会"读"的词汇量相关系数为 0.370,呈显著正相关($p=0.005<0.01$);是否在中国居住过与国籍状况相关系数为-0.384,呈显著负相关($p=0.007<0.01$)。荷兰华裔就读子女学习中文的时长与年龄段相关系数为 0.362,呈显著正相关($p=0.002<0.01$);学习中文的时长与中文会"写"的词汇量相关系数为 0.471,呈显著正相关($p=0.000<0.01$);学习中文的时长与中文会"读"的词汇量相关系数为 0.409,呈显著正相关($p=0.001<0.01$)。荷兰华裔就读子女的国籍状况与中文会"写"的词汇量相关系数为-0.538,呈显著负相关($p=0.000<0.01$);国籍状况与中文会"读"的词汇量相关系数为-0.427,呈显著负相关($p=0.001<0.01$)。荷兰华裔就读子女中文会"写"的词汇量与会"读"的词汇量相关系数为 0.869,呈显著正相关($p=0.000<0.01$)。其他各项均不存在相关性($p>0.01$)。因此,荷兰华裔就读子女中文会"写"、会"读"的词汇量与年龄段和认为中文的重要性不相关,与其他几项相关;认为中文学习的重要性与其他项均不相关。

二、荷兰华裔子女中文学习现状讨论

(一) 华人社会层面

1. 移民代次多造成的中文断层

中国人在荷兰的移民历史悠久。正因为有悠久的华裔历史,现在侨居荷兰的华裔就读子女多为侨二代、侨三代,甚至侨四代,融入当地情况较好。特别是早期华侨华人从香港到荷兰从事餐馆行业的比较多,由于餐馆行业的特殊性,与本地人交流的机会比较多,所以对第一代华人熟悉和掌握荷兰语有很大的帮助。然而海外华侨华人移民代次多,造成多代次的华裔子女以家庭为单位的语言环境发生了变化,华裔父母中文水平不好,因而影响了家庭的中文使用环境,对子女的中文学习能力和兴趣都产生了影响。因此,荷兰华裔子女对于中文学习的重要性的认知,相对于其他国家来说偏低。由于荷兰华侨历史悠久,很多华裔与祖(籍)国之间的血缘和地缘联系淡化,也影响到他们对中文重要性的认知。目前看来,华裔子女对中文的重视程度在很大程度上取决于父母的重视程度,以及在中文学校期间教师对学生的合适引导。

明星也好,高官也好,很多各行各业的荷兰人都喜欢去中餐吃东西。

荷兰人很容易接受不同的饮食文化,所以这个国家才发达。荷兰主要说两种语言:荷兰语和英语,他们说英语比起德国人要有更多优势,所以这么小的国家发展得这么好。而德国之前规定在校学生只学德语,但是现在德国人也意识到了英语的重要性,也增加了英语教学。华人做餐饮业的接触面广,客人多,他们就容易接触荷兰人,了解荷兰。而荷兰人很友好,也很尊重华人,华人就更容易融入。这样他们老一代的华侨荷兰语学好了,自己中文就用得不多了。(受访者:XGX)

2. 华人社会中文环境难维持

整体来看,侨一代对中文学习重视程度最好,到侨二代、侨三代,甚至侨四代,对中文学习的重要性认识逐渐淡化,使得整个华人社会的中文环境弱化。即使在适龄期一些华裔子女学过中文,但是由于没有中文使用的环境,一方面不能够对后续的学习进行保障;另一方面对前期的学习效果也不能以家庭为环境进行巩固,中文学习整体水平不高,使得整个荷兰华人社会整体的中文水平偏低。这使得原本有中文基础的华裔子女也因为后续没有使用语言的环境而使得中文水平出现退化。荷兰的华人家长比较重视孩子的中文学习,但是没有家庭和社会层面的环境使用中文。15岁以上的荷兰华裔青少年中文荷兰语切换能力和中文各个方面较好,随着年龄增大,他们的中文词汇量逐渐丰富,与父母以家庭为背景的交流增多,慢慢懂得多种词汇替换。反观荷兰的侨一代、侨二代、侨三代,由于他们使用中文的机会不多,此外荷兰与中文有关的工作岗位较少,用到的场合不多,已经学习的中文无用武之地,逐渐都会忘却。因此父母产生的"中文无用论"观念对子女产生了一定的影响。小时候华裔子女容易被父母逼着学,长大以后学习中文的意愿不强。

我每年都带队国侨办的"寻根之旅"夏令营,带了10多年。暑假我把自己荷兰的工作都停了,让我先生请员工管我们公司其他的店,然后我就带孩子回国了。我年年带夏令营,因为也想接触一下侨二代,想要推动他们对中国的感情。而且很多父母也希望孩子能回国看看,所以他们报名参加夏令营。当然每一次带回来,我就鼓动他们学中文,所以很多原先不去中文学校的孩子也会去中文学校。但是这种热情过了以后就又停了,

有的也就不去中文学校了,当然去中文学校是为了见朋友的也有很多。(受访者:XGX)

(二) 华校办学层面

1. 华校数量萎缩造成入学难

荷兰的华文办学历史悠久,20世纪90年代就已经达到30余所,后期规模不断壮大,达到50多所。但是由于后期中文学校之间的兼并整改,数量逐渐萎缩,这种数字变化反映了中文学校之间的各种竞争关系,主要体现在两个方面:一方面是对师资力量的竞争,一些学校用尽办法把其他学校的优良师资进行置换,扩大自己的办校影响力;另一方面也通过想办法利用其他学校的师资带动其他中文学校生源等方式争夺有限的学生资源。以荷兰首都鹿特丹为例,之前该城市有5所中文学校,后来因为聘请中文老师费用高以及一些学校为了满足国侨办的海外华文教育示范学校挂牌的人数要求,合并成现在的3所,因此一些学校的生源被挤压而被迫停办,在过去几年荷兰的中文学校数量减少了。华校资源重组使得中文学校办学地点相对集中,造成了资源分配不均。另外,荷兰由于人口比较分散,中文学校办学地点基本集中在大城市,偏远地区的孩子入学困难,对于当地华人学中文的就读率有所影响。

华文教学面向的主要是华人子弟,如侨二代、侨三代。有的大的中文学校有几百号学生,于是大家感觉很多人在学中文,因为每个周六看到的都是华人孩子,于是就得出结论和报告:荷兰华人子女的中文学习热情很高涨。但是我们要跳出中文学校这个范围来看:我们有17万华人在荷兰,而荷兰有1700万人,华人的比例大概1:100。这里有这么多华人,然而我们有多少中文学校?每个中文学校才多少人?我早几年调查荷兰大大小小的中文学校大概有二三十所,不知道最近这两年有哪些学校又停了不办的,疫情以后我没有再做调查。有些偏远一点的学校平均有五六十人,有的一两百人,最大规模也有五六百人,平均下来一所学校我们就算它有200多人,或者我算多一点300人,但实际上没有。如果平均一个学校300人,总共所有的华校的在校的学生人数才多少?也就只有几千人!还有一些业余的教荷兰本地人中文的,都是小规模的二三十人。

所以按比例来说，在这里中文的普及率是很低的。这里的原因是多样的，当然父母的观念很重要，但是入学地点的方便性等很多因素都要考虑。此外，中文学校的恶性竞争也是一个问题。有一年我一个班的老师培训好了，全部被别的学校的校长挖走了。他们先问我们老师我这里工资多少钱一次，我们老师说50欧元一次，别的学校马上就开价60欧元。有的老师就是打工一族，就被挖走了。还有的校长对老师说：如果你把整个班的学生拉来，我再奖励你多少。（受访者：XGX）

2. 办学机构和师资的收入难以保证

荷兰中文学校的师资有几种来源。首先是当地的留学生，但是为了师资稳定，一般该留学生在荷兰停留的时间达到一定的要求才会被聘用；第二种是一些学者或者技术人员陪读的配偶和家长，由于没有固定工作，于是周末到中文学校教中文；第三种是有一定中文水平的侨二代。这些侨二代在出国之前，自己都在国内读过小学或者中学，加上在荷兰停留期间也积累了一定的荷兰语，所以通过双语的方式来进行教学，对于教学效果有比较大的帮助；此外还有一些其他行业的兼职人员。由于荷兰学习中文的人基数有限，因此办学规模难以扩大。此外，由于生源有限带来的资金紧张问题也非常突出，一方面学校要承担办学场所的租金问题；另一方面还要承担教师聘任的费用问题，其中不乏一些热心于中文教育的办学人士自掏腰包来补贴中文教学。

荷兰这么小的国家，鹿特丹现在办了3所，过去有5所，走几条街就是另外一个学校了。这个国家小，学校集中在城市里，而城市里就只有那几条街的。不在市区住的人就觉得跑远了麻烦。还有他们也会比较每个学校的收费情况，学费收得贵的话，学生就去其他便宜的学校了。（受访者：XGX）

3. 疫情对中文学习的消极影响

荷兰中文学校的教学大部分采用周末制，教学时间为周六下午，因此中文学校的学习与当地公立学校的学习体系分开。疫情期间，荷兰很多华校采用了网课教学形式，但是网课的教学效果不太理想，造成这个现象的原因在于荷兰的华裔父母从事餐饮业的比较多,因此父母没有时间陪伴孩子,对孩子的网课学习没有时间进行监管,影响了网课学习的效果。此外,荷兰的公立小学提供英语教学,因此中文作为他们除英语之外的第三门语言,给他们额外增加了语言任务,而且在学习时间上也要求有所保障,这些因素都产生了消极影响。

关于上网课形式的中文学校我也问过很多教育界的人士。网课其实不是很成功,成功的那些孩子都是父母有空在家陪着的,但是我们有很多华人,特别浙江籍的最多。他们很多是开餐饮业的。开餐饮业的时候,父母要去开店来维持生计。他们也不是穷,但是我们中国人都不愿意拿救济。有生意做的人都不愿意拿救济。那就使得很多家长没时间陪孩子,但一般学中文的孩子需要自觉。网课的时候,就必须要坐在电脑前,但有的学生还小或者不自觉,网课就没有效果了。而像有一些中文学校,他们接收的学生群体的父母都是学者。学者有的在家办公,那么他就可以陪孩子上网课了,这样的话效果就好,所以说并不一定是网课效果就会好。而且这一年学校经常关门,经常停课,来中文学校周六上课的孩子心已经散了。(受访者:XGX)

(三)荷兰本国及地缘层面

1. 荷兰优良的社会福利和教育体制吸引

据联合国儿童基金会和日本国立社会保障与人口问题研究所报告显示,荷兰儿童的幸福指数在31个发达国家中名列第1位。[①] 荷兰中央统计局的数据曾经显示,荷兰已经成为欧盟人均生活水平富裕程度最高的国家之一。荷兰不仅经济发达,政体成熟稳固,社会秩序也比较稳定,全社会实行着高福利政策,贫富差距相对较小,居民生活安宁平静,因此富裕安定的社会环境为儿童幸福创造了前提和保障。为了让孩子们有课余空闲发展课外爱好,荷兰的学校拓展课程占的比重大,而不是仅仅侧重课本知识的讲授。一方面,荷兰本身拥有比较优越的教育体系,在完善的教育体制下,华裔学历基本都很高,华

---

① 《世界最幸福儿童缘何能在荷兰炼成》,国际在线新闻,http://news.cri.cn/gb/42071/2013/12/27/2165s4372084.htm.

裔子女可以发展更多的兴趣和爱好，而中文的应用范围较少，因此华裔子女对中文学习表现为发展兴趣和爱好。另一方面，中国与荷兰两国的友好关系，也为海外华侨华人在荷兰打开了良性的生存和个人发展空间。

在荷兰"中文热"趋势不是很明显，原因是很多方面的：首先，荷兰是世界食品质量第一的国家。第二，荷兰人没了工作，可以领救济，连度假政府都会给救济。第三，他们有度假权。第四，他们1 000欧元一个月的房租，拿救济后可以减一半变500欧元。而且这里医疗保障也很好。老百姓生活图什么？不就是为了生活、为了环境、为了孩子教育吗？而这些在荷兰都是世界一流的。所以，教育往大了讲就是培养国家的接班人，往小了讲就是培养家庭的接班人。我们看到了人家的好，就要想我们有什么能去改进，因为海外华人也是中国人，也希望让自己的祖国变得强大。我们在国外能够看到和别人不一样的东西，因此我们要去研究为什么别人有不一样的东西，来对自己进行提高和改进，让我们中国变得更强大。（受访者：XGX）

2. 欧美高校的地缘关系

荷兰与西欧、北欧多国相邻，英美国家优良的教学资源以及荷兰与英美国家的地缘关系等也增加了华裔子女往西方国家求学的意向，对中文学习的意向产生影响。因为荷兰语是母语，小学时期子女用荷兰语多，中文词汇量不够，和父母交流只能中文和荷兰语交替使用。荷兰的华人孩子高学历居多，中学的主干科目如数、理、化等都是英语教学，在大学接受教育的语言以荷兰语和英语居多，因此荷兰人的荷兰语和英语语言能力强，中国的留学生到荷兰留学相比其他欧洲国家更容易适应。

我的两个儿子都是在荷兰上的大学，大儿子硕士和博士都是在美国读的。他们英语都很好，到美国读书也很容易接轨。如果到中国来读大学可能比较难，他们用中文进行日常交流是可以的，要做高端学术肯定不行。我大儿子现在的两个孩子也在往这个方向培养。（受访者：HLJZ1）

第四节 总　　结

　　本章对荷兰华裔子女的中文学习现状进行了研究和分析,具体包括华裔子女的出生地、年龄、国籍、就读年级、现居住国、在中国居住时间、中文的"读"和"写"水平状况、对中文教学的形式和内容、学习中文的目的、认为中文重要性程度等问题的调查,其结果通过 SPSS24.0 软件进行了频数分布、相关性和交叉性分析。荷兰华裔子女对中文的重要性认知不太高,中文水平也相对偏低,这与荷兰移民历史久远和移民代次多、荷兰华校的办学处境、荷兰本国优越的社会福利和与欧美国家之间的地缘关系等相关。后疫情时代荷兰华裔子女的教学效果和中文学习环境维系等问题也需要解决。

　　因为本书研究进度的安排,荷兰的问卷调查工作开展以及停止收集的时间相对较晚,因此问卷分析的内容较法国、意大利和西班牙相比更全面,也能更好地帮助了解欧洲发达国家的华裔子女中文学习的现状。

第六章 希 腊

本章探讨希腊华裔子女中文学习现状，共分为4个小节。第一小节探讨希腊中文学校发展的情况，包括希腊的中国移民简介、华裔子女对中文学习的需求、中文学校大致办学历程等。第二小节主要介绍如何开展《希腊华裔就读子女中文学习现状调查表》问卷调查。第三节是希腊华裔子女中文学习现状调查的统计分析与讨论，分析包括问卷设计的各项问题频数表和希腊华裔子女的年龄与在中国居住时间、中文学习时间、认为中文学习的重要性和国籍状况等的交叉表，重点探讨希腊华裔子女的年龄与中文读写水平、与其认为中文学习重要性的相关性，讨论部分包括希腊华裔就读子女的中文学习现状，以及希腊社会、家庭、希腊华校和国内华文工作开展等层面的一些建议和思考。第四节是对本章内容的总结。在希腊华裔子女中文学习现状调查问卷收集期间，笔者联系了希腊雅典中文学校李芳校长（以下简称LF）、希腊两位华侨家长（以下简称CLJZ1和XLJZ2）对各小节的内容进行了深度访谈，选取访谈相关的内容对频数统计表的结果进行说明。

第一节　希腊中文学校发展情况

希腊与中国同为历史悠久的文明古国，两国于1972年6月5日建立外交关系。很早以前，中国的丝绸就源源不断地输送到希腊，但是由于希腊的经济环境不佳，谋生不便，此外希腊语较难学习，华人华侨在希腊立足困难，因此历年来移居希腊的中国人寥寥无几。20世纪90年代初期，希腊的华侨华人数量为200多人。① 希腊加入欧盟以及中国加入WTO后,当地的华人华侨逐渐增多,一部分从欧洲周边国家转入希腊,一部分从中国国内由亲友帮带的形式到达希腊,目前在希腊的华侨华人约有1万多人。

希腊华文教育起步较晚。2000年希腊加入了欧盟后,提供了一次无条件的"大赦"。因此,身居欧洲如法国、意大利等国,没有当地合法居留身份的华侨,通过办理"难民证"等各种途径来到希腊以获得当地合法居留身份,继而引起了华侨华人数量激增。海外华裔人数的增加也促进了中文学习的要求。当地有名的希腊雅典中文学校创建于2004年,2017年被国侨办授予"华文教育示范学校"并于2018年挂牌,成为希腊第一所华文教育示范学校,也显示希腊华裔子女的中文学习形成一定的规模。②

希腊当地的中文学校不是很多,因为希腊整体的华人群体规模也不大,估计在希腊的侨胞1万多人吧,一般不会超过2万人。不过希腊这边的华人经商的比较多,这个具体的数据应该比较难统计。在雅典有2所中文学校,除了我们这所雅典中文学校,另外一个城市还有一所。我们学校算是建校比较早,2004年建校的,规模也是最大的。我们的学校就在华人中心,所以周边的这些华商华裔的孩子都来我们希腊雅典中文学校上课。我们学校有日常班和周末班两种形式。日常班教学时间为周一至周五,学生除了在公立学校上课外,下午到中文学校上课,每天2~3个小时。周末班是星期六一整天时间上课,星期天休息。周一至周五的上课学生和周六的学生分开招生和教学。我们用的教材是和国内同步的教育部编写的《语文》教材。我们没有使用暨南大学的《汉语》教材,因为希腊这里的中国移民都算新侨,他们很多都在国内上过学,中文都有一定的基础,《汉语》教材对他们来说太简单了。目前每天下午我们都有上语文课,这是我们校内的正常课程。

目前我们希腊的疫情还是挺严重的,所以到现在为止我们都没有线

---

① 刘兴标,张兴汉.《世界华侨华人概况》(欧洲、美洲卷)[M].广州:暨南大学出版社,1994:132-133.

② 《希腊第一所"华文教育示范学校"揭牌》,中国侨网,http://www.chinaqw.com/hwjy/2018/04-04/184702.shtml.

下开课,都是组织学生线上上课,虽然线上上课比较困难,但是我们还是尽量克服困难。目前3月份希腊还是在封城阶段,希腊本地的学校也都没有上课。疫苗要开始普及的话,预计要等到今年5月份。虽然疫苗已经开始接种,但是这个国家接种的速度比较慢,所以到现在为止还处在初级阶段。前一段时间这边的公立学校尝试过开学,但后来因为确诊人数上升就停止了。到现在我们这里一天还有2 000多的确诊病例,所以到现在为止希腊当地的学校也都是关闭的,可能3月中旬会考虑开放,但是这个还得看疫情发展。如果是3月中旬公立学校能开放,我们华校可能开得更晚,可能4月份开学,也可能5月份开学,我不确定什么时候才能恢复,要根据当地政府对培训机构的政令去开。

办学经费我们跟欧洲其他国家其实也是差不多的,别的欧洲国家有的华校可能都是借用当地的学校,一个星期只上一次,老师的工资只需要付一次。我们周一到周六都有上课,租金和教学维持费用要高一些,所以我们学校基本上都是处在一个收支相对平衡状态,没有什么特别多的盈利,老师上课和租金的开支去掉之后其实差不多没有什么结余。我觉得欧洲大部分的华人学校应该都是这种情况。像我们都办学17年了,从刚开始只有一些业余辅助教孩子中文的老师,到后来有更多的老师愿意跟我一起教书,一起培养这边的孩子,传承中文,因为大家都觉得这是件有意义的事。而且看到有一些孩子都已经上大学了,有一些都已经有孩子了,他们还会回学校看我们,我们当老师的都觉得很有自豪感。所以我感觉这就是一种情怀。但是我觉得大部分的欧洲学校的教师,他们在学校教书可能本身也不是自己的主业,像在我们学校上课的老师很多也是兼职,下午过来上2个小时的课,或者周末过来上一天的课,他们本身也有自己的工作,只是说他们会把帮助这里孩子进行中文教育当成一个额外的工作去做,也不会影响到他们正常的工作。(受访者:LF)

第二节　希腊华裔学生就读问卷发放

"国学咏流传"多语教学团队曾尝试与希腊雅典中文学校对接提供国学推广,但由于希腊雅典中文学校线上授课软件与国内不兼容,未能展开。因此

《希腊华裔就读子女的中文现状调查表》问卷填写委托希腊雅典中文学校李芳校长在该校的班级微信群通过问卷星在线发放填写。在为期一周的问卷填写过程中,最终收回问卷52份。

参与本次问卷填写的华裔子女就读的希腊雅典中文学校位于希腊首都雅典市,始建于2004年7月5日,并于2017年3月正式成立希腊中文推广中心。同年,该校被国侨办评为海外"华文教育示范学校"。该校从2004年创办至2017年,历经多次扩建,校舍面积从起初几十平方米的单间教室扩建至目前校舍及户外活动区近1500平方米,在校就职教师有20余位,注册在校学生数百人,是目前希腊最大的一所华文教育机构。作为希腊最早开设中文课程的学校,该校设有全日制幼儿园、半日制小学、全日制周末班,包括幼儿班(小、中、大)、小学和初中等年级。课程设置包括小学九年义务教育语文、数学、国画、书法、武术及民族舞蹈等。疫情期间,该校的授课方式改为线上教学。

第三节 希腊华裔子女中文学习现状统计分析与讨论

研究共收回《希腊华裔就读子女中文学习现状调查表》有效问卷52份,通过SPSS24.0软件对各项问题进行了频数分布、相关性和交叉性分析,结合问卷结果和访谈内容展开希腊华裔子女中文学习现状的分析和讨论。

一、希腊华裔子女中文学习现状统计分析

(一)频数分析

1. 希腊华裔就读子女的年龄段

表6-1是希腊华裔就读子女的年龄段频数分布表。在调研的52位希腊华裔就读子女中,13—15岁的人数最多,有24人,占总人数的57.7%;7—8岁的其次,有10人,占19.2%;接下来是11—12岁和9—10岁的子女,分别有6人和5人,占11.5%和9.6%;15岁以上有1人,占1.9%。因此,此次调研各年龄段的华裔子女均有参与,7—15岁的参与人数较多,学龄前和15岁以上参与调研的人数较少。

表 6-1　　希腊华裔就读子女的年龄段频数分布表

年 龄 段	频　数	百分比	有效百分比	累计百分比
6 岁以下	0	0	0	0
7—8 岁	10	19.2	19.2	19.2
9—10 岁	5	9.6	9.6	28.8
11—12 岁	6	11.5	11.5	40.4
13—15 岁	30	57.7	57.7	98.1
15 岁以上	1	1.9	1.9	100.0
总计	52	100.0	100.0	

我们的年级是按照学生的年龄和国内同步安排,也就是孩子在这边7岁左右开始上一年级。基本上按照他们的程度,12岁或者13岁就开始上初中。我们学校小学从一年级开始一直到六年级;初中现在是到初二,初三还没有开始招生,因为希腊这边的华人时间本来就比较短,所以基本上这边的孩子也就从十几年前开始真正学习中文,那么现在按照年龄来算,他们也就是初二或初三的年纪。如果说接下来孩子慢慢长大,我们也会开设高中课程,这要根据华裔的发展而定。但我们现在也有个别的这种单独补习,采取一对一形式进行高中的课程学习,这种目前还比较少。目前我们注册的学生大概有400人,因为我们分不同的日常班和周末班,上课的时间也不一样,所以孩子也是根据自己的课程来学校上课,不是同时来学校。小学一至六年级每个班级有小班也有大班,根据孩子的人数和上课时间,我们安排的班级有所不同。小班几个人,大班有10多个人、20个人样子。我听说欧洲很多国家的中文学校招生是呈现阶梯式的,比方说一年级的人很多,到了三年级就会少一些,到了六年级就更少了,到了初中就没有几个人了,一个班就只有五六个,特别是初三的。这其实要根据每个国家的国情而定,像我们这边早期也是初级孩子比较多。因为我们学校已经有17年了,所以慢慢孩子长大了,会有一批新的华裔。所以要根据每个国家的国情,我们这边基本上算是比较平均,低龄的孩子也比较多,然后高龄的孩子也有一部分,但是相对来说还是低龄的占的比例大一点。(受访者:LF)

2. 希腊华裔就读子女的现居住地

表6-2是希腊华裔就读子女的现居住地频数分布表。在调研的52位希腊华裔就读子女中,52位都在希腊。因此,参与本次调研的对象均为在希腊居住的华裔子女。

表6-2　　　　法国华裔就读子女的现居住地频数分布表

现居住地	频　数	百分比	有效百分比	累计百分比
希　腊	52	100.0	100.0	100.0
总　计	52	100.0	100.0	

3. 希腊华裔就读子女日常交际使用的语言

表6-3是希腊华裔就读子女日常交际使用的语言频数分布表。选项按照"祖(籍)国语言—住在国语言—其他国家语言"的关联紧密度依次排列。在调研的52位希腊华裔就读子女中,有29人能进行中文和希腊语的随意切换,占总人数的55.8%;有21人主要使用中文,占40.4%;没有人只使用希腊语进行日常交际;还有2人选择了"其他"。因此,参与本次调研的希腊华裔子女说中文、中文和希腊语能随意切换的占比大,体现希腊华裔子女的文化融入性、回国适应性以及家庭母语环境较好。

表6-3　　　希腊华裔就读子女日常交际使用的语言频数分布表

日常交际使用的语言	频　数	百分比	有效百分比	累计百分比
中文	21	40.4	40.4	40.4
中文和希腊语随意切换	29	55.8	55.8	96.2
希腊语	0	0	0	96.2
其他	2	3.8	3.8	100.0
总计	52	100.0	100.0	

因为希腊这边中国人(侨居)历史比较短,希腊语又是一个比较难学的语种,所以中文是华侨华人通用的语言。中国人在希腊生活水平跟当地人差不多,没有特别高,也没有特别低。因为中国人都比较勤劳,愿意工作,愿意承担。所以他们的生活都不会特别差,但大部分都是处在一种

中等的阶段,到高层次的人会比较少。所以真正要融入希腊上层社会,或者是跟更高层次的(当地)人交流,那么还是需要时间。就像英国、美国(华侨),他们(侨居)都有上百年的历史。严格意义上来说,他们那边的华人已经没有中国人的思想,他们就是西方人的教育、西方人的思想,那么他们其实等于和当地人一样了。在希腊的大部分华人其实还是中国人的思想、中国人的教育理念。其实希腊华侨华人也就20多年的历史,真正说要上升至上层社会,或者到当地好的一些领域去工作,那还是需要现在新的华人慢慢学习,融入他们的社会里面去。(受访者:LF)

我大儿子当初出国,是为了拿法国的居留。他小学是在法国读的,中学是在希腊的英国私立学校读的,高中是在国内瑞安的高中读的,大学是在美国读的。国外的教育虽然比较好,不过他忘了很多中国的文化。所以说大儿子他的学历再高,我们两个有时候沟通不起来。他的英语就像母语一样,所以我们跟他用中文交流起来,是有一定困难的。希腊语字母跟我们汉语拼音全部都不一样,读还好一点,写对我们来说是比较困难的。(受访者:XLJZ1)

4. 希腊华裔就读子女曾在中国居住的时间

表6-4是希腊华裔就读子女曾在中国居住的时间频数分布表。在调研的52位希腊华裔就读子女中,未在中国居住过的人数最多,有12人,占总人数的23.1%;居住过3年以内的人数其次,有11人,占21.2%;接下来是居住过10年以内的,有10人,占19.2%;10年以上、7年以内、5年以内的分别有10人、8人、2人,分别占19.2%、15.4%和3.8%。因此,此次调研的希腊华裔子女没在中国居住过、居住过3年以内和10年以内的较多,大部分都有在中国居住过的经历。

表6-4 希腊华裔就读子女曾在中国居住的时间频数分布表

曾在中国居住的时间	频 数	百分比	有效百分比	累计百分比
没有居住过	12	23.1	23.1	23.1
3年以内	11	21.2	21.2	44.2

续表

曾在中国居住的时间	频 数	百分比	有效百分比	累计百分比
5年以内	2	3.8	3.8	48.1
7年以内	8	15.4	15.4	63.5
10年以内	10	19.2	19.2	82.7
10年以上	9	17.3	17.3	100.0
总计	52	100.0	100.0	

我的两个儿子都是国内出生之后再到的国外。大儿子上完高中18岁后才出国,小儿子在国内读完初中16岁的时候带出去的,所以他们在中国居住的时间比较久,中文水平跟国内是接轨的。(受访者：XLJZ2)

5. 希腊华裔就读子女学习中文的时长

表6-5是希腊华裔就读子女学习中文的时长频数分布表。52位希腊华裔就读子女中,有29人学习中文的时长达5年以上,占总人数的55.8%；有9人在5年以内,占17.3%；有8人学习中文的时间在1年以内,占15.4%；还有6人的学习时长在3年以内。因此,参与本次调研的希腊华裔子女普遍学习中文的时长都达到一定的年限,整体时间偏长。

表6-5　希腊华裔就读子女学习中文的时长频数分布表

学习中文的时长	频 数	百分比	有效百分比	累计百分比
1年以内	8	15.4	15.4	15.4
3年以内	6	11.5	11.5	26.9
5年以内	9	17.3	17.3	44.2
5年以上	29	55.8	55.8	100.0
总计	52	100.0	100.0	

学习中文的时间和重视与否其实还是看不同的家庭。有一些人觉得在欧洲学习和生活比较好一些,但是另一些人可能会觉得孩子大了以后要回国,这个都是根据不同家庭而定的。因为希腊是个岛国,有很多在岛

上生活的华人,或者在其他偏远地方生活的华人,他们没有办法去华文学校读书。但是大部分的华人也会选择坚持上网课,或者去找一些单独的辅导帮助他们学习中文。(受访者:LF)

6. 希腊华裔就读子女认为中文学习的重要性

表6-6是希腊华裔就读子女认为中文学习的重要性频数分布表。在52位希腊(法国)华裔就读子女中,有43人认为中文学习非常重要,占总人数的82.7%;有5人认为中文学习重要,占9.6%;分别有2人、1人和1人认为中文学习一般重要、不太重要或不重要。因此,参与本次调研的希腊华裔子女重视中文学习的非常多。

表6-6 希腊华裔就读子女认为中文学习的重要性频数分布表

认为中文学习的重要性	频 数	百分比	有效百分比	累计百分比
非常重要	43	82.7	82.7	82.7
重要	5	9.6	9.6	92.3
一般重要	2	3.8	3.8	96.2
不太重要	1	1.9	1.9	98.1
不重要	1	1.9	1.9	100.0
总计	52	100.0	100.0	

我们这边一直挺重视中文,觉得学习中文是挺重要的事。总体来看,希腊这边的中文重视程度与他们将来的发展倾向有一定的关系。我们这边有一批孩子以后可能会选择回国读大学,或者说他们觉得中文相对来说是他们觉得需要去坚持学的东西。另外一个原因,如果说孩子要是选择回国发展的话,那么他们对中文也比较重视。像欧洲别的国家,可能他们华人的代次比较多,西班牙也好,意大利也好,他们可能二代、三代甚至四代的孩子都有。像希腊本身的华裔历史就比较短,加起来也不到30年,所以很多中国人的中文的观念比较重。再过个几代,可能也会跟当地人融到一起,可能那个时候他会更倾向于当地的学习,也有可能每个国家的国情不一样。我觉得这边华人还是太少了,没有其他国家那么多,相对

来说华侨华人的基数比较小,那么华文教育的发展也不会那么迅速,或者说至少目前很难发展得特别的大,但是我们至少要保证它可以稳步发展。不过这还要看当地的华人怎么去认知中文,对我们学校和老师来说,我们要考虑的是如何推广中文学习,怎么去跟他们讲中文的重要性。(受访者:LF)

我的孙子辈这一代,我的两个儿媳妇把他们都教育得很好,对中文也是很重视的。像我大孙子和大孙女,在外国都是上的私立学校,他们上午在学校上课,下午都到中文学校去学习中文。小孙子现在一年级,他下午回来也是去中文学校,中文还是不能丢。(受访者:XLJZ2)

7. 希腊华裔就读子女中文会"写"的词汇量

表6-7是希腊华裔就读子女中文会"写"的词汇量频数分布表。在参与调研的52位希腊华裔就读子女中,会"写"的词汇量达到国内小学五至六年级水平的有16人,占总人数的30.8%;有13人能写2500字以上,占25%;分别有8人会"写"词汇量在400字以内和达到国内小学一至二年级水平;另外,能达到国内小学三至四年级水平的有7人。因此,参与本次调研的希腊华裔子女中文的会"写"的水平普遍较高,书写能力较强。

表6-7　　希腊华裔就读子女中文会"写"的词汇量频数分布表

中文会"写"的词汇量	频　数	百分比	有效百分比	累计百分比
400字以内(YCT口语中级标准)	8	15.4	15.4	15.4
800字以内(中国小学一至二年级水平)	8	15.4	15.4	30.8
1600字以内(中国小学三至四年级水平)	7	13.5	13.5	44.2
2500字以内(中国小学五至六年级水平)	16	30.8	30.8	75.0
2500字以上	13	25.0	25.0	100.0
总计	52	100.0	100.0	

我觉得我们学校整体教育水平还是挺好的,因为我们是从幼儿园开

始,然后到小学教育,老师们的普通话跟教学能力基本上都是挺过硬的。从小学一年级开始,我们跟国内的课程接轨,包括使用的教材,还有一些课后的辅导资料,基本上都和国内是同步的。但是历史、地理这些课程我们没有办法同步,我们主要是语文和数学,这两门跟国内的孩子是差不多的。硬件设施上,我们学校可能没有国内那么多资源,但是我们自己也有学校的图书馆,然后从国内每个学期都会组织新进一些课外读物给孩子们看,所以他们除了日常学习,课后也可以看一些中文的书籍。另外,我们也有参加国内华文基金组织的作文比赛,去年的时候也参加了世界华文知识比赛,我们有几个初中的孩子还得了奖,所以孩子的中文水平都是不错的。(受访者:LF)

8. 希腊华裔就读子女中文会"读"的词汇量

表6-8是希腊华裔就读子女会"读"的词汇量频数分布表。在参与调研的52位希腊华裔就读子女中,会"读"的词汇量在3 000字以下的有17人,占总人数的32.7%;有14人能达到国内小学五至六年级水平,占26.9%;还有8人能达到国内小学一至二年级水平;另外,能达到"读"词汇量500字以内的有7人;还有6人会"读"的词汇量在2 500以内。因此,参与本次调研的希腊华裔子女中文会"读"的水平较高。

表6-8 希腊华裔就读子女中文会"读"的词汇量频数分布表

中文会"读"的词汇量	频 数	百分比	有效百分比	累计百分比
400字以内(YCT口语中级标准)	7	13.5	13.5	13.5
1 600字以内(中国小学一至二年级水平)	8	15.4	15.4	28.8
2 500字以内(中国小学三至四年级水平)	6	11.5	11.5	40.4
3 000字以内(中国小学五至六年级水平)	14	26.9	26.9	67.3
3 000字以上	17	32.7	32.7	100.0
总计	52	100.0	100.0	

中国人在这边从事的行业有进出口贸易、餐饮业,还有旅游这几个方面。这几个行业实际上都跟中文有密切的关系,这也是促使华裔孩子好好学习中文的一个原因吧,尤其是交际能力,要会看会说。(受访者:LF)

9. 希腊华裔就读子女中文能力各项能力分析

表6-9是希腊华裔就读子女中文能力各项能力分析频数分布表。在参与调研的52位希腊华裔就读子女中,实际问卷统计涉及33份问卷,其中听、说能力好的分别为26人和24人,分别占29.5%和27.3%;有25人读的能力好,占28.4%;有13人写的能力好。因此,参与本次调研的希腊华裔子女中文听和读的能力比较好,写的能力相对较差,另外有19人各项能力均不好。

表6-9　　希腊华裔就读子女中文能力各项能力分析频数分布表

中文哪一项能力好(多选)	个案数	百分比	累计百分比
听	26	29.5	78.8
说	24	27.3	72.7
读	25	28.4	75.8
写	13	14.8	39.4
总计	88	100.0	266.7

注:使用了值1对二分组进行制表。本题采用SPSS统计软件的"多项响应"功能,其中有18人填写"都不太好",在输入选项答案(0,1)的时候,系统默认0为否,因此实际统计的是问卷中有做选择的33份问卷的结果。

10. 希腊华裔就读子女学习中文的目的

表6-10是希腊华裔就读子女学习中文的目的频数分布表。52位参与调研的希腊华裔就读子女中,为了更好地了解中国文化的有33人,占63.5%;为了增强自己的多语言能力的有31人,占59.6%;为了今后回国就学就业的有24人,占32.7%;为了增强自己的民族认同感的有22人,占42.3%;为了与家人语言沟通更便利的有17人,占13.4%。因此,参与本次调研的希腊华裔子女中的大多数人把增强自己的多语言能力和今后回国就学就业放在学习目的的首位,而为了与家人语言沟通更便利的相对较少。

表6-10　希腊华裔就读子女学习中文的目的频数分布表

学习中文的目的(多选)	个案数	百分比	累计百分比
为了增强自己的多语言能力	31	24.4	59.6
为了与家人语言沟通更便利	17	13.4	32.7
为了今后回国就学就业	24	18.9	46.2
为了更好地了解中国文化	33	26.0	63.5
为了增强自己的民族认同感	22	17.3	42.3
其他	0	0	0
总计	127	100.0	244.2

现在如果孩子还小,可能不知道疫情过去之后的发展如何;如果现在孩子已经面临考学,要选择更好的大学,那么可能他们现在考虑是否回国就学就业的倾向就更加迫切。但是这只能说是一个趋势,不能保证说以后的发展会不会一定朝这个方向走,这个还要看父母的引导。目前来说,现在大一些的孩子把中文学好,发展方向还是挺多的。比如说不管是中国和希腊还是和其他国家,两国的友好建交可以让国家层面和个人层面去发展很多事情。中国人或者希腊当地人,他们学好中文对于自己将来的发展是非常有帮助的。如果说这个孩子不怎么会中文,以后中西融合,他自己的创业也会受到一定影响,好在我觉得很多家长都能认识到这一点。总体来看,希腊这个民族还不是那么的排外,对于中国人来说也比较友好。(受访者：LF)

11. 希腊华裔就读子女希望学习中文的教学形式

表6-11是希腊华裔就读子女希望学习中文的教学形式频数分布表。52位参与调研的希腊华裔就读子女中,希望进行知识拓展的有36人,占69.2%;希望认识更多的字的有25人,占48.1%;希望学习汉字书写的有23人,占44.2%;希望学习课文朗读和分析的有21人,占40.4%;希望创作分享的有19人,占36.5%;另外有2人选择了"其他"。因此,参与本次调研的希腊华裔子女希望进行知识拓展和认识更多的字及学习汉字书写的人数比较多,对于

高要求的课文分析和产出型的创作分享的中文教学形式需求相对偏低。

表 6-11　希腊华裔就读子女希望学习中文的教学形式频数分布表

希望学习中文的教学形式	个案数	百分比	累计百分比
认更多的字	25	19.8	48.1
知识拓展	36	28.6	69.2
汉字书写	23	18.3	44.2
课文朗读和分析	21	16.7	40.4
创作分享	19	15.1	36.5
其他	2	1.6	3.8
总计	126	100.0	241.9

12. 希腊华裔就读子女希望学习中文的教学内容

表 6-12 是希腊华裔就读子女希望学习中文的教学内容频数分布表。52 位参与调研的希腊华裔就读子女中,希望学习软硬笔书法的有 26 人,占 50%;希望学习诗词歌赋的有 25 人,占 48.1%;希望学习名著赏析和手工的分别有 24 人和 23 人,占 46.2% 和 44.2%;希望学习器乐的有 20 人,占 38.5%;希望学习民间舞蹈、武术和英语教学的分别有 13 人、9 人和 8 人;另外有 7 人选择了"其他"。由此可见,参与本次调研的希腊华裔子女希望学习的内容与中国传统文化的相关性较高,注重文化素养的培养,同时也有一些技能学习上的需求。

表 6-12　希腊华裔就读子女希望学习中文的教学内容频数分布表

希望学习中文的教学内容	个案数	百分比	累计百分比
诗词歌赋	25	16.1	48.1
名著欣赏	24	15.5	46.2
武术	9	5.8	17.4
民间舞蹈	13	8.4	25.0
英语教学	8	5.2	15.4
软硬笔书法	26	16.8	50.0

续表

希望学习中文的教学内容	个案数	百分比	累计百分比
器乐	20	12.9	38.5
手工	23	14.8	44.2
其他	7	4.5	13.5
总计	155	100.0	298.3

我们学校开设的课程还是蛮多的,不仅仅只有中文,一些艺术课之类的都有。我们也参加过一些朗诵及其他的比赛,我们的孩子在发挥上面还是挺占优势的,只是这里的华侨华人人口基数比较小,艺术课的招生规模都不大。(受访者:LF)

13. 希腊华裔就读子女的国籍状况

表6-13是希腊华裔就读子女的国籍状况频数分布表。选项按照与中国的地缘和血缘关系的紧密度依次排列。52位参与调研的希腊华裔就读子女中,中国国籍有外国居留的有47人,占总人数的90.4%;外国国籍父母双方中国人和中国国籍无外国居留分别有2人,各占3.8%;中国国籍无外国居留的有9人,占20.5%;外国国籍父母一方外国人的有1人,占1.9%;没有外国国籍父母双方外国人的。由此可见,参与本次调研的希腊华裔子女保留中国国籍的占多数,加入外国国籍的相对较少。

表6-13 希腊华裔就读子女的国籍状况频数分布表

国籍状况	频数	百分比	有效百分比	累计百分比
中国国籍无外国居留	2	3.8	3.8	3.8
中国国籍有外国居留	47	90.4	90.4	94.2
外国国籍父母双方中国人	2	3.8	3.8	98.1
外国国籍父母一方外国人	1	1.9	1.9	100.0
外国国籍父母双方外国人	0	0	0	0
总计	52	100.0	100.0	

我的孙子辈他们在希腊的英国学校上学,培养出来就会到英国留学。但是他们是中国国籍,希腊的居留。(受访者:XLJZ2)

很多希腊的华人子女都是中国国籍的,因为他们要做生意的比较多。有的人在国外生了孩子还是要带回中国来,有的人生了二胎、三胎,我知道的最多生5个,但是他们可能为了工作需要,要带回中国,但是拿了希腊的居留。(受访者:XLJZ1)

14. 希腊华裔就读子女的出生地

表6-14是希腊华裔就读子女的出生地频数分布表。52位参与调研的希腊华裔就读子女中,出生于希腊的有44人,占总人数的84.6%;出生于中国的有3人,占5.8%;出生于意大利的有5人,占9.6%。由此可见,参与本次调研的希腊华裔子女在住在国希腊出生的人数占绝大多数,有一些是从意大利转移至希腊,还有少量是在中国国内出生。

表6-14　　　　希腊华裔就读子女的出生地频数分布表

出生地	频数	百分比	有效百分比	累计百分比
中国	3	5.8	5.8	5.8
希腊	44	84.6	84.6	90.4
意大利	5	9.6	9.6	100.0
总计	52	100.0	100.0	

(二) 交叉表分析

1. 希腊华裔就读子女的年龄段与曾在中国居住的时间的交叉表

表6-15是希腊华裔就读子女的年龄段与曾在中国居住的时间的交叉表。由此表可以看出,52位参与本次调研的希腊华裔子女中,12人没有在中国居住过,主要集中在6—8岁,有7人;11人在中国居住过3年以内,主要集中在13—15岁,有4人;10人在中国居住了10年以内,主要集中在13—16岁,有6人;9人在中国居住了10年以上,主要集中在13—15岁,有8人;8人在中国居住了7年以内,主要集中在13—15岁,有6人;5年以内的居住年限的不同年龄段分布比较分散。

表 6-15　希腊华裔就读子女的年龄段与曾在中国居住的时间的交叉表

		曾在中国居住的时间						总计（人数）
		没有居住过	3年以内	5年以内	7年以内	10年以内	10年以上	
年龄段	6岁以下	0	0	0	0	0	0	0
	7—8岁	7	1	1	0	1	0	10
	9—10岁	1	2	0	1	1	0	5
	11—12岁	1	2	0	1	2	0	6
	13—15岁	3	6	1	6	6	8	30
	15岁以上	0	0	0	0	0	1	1
总计（人数）		12	11	2	8	10	9	52

由此可见，没有在中国居住过的希腊华裔就读子女，主要集中在7—8岁，其他在中国居住过不同年限的希腊华裔就读子女，13—15岁的人数相对较多。

2. 希腊华裔就读子女的年龄段与学习中文时长的交叉表

表6-16是希腊华裔就读子女的年龄段与学习中文的时长的交叉表。由此表可以看出，52位参与本次调研的法国华裔子女中，13—15岁、中文学习时长在5年以上的最多，有24人；其他不同年龄段的不同中文学习时长分布比较分散。

表 6-16　希腊华裔就读子女的年龄段与学习中文的时长的交叉表

		学习中文的时长				总计（人数）
		1年以内	3年以内	5年以内	5年以上	
年龄段	6岁以下	0	0	0	0	0
	7—8岁	3	4	2	1	10
	9—10岁	1	1	3	0	5
	11—12岁	1	0	2	3	6
	13—15岁	3	1	2	24	30
	15岁以上	0	0	0	1	1
总计（人数）		8	6	9	29	52

由此可见,中文学习时间分布较为集中的是13—15岁年龄段,学习中文时长5年以上的希腊华裔就读子女较多。

3. 希腊华裔就读子女日常交际使用语言与曾在中国居住的时间的交叉表

表6-17是希腊华裔就读子女日常交际使用的语言与曾在中国居住的时间的交叉表。由此表可以看出,52位参与本次调研的希腊华裔子女中,没有在中国居住过的,也能用中文或者中文和希腊语作为日常交际的语言;在中国有过居住经历的,也能随意切换中文和希腊语进行日常交际。

表6-17　　　希腊华裔就读子女日常交际使用的语言与曾在中国居住的时间的交叉表

		曾在中国居住的时间						总计(人数)
		没有居住过	3年以内	5年以内	7年以内	10年以内	10年以上	
日常交际使用的语言	中文	6	3	0	5	4	3	21
	中文和希腊语随意切换	6	8	2	3	6	4	29
	希腊语	0	0	0	0	0	0	0
	其他	0	0	0	0	0	2	2
总计(人数)		12	11	2	8	10	9	52

由此可见,希腊华侨就读子女是否有在中国居住经历,对他们是否只用中文交际影响不大,即使中文学习时间较长的人,也有一部分能进行中文和希腊语随意切换。

4. 希腊华裔就读子女日常交际使用语言与学习中文的时长的交叉表

表6-18是希腊华裔就读子女的日常交际使用的语言与学习中文时长的交叉表。由表格可以看出,52位参与本次调研的希腊华裔子女中,日常交际语言是中文和希腊语随意切换而且中文学习时间在5年以上的人数最多,有16人;日常交际语言是中文且中文学习时间在5年以上有11人;其他项均存在一定的交叉。

表 6-18　希腊华裔就读子女的日常交际使用的语言与学习中文时长的交叉表

		学习中文的时长				总计（人数）
		1年以内	3年以内	5年以内	5年以上	
日常交际使用的语言	中文	4	2	4	11	21
	中文和希腊语随意切换	4	4	5	16	29
	希腊语	0	0	0	0	0
	其他	0	0	0	2	2
总计（人数）		8	6	9	29	52

由此可以看出，能够进行中文和希腊语随意切换的希腊华裔就读子女，其中文学习时间相对于其他类别普遍较长。

5. 希腊华裔就读子女的年龄段与国籍状况的交叉表

表 6-19 是希腊华裔就读子女的年龄段与国籍状况的交叉表。由表格可以看出，52 位参与本次调研的希腊华裔子女中，13—15 岁、持有中国国籍有外国居留的最多，有 29 人；中国国籍有外国居留的主要集中在 7—15 岁；其他项均存在一定的交叉。

表 6-19　希腊华裔就读子女的年龄段与国籍状况的交叉表

		国籍状况					总计
		中国国籍无外国居留	中国国籍有外国居留	外国国籍父母双方为中国人	外国国籍父母一方为外国人	外国国籍父母双方为外国人	
年龄段	6岁以下	0	0	0	0	0	0
	7—8岁	1	9	0	0	0	10
	9—10岁	0	4	0	1	0	5
	11—12岁	0	4	2	0	0	6
	13—15岁	1	29	0	0	0	30
	15岁以上	0	1	0	0	0	1
总计		2	47	2	1	0	52

由此可见,希腊华侨就读子女的国籍状况以中国国籍有外国居留为绝大多数。

6. 希腊华裔就读子女的年龄段与认为中文学习的重要性的交叉表

表 6-20 是希腊华裔就读子女的年龄段与认为中文学习的重要性的交叉表。由表格可以看出,52 位参与本次调研的希腊华裔子女中,认为中文学习非常重要的 13—15 岁最多,有 23 人;7—8 岁认为学习中文非常重要的有 9 人;认为学习中文比较重要的主要集中在 13—15 岁;其他项均存在一定的交叉。

表 6-20　希腊华裔就读子女的年龄段与认为中文学习的重要性的交叉表

		认为中文学习的重要性					总计(人数)
		非常重要	重要	一般重要	不太重要	不重要	
年龄段	6 岁以下	0	0	0	0	0	0
	7—8 岁	9	1	0	0	0	10
	9—10 岁	5	0	0	0	0	5
	11—12 岁	5	1	0	0	0	6
	13—15 岁	23	3	2	1	1	30
	15 岁以上	1	0	0	0	0	1
总计(人数)		43	5	2	1	1	52

由此可见,希腊华裔就读子女对学习中文重要性的认识普遍较高,各年龄段认为非常重要的占绝大多数。

(三) 相关分析

表 6-21 是《希腊华裔就读子女中文学习现状调查表》各项的肯德尔 tau-b 相关矩阵。由此表可以看出,希腊华裔就读子女的年龄段与是否在中国居住过、学习中文的时长、中文会"写"的词汇量、中文会"读"的词汇量存在相关($p<0.01$),是否在中国居住过与学习中文的时长、中文会"写"的词汇量、中文会"读"的词汇量存在相关($p<0.05$),学习中文的时长与中文会"写"的词汇量、中文会"读"的词汇量存在相关($p<0.01$),中文会"写"的词汇量与会"读"的词汇量、国籍状况存在相关($p<0.05$)。该结果显示,希腊华裔就读子女是调研的 7 个欧洲国家中各项构成相关性相对数量较多的华裔子女群体。

表6-21 《希腊华裔就读子女中文学习现状调查表》各项的肯德尔 tau-b 相关矩阵

	年龄段	是否在中国居住过	学习中文的时长	认为中文学习的重要性	中文会"写"的词汇量	中文会"读"的词汇量	国籍状况
年龄段[a]	1.000	0.441**	0.538**	0.155	0.661**	0.719**	−0.170
是否在中国居住过[b]	0.441**	1.000	0.275*	0.004	0.386**	0.321*	−0.060
学习中文的时长	0.538**	0.275*	1.000	0.211	0.550**	0.600**	−0.185
认为中文学习的重要性	0.155	0.004	0.211	1.000	0.236	0.219	−0.110
中文会"写"的词汇量	0.661**	0.386**	0.550**	0.236	1.000	0.896**	−0.295*
中文会"读"的词汇量	0.719**	0.321*	0.600**	0.219	0.896**	1.000	−0.233
国籍状况[c]	−0.170	−0.060	−0.185	−0.110	−0.295*	−0.233	1.000

注：** 表示 $p<0.01$；* 表示 $p<0.05$。

[a] 原问卷调查中将希腊华裔就读子女年龄段分为 6 岁以下、7—8 岁、9—10 岁、11—12 岁、13—15 岁以及 15 岁以上。由于本次调研 6 岁以下子女数为 0，因此在相关性研究中分别将 7—8 岁、9—10 岁、11—12 岁、13—15 岁和 15 岁以上设置为变量 1、2、3、4、5。

[b] 原问卷调查中将荷兰华裔就读子女在中国居住过的年限分为没有居住过、3 年以内、5 年以内、7 年以内、10 年以内和 10 年以上。在本相关性表格中，按照二分变量进行统计，因此没有在中国居住过的设置为变量 1，将有居住过不论年限均设置为变量 2，以此来探讨相关性。

[c] 原问卷调查中将荷兰华裔就读子女的国籍状况分为中国国籍无外国居留、中国国籍有外国居留、外国国籍父母双方为中国人、外国国籍父母一方为中国人、外国国籍父母双方为外国人。在本相关性表格中，按照二分变量进行统计，因此将中国国籍均设置为变量 1，将有外国国籍均设置为变量 2，以此来探讨相关性。

具体来说，希腊华裔就读子女的年龄段与是否在中国居住过相关系数为 0.441，呈显著正相关（$p=0.001<0.01$）；年龄段与学习中文的时长相关系数为 0.538，呈显著正相关（$p=0.000<0.01$）；年龄段与中文会"写"的词汇量相关系数为 0.661，呈显著正相关（$p=0.000<0.01$）；年龄段与中文会"读"的词汇量相关系数为 0.719，呈显著正相关（$p=0.000<0.01$）。希腊华裔就读子女是否在中国居住过与学习中文的时长相关系数为 0.275，呈显著正相关（$p=0.035<0.05$）；是否在中国居住过与中文会"写"的词汇量相关系数为 0.386，呈显著正相关（$p=0.002<0.01$）、是否在中国居住过与中文会"读"的词汇量相关系数为 0.321，呈显著正相关（$p=0.011<0.05$）。希腊华裔就读

子女学习中文的时长与中文会"写"的词汇量相关系数为 0.550,呈显著正相关($p=0.000<0.01$);学习中文的时长与中文会"读"的词汇量相关系数为 0.600,呈显著正相关($p=0.000<0.01$)。希腊华裔就读子女中文会"写"的词汇量与会"读"的词汇量相关系数为 0.896,呈显著正相关($p=0.000<0.01$);中文会"写"的词汇量与国籍状况相关系数为 -0.295,呈显著负相关($p=0.019<0.05$)。其他各项均不存在相关性($p>0.01$)。因此,希腊华裔就读子女中文会"写"的词汇量与认为中文学习的重要性以外的其他 5 项均有相关性,而中文会"读"的词汇量与国籍状况不相关。尤其值得注意的是,希腊华裔就读子女认为中文学习的重要性与其他项均不相关。

二、希腊华裔子女中文学习现状讨论

(一) 新移民群体的根源性意识强

作为欧盟国家的希腊,为了让该国人口达到欧盟的标准,希腊需要一批外来人口,于是在 2000 年实施了一次无条件的"大赦",在希腊境内的华裔凭借中国的无犯罪证明和身份证可以免费获得希腊的居留身份。因此,2000 年前后一批在欧洲其他国家的华侨华人涌入希腊,开始了新的移民生活。可以看到,问卷统计结果中有一部分希腊华裔子女出生地为意大利。希腊华人的生活一般是以在街边摆摊为主,条件非常艰苦,因此有子女的家庭,通常把子女放在国内就读,等经济条件和时机成熟后再将子女带到希腊。故而希腊华裔子女在中国国内居住和中文学习时间相对法国、意大利、西班牙等国偏长。这些有过在国内就读经历的华裔子女中文水平相对较好。暨南大学的《汉语》教材内容相对简单,不适用于这些华裔子女,这也是希腊的中文学校采用国内部编教材的主要原因。2004 年,希腊雅典奥运会召开,使华人华侨的家庭经济状况有了较大的起色,也让早期移民希腊的华侨华人有了将子女带出国的经济基础,对中文学校和中文学习的需求也逐渐增强。希腊的中国移民历史目前不足 30 年,时间较短,因此希腊华裔父母属于新移民群体,根源意识较强,与祖(籍)国之间的联系和情感比较紧密,所以对中文的重视程度比较高。希腊雅典中文学校在当地属于办学比较早的学校,从 2004 年办学到现在经历了 17 年,目前为止招收的学生高年级为初二。但是随着低年级孩子的年龄增大,以及一批新的侨胞移民希腊,今后中文学校的教学年级分层需求会更大。同时,由于希腊华裔子女的父母大多属于第一代华侨,大多数对孩子的中文学习非常重视,今后让子女回国读大学的意愿相对比较强烈,因此对华裔子女对中文的重要性认知有良好的促进作用。

> 当地华人的基数及他们认为学习中文的重要性的程度对后续中文学校的办学非常重要。像我们侨区这边,也有一所小一点的中文学校,包括我们周边其他城市或者其他区也有中文培训机构,华校在生源等各方面都存在竞争。其实如果是一个良性的发展的话都是可以的,主要还是看华校的体量能不能满足一个国家或者一个城市(的需求),所有孩子能不能学到中文。(受访者:LF)

(二)希腊岛国条件对中文学习便利性的限制

整体看来,希腊中文学校数量比较少,主要原因是当地华人的数量还没有达到一定的规模,而且人口分布相对比较分散。特别是希腊属于岛国,一些偏远地区或者小岛上居住的华裔子女,学习中文受到地理条件的限制。在线课程的开发可保证他们克服客观条件的限制,对于这一类学生来说非常重要。

> 因为很多孩子根据自己上学的时间和条件需要做出选择,所以没有办法做到完全统一到某个地方上学。学生可能因就学距离、课程时间都不能配合,只能做出其他的选择,所以在某种程度上,网课可能对偏远地区有中文学习需求的孩子来说也是一个选择。(受访者:LF)

(三)疫情对中文学习的持续性影响

疫情冲击是欧洲所有华校生存所面临的共同问题。一方面,国内网课向海外市场拓展,挤压了欧洲华校的生存空间;另一方面,一些家庭因为经济或者父母工作性质的影响,使得孩子的网课学习缺乏监管,没有办法保证学习效果。因此,一部分华裔子女选择等疫情过后再继续学习。但是整体来看,希腊华裔子女由于本身中文水平较高,因此对线上和线下的教学选择会更加多元化。

在上网课期间由于国内外开展了一些线上课程，对海外华校的发展造成了影响。因为从去年开始已经有很多国内线上教学机构，可能在师资等硬件和软件条件上比我们更加优越，然后在价格上也会比我们低很多，或者在课程选择上会比我们更全。对于海外的家长，他们突然间有更多的选择，肯定会去尝试不同的课程，这也是情理之中的事情。其实并不仅仅是网课的问题。因为疫情停课，很多家庭也没有选择上网课，他们就直接不上课了。这也是没有办法勉强的，因为有些人可能就不认同网课，他们觉得孩子学网课是没有效果的。有些人可能会选择国内的网课，他们可能觉得这个价格比较低廉，或者老师可能更多元化，教的知识更多。现在我们做传统语文和数学教学，像其他的课程我们都没有涉及，所以这些课程对于有些家长来说，他们有需求就会去选择。（受访者：LF）

第四节 总　　结

本章对希腊华裔子女的中文学习现状进行了研究和分析，具体包括华裔子女的出生地、年龄、国籍、就读年级、现居住国、在中国居住时间、中文的"读"和"写"水平状况、所希望的中文教学的形式和内容、学习中文的目的、认为中文重要性程度等问题的调查，其结果通过SPSS24.0软件进行了各项问题的频数分布、相关性和交叉性分析。希腊华裔子女对中文的重要性认知高，中文水平与国内同龄人相差不大，这与希腊华裔移民结构新密切相关。后疫情时代希腊华裔子女中文学习的线上线下多平台选择等问题也值得关注。

问卷结果显示，希腊子女的现居住地均在希腊当地，因此通过希腊雅典中文学校收集的问卷结果具有较强的代表性，只是调研对象的年龄段主要分布在13—15岁，对低年龄段的学龄前儿童未能涉及。

第七章　匈牙利

本章探讨匈牙利华裔子女中文学习现状，共分为 4 个小节。第一小节探讨匈牙利中文学校发展的情况，包括匈牙利的中国移民简介、华裔子女对中文学习的需求、中文学校大致办学历程等。第二小节主要介绍如何开展《匈牙利华裔就读子女中文学习现状调查表》问卷调查。第三节是匈牙利华裔子女中文学习现状调查的统计分析与讨论，分析包括问卷设计的各项问题频数表和匈牙利华裔子女的年龄与在中国居住时间、中文学习时间、认为中文学习的重要性和国籍状况等的交叉表，重点探讨匈牙利华裔子女的年龄与中文读写水平以及与认为中文学习重要性的相关性，讨论部分包括匈牙利华裔就读子女的中文学习现状，以及匈牙利社会、家庭、匈牙利华校和国内华文工作开展等层面的一些建议和思考。第四节是对本章内容的总结。在匈牙利华裔子女中文学习现状调查问卷收集期间，笔者联系了匈牙利 HX 文化艺术学校（原名匈牙利 HX 艺术团）SYW 校长和 CLL 秘书长[①]、匈牙利布达佩斯光华中文学校张庆滨校长（以下简称 ZQB）以及一位匈牙利华裔就读子女家长（以下简称 XYLJZ）进行了深度访谈，选取访谈相关的内容对频数统计表的结果进行说明。

第一节　匈牙利中文学校发展情况

匈牙利属于东欧地区，到 1978 年匈牙利的华侨华人只有 24 人。1988 年 10 月，匈牙利与中国签订《中匈互免签证协议》，于是兴起了 1980 年代后

[①] 因该校华裔学生未参与问卷调研，为尊重办学者意愿，此处学校及负责人均采用化名。

期来自中国的移民潮。中国移民在匈牙利主要进行一些小规模的投资和经营中餐馆。[①] 截至1992年,在匈牙利首都布达佩斯定居的华侨华人达1万人,多来自中国大陆。[②] 目前在匈牙利的华侨华人约有5万人。

匈牙利的华文教育萌发于1990年代。办学规模较大的匈牙利匈中双语学校成立于2004年,位于首都布达佩斯,是中东欧唯一以匈语和中文作为教学语言的全日制公立双语小学。学校成立之初只有4个年级和87名学生,学生家长多是在匈牙利工作和生活的中国人。2008年以后匈牙利本地学生占大多数。随着匈中双语学校招生规模不断扩大,2016年匈中双语学校从原有的8年制扩建为12年制,学生可以从小学到高中12年"全贯通"学习中文,中文也成为匈牙利高校招生考试的外语科目之一。如今,该校在校学生有480余人,分布在11个年级,有约120名中国学生、30名左右的混血儿以及10多名来自亚洲其他地区的学生和数百名匈牙利本地学生。[③] 除了该公立双语小学外,匈牙利也有一些协会和机构办学的中文学校,共同推进匈牙利的华文教育,满足在匈牙利的华裔及其子女的中文学习需求。

> 匈牙利布达佩斯光华中文学校于1998年建校,设有学前班、小学部和中学部,开设有语文、数学、计算机等主要课程。我们原来的学校在当地规模还是很大的,历史也很悠久。刚建校的时候当地的华侨文化素质较高,对子女接受母语教育非常重视,也希望传承一些中华文化,所以我们的教学也都是与国内教学内容接轨的,使用的是国内中小学的统编教材。据我了解,一直到前五年,可能全世界海外的这些华校当中,只有我们匈牙利布达佩斯光华中文学校是在我的这个思想理念下实施这种模式。我们1998年建校的时候,响应中国的号召,发展华文教育,让中国的经济和世界接轨。那个时候,我办中文学校的时候在想,在海外教中国孩子学中文,目的就是把根留住。我当时就提出一个口号:海外的中文教

---

① 张春旺,张秀明主编.《世界侨情报告2020》[M].北京:社会科学文献出版社,2020:211-212.

② 刘兴标,张兴汉.《世界华侨华人概况》(欧洲、美洲卷)[M].广州:暨南大学出版社,1994:109.

③ 《受到匈牙利人青睐的匈中双语学校》,中华人民共和国国务院新闻办公室 http://www.scio.gov.cn/31773/35507/35514/35522/Document/1655284/1655284.htm.

育要和国内接轨，因为孩子将来长大之后，他们一定要和国内的人接触、做生意，要有一个共同的语言来进行交流，那就是中文。我们也经常响应大使馆的号召，响应国侨办的号召，举办一些华文活动，国内有很多次举办面向海外华校老师的培训班，我们也都参加。我们派回国参加培训的老师反映，所有参加培训的老师都说他们华校的教学模式和我们的都不一样。现在我们差不多有20期毕业班级了，很多人都到华人社会和社区去工作。不过欧洲现在的新冠肺炎疫情非常严重，我和我爱人已经感染了新冠，现在正在住院。我现在身体还比较好，但是我爱人就很严重，前天刚刚从ICU出来，她出现了愈后不良。现在匈牙利疫情这么严重，我们学校也只是努力维持。今年3月这次的线上上课也才开展了2周，实际上也就只有10天左右吧，我爱人就感染了新冠肺炎，前几天她为了上好网课突然病情恶化了。这个事情也挺突然的，现在学校找不到一个核心的人物，所以学校也就是勉勉强强在运转，现在我们学校还有上课的。我们学校因为疫情关系，规模萎缩很大。匈牙利现在的疫情非常严重。春节的时候，大家还互相之间有联系和走动，那个时候疫情还不是那么严重，特别是华人社区，还是比较安全的。但是一到春节过后，可以说就是完全溃败。现在的华人社区，应该说是一片一片的全部倒下了，现在应该有一半的华人都已经感染了，我身边很多人都感染了。我有几个关系好的朋友，也都去世了。事情总会过去的，没有办法，我们还是要往前看。目前我们也没有回国的打算，而且现在因为疫情关系也回不去。（受访者：ZQB）

　　我们匈牙利HX文化艺术学校针对中国学生的教学采用的是周末制，针对匈牙利当地学生的教学是周一到周五。所以，如果你指面向华人的中文教学，就是周末制。周一到周五我们主要进行艺术课教学。周末中国学生上课，每个课程都不一样，我们有很多课程模块，各种各样课都有。中文课我们周末是上2天的，2个整天。匈牙利疫情也不稳定，这两天是第三次爆发期，比较严重。匈牙利不像其他国家，其他国家很多孩子回到中国去，他们可能一时间没有办法到当地的国内学校入学，肯定还是要到国外的中文学校继续网上学习。我们匈牙利的孩子很少回国，几乎都留在这里。匈牙利的孩子也很少会参加国内的一些线上学习，因为这里的公立学校还有培训机构一直有上课。匈牙利虽然有疫情，但是公立学校星期一到星期五每天都上课,没有停课,不像其他国家把学校关闭了。我们艺术团这一段时间一直都是线上线下教学同时进行的。看孩子情况,今天如果能过来,我们就线下;今天如果不过来,我们就在线上。这里的孩子星期一到星期五上学的内容还是以匈牙利当地公立学校为主的,接受匈牙利的义务教育,学中文主要还是业余的。他们觉得中国人还是要学习一些中国文化,但是跟其他国家,比方法国和意大利是没法比的。其他国家华人多,我们这边华人少。我们这边华人总共老老少少才5万人左右,法国他们那边都60多万人,别的国家华人华侨数量在我们数字后面要加个0都不止,再加上这里的小孩子本来就不多,所以说人数和规模都没办法比。我们平时的教学是以老外为主的,星期一到星期五,我们学校规模大一点也才两三百人,其他学校更少,不可能有很大的规模。
(受访者:CLL)

我们HX文化艺术学校原来是国务院侨办在2016年5月授牌的艺术团,因为国侨办要在国外选几个专业的团队成立HX艺术团,然后我们就成立了HX艺术团。如果我们只学艺术不办学的话,那么学生就要去别的学校学文化课,来我们学校学艺术。考虑到在国外的家长要么做生意,要么打工,可能没时间接送孩子,所以我们就创办了文化艺术学校。让孩子们可以在我们学校既可以学到文化课又可以学到艺术课。所以我们学校办了4年多,现在也在不断摸索和完善,所以国侨办也对我们挺关心的,包括省侨联,疫情期间给我们的学生提供口罩,所以现在来上课的学生每天都可以换好几个口罩。我们学校各方面的防护措施以及服务方面,其他学校是做不到的。我们成立了这个学校,家长把孩子送过来以后,会觉得孩子在这边受益,因为我们的服务、师资都是最好的,所以现在学生越来越多。经过和其他学校的对比,他们对我们的教学也很认可,所以只要是家里条件允许,家长都会把孩子送到我们学校。

我来到匈牙利也有几十年了,刚开始过来是为了创业,现在事业比较稳定了,我就开始做自己所喜欢的事情,所以我就创办了这个学校,花了很大一笔钱。但是想在教育事业上赚钱很难,我们学校收取的学费都花在了学生的身上,所以我们的学生也越来越多。现在疫情期间,我们学校防护措施是布达佩斯所有学校里做得最好的,而且学生们的点心、校服、书包、铅笔盒、文化用品都是我们学校送的。我们采取这些措施去吸引学生,所以跟别的学校的层次是不一样的,这也是为什么很多家长愿意把孩子送到我们学校,他们觉得我们学校师资好、服务好。因为我们学校的管理团队很重视这个事业,不是为了挣钱,纯粹因为自己喜欢这个行业。只有自己喜欢才会继续坚持,而不是为了钱。其他学校收费可能跟我们学校差不多,但是其他学校是租用匈牙利本地人的场地。匈牙利的学生周一到周五上课,周末休息,其他学校就临时去租用场地,如果一个月算四周的话,那么他们一个月就只用付8天的钱。我们学校是整层楼租过来自己出钱装修,艺术课教室根据艺术老师的要求装修,文化课教室根据文化课老师的要求装修。然后我们如果遇到没有课的情况,我们也要补交场地费用,所以我们没钱挣,但是人家有钱挣。我们学校为了方便家长上下班接孩子,租了商业区的一层楼,自己花钱装修。别的学校不舍得花钱装暖气空调,我们学校每个房间有2台空调、空气净化器、投影仪,我们要建设一个精品学校,要跟别的学校有区别。所以,原来我们HX艺术团是属于国侨办的,现在我们叫HX文化艺术学校,这也是得到了国内的支持。因为我们不是为了挣钱而创办,我们是为了服务好孩子,让孩子们从小懂得中国文化。我们为了传播中华文化而办学,跟别的学校为了挣钱而办学是不一样的,我们这样的办学层次别人很难做到。大使馆派人去每个学校考察,他们说华星艺术学校是布达佩斯最好的,因为其他学校是以挣钱为目的,而我们学校收取的学费除了给老师股份之外,剩下的部分都是花费在学生身上。我们的校服也是由深圳正规的校服工厂制作赠送给学生的,学生的书包、铅笔盒、热水杯、学习用品等等都是学校赠送的,所以我们的口碑是比较好的。我们团队的人也有一定经济基础,所以大家想一起把学校建设好。当然,没有人不想挣钱,但是目前需要把自己的学生稳定住,口碑建设好,一传十,十传百,等优秀的学生越来越多,将来就会赚钱,但是目前是没有考虑到赚钱的。主要问题是我们这边的华人太少了,所以目前看来没办法跟其他国家比,因为其他国家的学校一般都有1000多人,而我们可能几个学校加起来也只有1000多人。(受访者:SYW)

第二节 匈牙利华裔学生就读问卷发放

"国学咏流传"多语教学团队曾尝试与匈牙利华星文化艺术学校和匈牙利布达佩斯中文学校对接进行国学教学推广,但是由于匈牙利疫情管控政策,在疫情期间不完全采用线上教学,团队未能向两所办学机构开展推广,因此问卷《匈牙利华裔就读子女中文学习现状调查表》填写委托匈牙利布达佩斯光华中文学校张庆滨校长在该校的班级群通过问卷星在线发放填写。由于该校疫情期间感染新冠肺炎的华人比较多,特别是该校的两位校长也感染了,而且病情严重,在为期两周的问卷填写过程中,最终收回问卷34份。

参与本次问卷填写的华裔子女就读的匈牙利布达佩斯光华中文学校创建于1998年,是匈牙利当地办学最早的中文学校之一。建校初期,该校根据本地华侨新移民的文化素质较高、对母语教育重视和希望传承中华文化等特点,结合世界舞台向东方发展的趋势,该校的中文教学推行与国内接轨的方针,开设了和国内一致的语文、数学、历史等中小学课程,中文教材采用国内的教育部编写的《语文》课本。目前,该校招生对象主要为学前班、小学一至六年级及初中学生。

第三节 匈牙利华裔子女中文学习现状统计分析与讨论

研究共收回《匈牙利华裔就读子女中文学习现状调查表》有效问卷34份,通过SPSS24.0软件进行了各项问题的频数分布、相关性和交叉性分析,结合问卷结果和访谈内容展开匈牙利华裔子女中文学习现状的分析和讨论。

一、匈牙利华裔子女中文学习现状统计分析

(一)频数分析

1. 匈牙利华裔就读子女的年龄段

表7-1是匈牙利华裔就读子女的年龄段频数分布表。在调研的34位匈牙利华裔就读子女中,11—12岁的人数最多,有14人,占总人数的41.2%;15

岁以上的其次,有7人,占20.6%;接下来是13—15岁,有9人,占26.5%;7—8岁、9—10岁的分别有2人,分别占5.9%。此次调研各年龄层的华裔子女均有参与,11岁以上的参与人数较多,没有学龄前的华裔子女参与调研。

表7-1　　　匈牙利华裔就读子女的年龄段频数分布表

年龄段	频数	百分比	有效百分比	累计百分比
6岁以下	0	0	0	0
7—8岁	2	5.9	5.9	5.9
9—10岁	2	5.9	5.9	11.8
11—12岁	14	41.2	41.2	52.9
13—15岁	9	26.5	26.5	79.4
15岁以上	7	20.6	20.6	100.0
总计	34	100.0	100.0	

目前我们学校开设的班级包括学前班至初中,学生有几百人,我们年级划分也都是跟国内步调一致。学校从1998年建校以来,我们就采用国内同步教材,教授的科目有语文、数学、历史,还有英语等,我们都是跟国内同步上课,我们的师资情况在网站上都有相关信息。我们的学校跟其他学校不一样,是周末学校。星期六和星期天从上午9点钟上课,一直到下午3点钟放学,每天5节课。疫情期间上网课也是按照这个方式上,只少了1节课,所以年龄和年级分布还是比较平均的。(受访者:ZQB)

2. 匈牙利华裔就读子女的现居住地

表7-2是匈牙利华裔就读子女的现居住地频数分布表。居住地按照"祖(籍)国—住在国—周边国—其他国家"远近顺序排列(其中德国和意大利随机排列)。在调研的34位匈牙利华裔就读子女中,有27人在匈牙利,有3人在意大利,有2人在中国,分别有1人法国和德国。因此,参与本次调研的以现居住地在匈牙利的华裔子女为主,也有曾在匈牙利居住后迁往其他国家的子女。

表7-2　匈牙利华裔就读子女的现居住地频数分布表

现居住地	频 数	百分比	有效百分比	累计百分比
中　　国	2	5.9	5.9	20.6
匈 牙 利	27	79.4	79.4	85.3
德　　国	1	2.9	2.9	88.2
意 大 利	3	8.8	8.8	97.1
法　　国	1	2.9	2.9	100
总　　计	34	100.0	100.0	

我侄子其实早年也在匈牙利跟我一起创业，但是现在他跟其他人一起合伙前往意大利开餐馆了，他爸爸那边的亲戚有一些在意大利，他搬到意大利的时候把一家人都带过去了。（受访者：XYLJZ）

3. 匈牙利华裔就读子女日常交际使用的语言

表7-3是匈牙利华裔就读子女日常交际使用的语言频数分布表。选项按照"祖（籍）国语言—住在国语言—其他国家语言"的关联紧密度依次排列。在调研的34位匈牙利华裔就读子女中，有22人能进行中文和匈牙利语随意切换，占总人数的64.7%；有5人主要使用中文，占14.7%；有4人主要使用匈牙利语，占11.8%；还有3人选择了其他，因此，参与本次调研的匈牙利华裔子女能进行中文和匈牙利语随意切换的占比大，体现匈牙利华裔子女的文化融入性和未来国内适应性较好。

表7-3　匈牙利华裔就读子女日常交际使用的语言频数分布表

日常交际使用的语言	频 数	百分比	有效百分比	累计百分比
中文	5	14.7	14.7	14.7
中文和匈牙利语随意切换	22	64.7	64.7	79.4
匈牙利语	4	11.8	11.8	91.2
其他	3	8.8	8.8	100.0
总计	34	100.0	100.0	

匈牙利政府开了一所匈中双语学校，2004年之前是我帮着筹建的，因为大使馆委托我帮他们去筹建，双语就是指的匈牙利语和中文，他们学校就是用这两种语言授课。所以说国家举办的支教的活动，主要是在这个双语学校，其他的私立学校就没有条件，主要也是因为我们没有去主动争取。现在我们也在寻求自己的校舍，这几个月也在跟政府谈。如果学校能谈下来，有了自己的学校，我们也一定会需要国内支教老师的，这样可以更好地强化孩子的中文水平。（受访者：ZQB）

当地（华裔）孩子的家长比较重视当地的语言和英语。因为将来孩子长大了，他们会让孩子在国外发展，很少会送回国内。移民去法国、意大利的基本上是一些文化水平不高的侨一代，匈牙利的移民层次会高一点，原先第一代出国的人是为了生存，所以他们要求可能就不一样。而我们这一代出国就是为了教育，所以说这个思想上也是有区别的。（受访者：CLL）

他们认为英语是通用语言，所以我们也开设了英语课，从小学一年级就开始教学了。相比起来，这里的学生英语更好。因为我们公立学校学生同时学习当地语言和英语，周末上中文课，所以学生高中毕业后的英语水平能达到中国大学的水平，这可能也是匈牙利的学生不愿意回国发展的一个原因吧。（受访者：SYW）

4. 匈牙利华裔就读子女曾在中国居住的时间

表7-4是匈牙利华裔就读子女曾在中国居住的时间频数分布表。在调研的34位匈牙利华裔就读子女中，没在中国居住过和居住过3年以内的人数最多，分别有11人，各占总人数的32.4%；居住过7年以内和居住过5年以内的人数其次，分别有5人，各占14.7%；再次是居住过10年以内和10年以上的，分别有1人，各占2.9%。因此，此次调研的匈牙利华裔子女没在中国居住过和居住了3年以内的较多，整体上在中国居住的时间短。

表7-4　匈牙利华裔就读子女曾在中国居住的时间频数分布表

曾在中国居住的时间	频　数	百分比	有效百分比	累计百分比
没有居住过	11	32.4	32.4	32.4
3年以内	11	32.4	32.4	64.7
5年以内	5	14.7	14.7	79.4
7年以内	5	14.7	14.7	94.1
10年以内	1	2.9	2.9	97.1
10年以上	1	2.9	2.9	100.0
总计	34	100.0	100.0	

把孩子送过来的家长年龄大概从30多岁至50来岁都有。这些30多岁的家长他们1990年代出生，已经算是侨二代了，他们的孩子已经是侨三代。目前是侨三代很多，一户人家生5个孩子的也有。侨三代大致的比例应该有50%吧。十几年前出来的，现在结婚生子了，一个家庭生了三五个孩子的也很多，所以他们有的人肯定没有去过中国。（受访者：SYW）

5. 匈牙利华裔就读子女学习中文的时长

表7-5是匈牙利华裔就读子女学习中文的时长频数分布表。34位匈牙利华裔就读子女中，16人学习中文的时长在5年以上，占总人数的47.1%；12人学习时长在5年以内，占35.3%；学习时长3年以内和1年以内的各有3人，各占8.8%。因此参与本次调研的匈牙利华裔子女普遍学习中文的时长达到一定的年限，整体时间较长。

表7-5　匈牙利华裔就读子女学习中文的时长频数分布表

学习中文的时长	频　数	百分比	有效百分比	累计百分比
1年以内	3	8.8	8.8	8.8
3年以内	3	8.8	8.8	17.6
5年以内	12	35.3	35.3	52.9

续表

学习中文的时长	频　数	百分比	有效百分比	累计百分比
5年以上	16	47.1	47.1	100.0
总计	34	100.0	100.0	

　　我有两个孩子,他们初中的时候,我的事业在这边有了起色,生活也慢慢稳定了,就把她们转到匈牙利读书。他们在国内读了那么多年,所以他们的中文在这边肯定很好。(受访者:XYLJZ)

6. 匈牙利华裔就读子女认为中文学习的重要性

　　表7-6是匈牙利华裔就读子女认为中文学习的重要性频数分布表。在34位匈牙利华裔就读子女中,25人认为中文学习非常重要,占总人数的73.5%;各有3人认为中文学习重要或不太重要;各有2人和1人认为中文学习一般重要和不重要。因此,参与本次调研的匈牙利华裔子女重视中文学习的人数比较多,也有一些对中文重要性认同不高的人。

表7-6　匈牙利华裔就读子女认为中文学习的重要性频数分布表

认为中文学习的重要性	频　数	百分比	有效百分比	累计百分比
非常重要	25	73.5	73.5	73.5
重要	3	8.8	8.8	82.4
一般重要	2	5.9	5.9	88.2
不太重要	3	8.8	8.8	97.1
不重要	1	2.9	2.9	100.0
总计	34	100.0	100.0	

　　绝大部分学生家长,他们心里觉得作为一个中国人,不管入籍还是不入籍,他们都是中国人,不会母语不行。孩子们的眼光看不了那么长远。中文他们有的想学,但这不是硬性要求,所以有的人不学你也不能勉强。现在匈牙利有很多中文学校在竞争,所以说如果你提价,那别人就不来

了。再说有的人觉得不学中文,他也能活得好好的,所以个人见解不一样。我预计不管是中欧、东欧还是西欧,随着中国经济增长,对世界的影响力越来越大,中文会跟英语一样。将来会吸引更多人去中国,对中国文化感兴趣,但是我觉得这种想法的人,可能外国人占的比例会更多一些。(受访者:ZQB)

因为大家都是中国人,学一点中文是肯定的。但是说要把中文学得怎么好,我看不一定。今年因为疫情也有学生回国了。至于前景,华文教育肯定是有发展前途的,因为匈牙利现在很多外国人都来学习中文了,所以前景是很可观的,但是这反映的是对外汉语这一块。(受访者:CLL)

华侨子女学习中文,不是以将来的就业为目的,而是为了扩展自己的兴趣。他们有的人觉得只要能说中文,回国能认识字,可以写简单的请假条,可以写简单的见闻就可以了。在我们学校很多孩子的家长经常请假,因为他们只是把学习中文当成孩子的兴趣,而不是要求孩子必须学好中文。他们希望自己的孩子可以了解一下中国人的生活习惯,如果常年跟外国人待在一起,他们害怕自己的孩子将来找外国人做伴侣,完全抛弃了中国人的习惯。中国人孝顺父母,逢年过节会给父母买礼物,他们希望自己的孩子通过中文班可以跟中国人多接触,会说中文,了解中国的习俗。也有的家长觉得自己的孩子能看懂中文,会写简单的汉字就可以了。现在有这种想法的家长非常多,可以说有80%的家长都是这么想的。另外的20%,有些家长知识水平比较高,会希望他们孩子的中文水平好一点。但是也没有说以后要回国,因为在国外生活久了,再回国就不适应了,跟不上社会的形势了。(受访者:SYW)

7. 匈牙利华裔就读子女中文会"写"的词汇量

表7-7是匈牙利华裔就读子女中文会"写"的词汇量频数分布表。在参与调研的34位匈牙利华裔就读子女中,会"写"的词汇量达到国内小学五至六年级水平的有16人,占总人数的47.1%;有10人会"写"的词汇量达到2 500字以上,占29.4%;有5人会"写"的词汇量能达到国内小学三至四年级水平;会"写"的词汇量在400字以内和800字以内的分别为1人和2人。因此,参与本次调研的匈牙利华裔子女中文会"写"的水平不高,书写能力不强。

表7-7　匈牙利华裔就读子女中文会"写"的词汇量频数分布表

中文会"写"的词汇量	频　数	百分比	有效百分比	累计百分比
400字以内（YCT口语中级标准）	1	2.9	2.9	2.9
800字以内（中国小学一至二年级水平）	2	5.9	5.9	8.8
1 600字以内（中国小学三至四年级水平）	5	14.7	14.7	23.5
2 500字以内（中国小学五至六年级水平）	16	47.1	47.1	70.6
2 500字以上	10	29.4	29.4	100.0
总计	34	100.0	100.0	

　　家长把孩子送到这里学中文,没有要求孩子要学到什么(程度),也没有要求一定要考上清华北大,他们觉得孩子能写作文、看报纸、能翻译就可以了。他们没有要求孩子学得(水平)跟国内孩子一样。(受访者：CLL)

　　很多家长认为孩子肯定要融入当地的风俗,必须要学习当地的语言,孩子们学了当地的语言可以给家长当翻译,他们怕自己的孩子无法把当地语言翻译成中文。所以家长觉得中文能过得去就行了,没有像国内一样必须要学会写中文词。(受访者：SYW)

8. 匈牙利华裔就读子女中文会"读"的词汇量

表7-8是匈牙利华裔就读子女中文会"读"的词汇量频数分布表。在参与调研的34位匈牙利华裔就读子女中,会"读"的词汇量在3 000字以上的有17人,占总人数的50%；有11人会"读"的词汇量能达到国内小学五至六年级水平,占32.4%；有5人会"读"的词汇量能达到国内小学一至二年级水平；会"读"的词汇量达到国内三至四年级水平的有1人。因此,参与本次调研的匈牙利华裔子女中文会"读"的水平比会"写"的水平高。

表7-8　匈牙利华裔就读子女中文会"读"的词汇量频数分布表

中文会"读"的词汇量	频　数	百分比	有效百分比	累计百分比
400字以内（YCT口语中级标准）	0	0	0	0
1600字以内（中国小学一至二年级水平）	5	14.7	14.7	14.7
2500字以内（中国小学三至四年级水平）	1	2.9	2.9	17.6
3000字以内（中国小学五至六年级水平）	11	32.4	32.4	50.0
3000字以上	17	50.0	50.0	100.0
总计	34	100.0	100.0	

相比起来，我们这边的学生水平要差一点。虽然我们用的教材和国内义务教育所用的《语文》教材同步，但是在很多方面毕竟还是有差别。匈牙利这边是利用2天的时间上课，而中国是利用5天的时间上课，时间方面就有差别。然后匈牙利这边教学的目的是培养孩子可以看得懂中文，能写中文；但是国内因为是实行义务教育，就像我们上匈牙利的学校一样，是必须要拿到文凭的，在这一点上有区别。但是HX文化艺术学校的学生总体都是比较优秀、水平比较高的，录取学生我们有面试的，我们对招收的学生都是有要求的，一般的学生不一定能被录取。（受访者：SYW）

9. 匈牙利华裔就读子女中文能力各项能力分析

表7-9是匈牙利华裔就读子女中文能力各项能力分析频数分布表。在参与调研的34位匈牙利华裔就读子女中，实际问卷统计涉及25份问卷，其中听的能力好的有22人，占31.9%；说、读的能力好的各有17人，各占24.6%；有13人写的能力好，占18.8%。因此，参与本次调研的匈牙利华裔子女中文听、说和读的能力相对好，写的能力相对较差，还有9人听说读写能力均不好。

表7-9　匈牙利华裔就读子女中文能力各项能力分析频数分布表

中文哪一项能力好(多选)	个案数	百分比	累计百分比
听	22	31.9	88.0
说	17	24.6	68.0
读	17	24.6	68.0
写	13	18.8	52.0
总计	69	100.0	276.0

注：使用了值1对二分组进行制表。本题采用SPSS统计软件的"多项响应"功能，其中有9人填写"都不太好"，在输入选项答案(0,1)的时候，系统默认0为否，因此，实际统计的是问卷中有做选择的25份问卷的结果。

有80%~90%家长跟我们说过要减轻孩子的学习负担。因为国内学校的老师布置很多作业，我们这里作业多，家长是有意见的。我们星期六上课，几乎没有作业，到星期天才给他们布置作业，但是一般也不会很多，因为很多家长说作业他们无法辅导，希望孩子在学校写好。另外，孩子们经常会请假，比如天太冷就不起床了，家长就不愿意送了。家长觉得孩子不用学到国内那么好，能写书信、看懂电视、看懂报纸就可以了。(受访者：SYW)

10. 匈牙利华裔就读子女学习中文的目的

表7-10是匈牙利华裔就读子女学习中文的目的频数分布表。34位参与调研的匈牙利华裔就读子女中，为了增强自己的多语言能力，有18人，占52.9%；为了更好地了解中国文化，有13人，占38.2%；为了今后回国就学就业，有12人，占35.3%；为了与家人语言沟通更便利，有10人，占29.4%；为了增强自己的民族认同感，有8人，占23.5%；另外有2人选择了"其他"。因此，参与本次调研的匈牙利华裔子女把增强语言能力放在学习中文目的的首位，为了增强自己的多语言能力和了解中国文化的其次，而为增强自己的民族认同感的人数相对较少。

表7-10　　匈牙利华裔就读子女学习中文的目的频数分布表

学习中文的目的(多选)	个案数	百分比	累计百分比
为了增强自己的多语言能力	18	28.6	52.9
为了与家人语言沟通更便利	10	15.9	29.4
为了今后回国就学就业	12	19.0	35.3
为了更好地了解中国文化	13	20.6	38.2
为了增强自己的民族认同感	8	12.7	23.5
其他	2	3.2	5.9
总计	63	100.0	185.3

现在长期在海外跟家人一起生活的华人,想回国发展的人不多。但是海外华文教育推广的效应加上社会的需求,我预计在未来的这些年当中,想要回国上大学的人会增加。(受访者:ZQB)

我觉得这些孩子回去读大学的概率是很小的。在这里的孩子他们会选择德国、美国、澳大利亚这些其他国家去读大学。因为如果他们中文是在国外学的,他们的水平无法跟国内的人相比,所以他不太会选择回国内读大学。大学毕业之后回国工作也不太可能,在国外待久的孩子回国也不适应。因为在国外的孩子比较单纯。国内有些新移民的孩子跟在这里出生的孩子也不一样,在这里出生的孩子,他们受到的教育非常直接单纯,所以在国外长大的孩子回到国内很难融进去,除非先吃几年的亏。很多家长也不愿意让他们的孩子回国。国内职场人际关系比较复杂,包括现在有些老师,觉得在中国工作压力太大就选择出国。(受访者:CLL)

像我自己的孩子,他读了研究生,又读了博士,还是适应在国外生活,因为国内的竞争压力太大了。现在国内花的费用并没有比国外便宜,国内的费用也高。特别是他们毕业了,去北京、上海这些大城市发展,这些地方费用开销很大。据我所知,现在很少有年轻人想回国发展。他们说去好的国家,如果是人才的话,工资也很高,一年发13个月的工资,并且周末可以休息。但是国内就不是了,如果他们要享受这么高的工资,一天要干多得多。所以现在孩子也吃不了很大的苦,包括我自己的孩子也一样,他读的是电脑编程,华为好几次让他去工作,他都拒绝了,因为太辛苦了。当地的人都说:华为派中国人来这边工作,这边没有亲戚和朋友,只能一心一意工作。他们在国内一年的收入有六七十万元人民币,但在国外大家都觉得他们很辛苦。(受访者:SYW)

11. 匈牙利华裔就读子女希望学习中文的教学形式

表7-11是匈牙利华裔就读子女希望学习中文的教学形式频数分布表。34位参与调研的匈牙利华裔就读子女中,希望认更多的字,有27人,占79.4%;希望进行知识拓展,有20人,占58.8%;希望学习课文朗读和分析,有14人,占17.7%;希望学习汉字书写,有9人,占11.4%;希望创作分享,有7人,占8.9%;另外有2人选择了"其他"。因此,参与本次调研的匈牙利华裔子女希望加强汉字的认读和知识拓展的比较多,对于汉字的书写和产出型的创作分享的中文教学形式需求较偏低。

表7-11 匈牙利华裔就读子女希望学习中文的教学形式频数分布表

希望学习中文的教学形式(多选)	个案数	百分比	累计百分比
认更多的字	27	34.2	79.4
知识拓展	20	25.3	58.8
汉字书写	9	11.4	26.5
课文朗读和分析	14	17.7	41.2
创作分享	7	8.9	20.6
其他	2	2.5	5.9
总计	79	100.0	232.4

他们觉得还是认字最重要吧,我们上课也基本上以教汉字认读为主,因为孩子回去最直观的能体现自己中文水平提高的方式就是认字能力好,特别是看新闻、看报纸的时候,你认识的字越多越好。(受访者:CLL)

12. 匈牙利华裔就读子女希望学习中文的教学内容

表7-12是匈牙利华裔就读子女希望学习中文的教学内容频数分布表。

34位参与调研的匈牙利华裔就读子女中,希望学习软硬笔书法,有20人,占58.8%;希望学习诗词歌赋,有18人,占52.9%;希望学习器乐,有15人,占14.4%;希望学习英语,有13人,占38.2%;希望学习武术和名著赏析,分别有11人;希望学习手工和民间舞蹈,分别有9人和5人;另外有2人选择了"其他"。由此可见,参与本次调研的匈牙利华裔子女希望学习的内容与中国传统文化的相关性较高,注重文化素养的培养,对舞蹈和手工等技能学习需求较少。

表7-12 匈牙利华裔就读子女希望学习中文的教学内容频数分布表

希望学习中文的教学内容(多选)	个案数	百分比	累计百分比
诗词歌赋	18	17.3	52.9
名著欣赏	11	10.6	32.4
武术	11	10.6	32.4
民间舞蹈	5	4.8	14.7
英语教学	13	12.5	38.2
软硬笔书法	20	19.2	58.8
器乐	15	14.4	44.1
手工	9	8.7	26.5
其他	2	7.7	5.9
总计	104	100.0	305.9

我们的中文学校也有家长要求开设其他语言课程的,有家长要求孩子学习英语。我们目前没有开设英语,因为英语不是我们的特长,勉强开了教学效果也不一定好,所以我们的原则就是不拿自己的短处和别人的长处相比,比如我们也教授当地语言匈牙利语,但是教得再好也无法与当地公立学校相比。所以我们不管别人怎么做,先做好自己,就是把中文教好,争取在中文这个科目上取得优势。(受访者:ZQB)

在国内,如果其他孩子去学了很多才艺,自己家孩子不学,那么互相之间就会攀比。但是在国外就没有这样的情况,所以家长还是适应国外的情况,让他们的孩子根据自己的特长自由发挥,所以对才艺之类的需求

不是特别高。(受访者：SYW)

13. 匈牙利华裔就读子女的国籍状况

表7-13是匈牙利华裔就读子女的国籍状况频数分布表。选项按照与中国的地缘和血缘关系的紧密度依次排列。34位参与调研的匈牙利华裔就读子女中，中国国籍有外国居留，有23人，占总人数的67.6%；外国国籍父母一方中国人，有5人，占14.7%；中国国籍父母双方中国人，有4人，占11.8%；外国国籍父母双方外国人和中国国籍无外国居留，各有1人。由此可见，参与本次调研的匈牙利华裔子女保留中国国籍的占多数，加入外国国籍的相对较少。

表7-13　匈牙利华裔就读子女的国籍状况频数分布表

国籍状况	频数	百分比	有效百分比	累计百分比
中国国籍无外国居留	1	2.9	2.9	2.9
中国国籍有外国居留	23	67.6	67.6	70.6
外国国籍父母双方中国人	4	11.8	11.8	82.4
外国国籍父母一方外国人	5	14.7	14.7	97.1
外国国籍父母双方外国人	1	2.9	2.9	100.0
总计	34	100.0	100.0	

其实我们观察下来，这几年入外籍的孩子越来越多，所以中文学校在海外的生存也比较难。孩子高中毕业之后，他们会面临很多选择：大多数孩子会选择当地的大学；有的孩子选择去美国、英国、法国、德国的大学；但是也有一部分孩子觉得自己中文的基础还不错，就会选择回中国读大学，我们学校已经有几十个孩子回中国读书的，比如北京大学、清华大学、人民大学、浙江大学、黑龙江中医药大学。我们有很多孩子在这些国内大学就读，每年都会有几个，不是太多，但是都会有几个。我觉得这是一种趋势，因为国内有政策，对海外华人华侨子女有照顾。所以他们会有这个选择，将来可能还会有更多的外国孩子去中国读大学。如果他们要去中国读大学，必须要学习中文，要学大学的一些预科课程，比如说高三的时候可以提前开设一些预科课程。(受访者：ZQB)

在匈牙利,大部分的华侨的子女都保留了原来的中国国籍。但是目前匈牙利的孩子回国还是不太多,因为现在很多家长说国内的孩子读书压力太大了,他们不希望孩子读书压力大,好多孩子还要学这里当地的语言。另外,在当地学校学生是很自由的,不像中国的学生读书很辛苦,所以在国外的孩子回国跟不上强度。曾经也有家长把孩子送到国内去,但是只过了一年就把孩子接回来,所以在匈牙利的孩子回国概率是很小的。别的国家呢,比如法国、意大利,他们会不会把孩子送回国我不是特别了解。可能主要看国内有没有人看管,如果一个家族都出国了,孩子回国没有人看管,他们的父母年纪也大了。而且国内上课压力很大,每天都要送去培训班上课。(受访者:SYW)

我的两个孩子算是侨二代,在匈牙利都有身份。我当初拿普通公务护照出来,后来到了这里有了身份,孩子由于是在中国出生,我给他们也办理了匈牙利的身份,这样他们以后要去欧洲和美国读书会更方便。(受访者:XYLJZ)

14. 匈牙利华裔就读子女的出生地

表7-14是匈牙利华裔就读子女的出生地频数分布表。34位参与调研的匈牙利华裔就读子女中,在匈牙利出生,有24人,占总人数的70.6%;在中国出生,有5人,占26.5%;在其他国家出生,有1人,占2.9%。由此可见,参与本次调研的匈牙利华裔子女大多数是在匈牙利出生的。

表7-14　　匈牙利华裔就读子女的出生地频数分布表

出生地	频数	百分比	有效百分比	累计百分比
中　国	9	26.5	26.5	26.5
匈牙利	24	70.6	70.6	97.1
其　他	1	2.9	2.9	100.0
总　计	34	100.0	100.0	

15. 匈牙利华裔就读子女在匈牙利的课外辅导中文学校的年级

表7-15是匈牙利华裔就读子女的课外辅导中文学校的年级频数分

布表。34位参与调研的匈牙利华裔就读子女中,在中文学校上5年级,有18人,占总人数的52.9%;在中文学校上初三,有6人,占17.6%;幼儿园、一年级、二年级、三年级、初一和其他年级均有个别分布。由此可见,参与本次调研的匈牙利华裔子女大多数是在课外辅导中文学校上五年级的学生。

表7-15 匈牙利华裔就读子女的课外辅导中文学校的年级频数分布表

年级	频数	百分比	有效百分比	累计百分比
幼儿园阶段	1	2.9	2.9	2.9
中文学校一年级	2	5.9	5.9	8.8
中文学校二年级	1	2.9	2.9	11.8
中文学校三年级	2	5.9	5.9	17.6
中文学校四年级	0	0	0	0
中文学校五年级	18	52.9	52.9	70.6
中文学校六年级	0	0	0	0
中文学校初一	2	5.9	5.9	76.5
中文学校初二	0	0	0	0
中文学校初三	6	17.6	17.6	94.1
其他	2	5.9	5.9	100.0
总计	34	100.0	100.0	

16. 匈牙利华裔就读子女学习中文的主要途径

表7-16是匈牙利华裔就读子女学习中文的主要途径频数分布表。34位参与调研的匈牙利华裔就读子女中,跟着当地中文培训机构线上或线下学习中文,有13人,占总人数的38.2%;在就读的公立或私立中小学开设的中文课上学习中文,有11人,占32.4%;跟玩伴一起学中文,有7人,占20.6%;另外还有2人和1人是通过其他途径的网课学习中文或跟家里人学习中文。由此可见,参与本次调研的匈牙利华裔子女大多数是在当地培训机构学习中文,跟家里人或玩伴学习的较少。

表 7-16　匈牙利华裔就读子女学习中文的主要途径频数分布表

学习中文的主要途径	频数	百分比	有效百分比	累计百分比
跟家里人学习	1	2.9	2.9	2.9
跟当地中文培训机构线上或线下学习	13	38.2	38.2	41.1
跟玩伴一起学	7	20.6	20.6	61.8
通过其他途径的网课学习	2	5.9	5.9	67.6
就读的公立或私立中小学有开设中文课	11	32.4	32.4	100.0
总计	34	100.0	100.0	

（二）交叉表分析

1. 匈牙利华裔就读子女日常交际使用语言与曾在中国居住时间的交叉表

表 7-17 是匈牙利华裔就读子女日常交际使用的语言与曾在中国居住的时间的交叉表。由此表可以看出，34 位参与本次调研的匈牙利华裔子女，没有在中国居住过的子女中，10 人能进行中文和匈牙利语的随意切换，总体看前三类语言状况有人数差异。

表 7-17　匈牙利华裔就读子女日常交际使用的语言与曾在中国居住时间的交叉表

		曾在中国居住的时间						总计（人数）
		没有居住过	3年以内	5年以内	7年以内	10年以内	10年以上	
日常交际使用的语言	中文	0	2	3	0	0	0	5
	中文和匈牙利语随意切换	10	7	2	2	0	1	22
	匈牙利语	0	1	0	2	1	0	4
	其他	1	1	0	1	0	0	3
总计（人数）		11	11	5	5	1	1	34

由此可见，没有在中国居住过的匈牙利华侨就读子女，基本都能进行中文

和匈牙利语随意切换。

2. 匈牙利华裔就读子女日常交际使用语言与学习中文的时长的交叉表

表7-18是匈牙利华裔就读子女的日常交际使用的语言与学习中文的时长的交叉表。由表格可以看出,34位参与本次调研的匈牙利华裔子女中,日常交际语言能够中文和匈牙利语随意切换且中文学习时间在5年以上的人数最多,有14人;日常交际语言能够中文和匈牙利语随意切换且中文学习时间在5年内者有4人,其他项均存在一定的交叉。

表7-18　匈牙利华裔就读子女的日常交际使用的语言与学习中文的时长的交叉表

		学习中文的时长				总计（人数）
		1年以内	3年以内	5年以内	5年以上	
日常交际使用的语言	中文	0	0	3	2	5
	中文和匈牙利语随意切换	2	2	4	14	22
	匈牙利语	0	1	3	0	4
	其他	1	0	2	0	3
总计（人数）		3	3	12	16	34

由此可以看出,匈牙利华裔就读子女能够进行中文和匈牙利语随意切换的,中文学习时间相对于其他类别普遍较长。

3. 匈牙利华裔就读子女的年龄段与国籍状况的交叉表

表7-19是匈牙利华裔就读子女的年龄段与国籍状况的交叉表。由表格可以看出,34位参与本次调研的匈牙利华裔子女中,11—12岁、持有中国国籍和外国居留的人最多,有10人;中国国籍有外国居留的主要集中在9—15岁;其他项均存在一定的交叉。

由此可见,匈牙利华侨就读子女各年龄段的国籍状况大多数以中国国籍有外国居留为主,加入外国国籍的年龄分布较为分散。

表 7-19　匈牙利华裔就读子女的年龄段与国籍状况的交叉表

		国籍状况					总计（人数）
		中国国籍无外国居留	中国国籍有外国居留	外国国籍父母双方为中国人	外国国籍父母一方为外国人	外国国籍父母双方为外国人	
年龄段	6岁以下	0	0	0	0	0	0
	7—8岁	0	0	1	1	0	2
	9—10岁	0	2	0	0	0	2
	11—12岁	0	10	3	0	1	14
	13—15岁	0	8	0	1	0	9
	15岁以上	1	3	0	3	0	7
总计（人数）		1	23	4	5	1	34

4. 匈牙利华裔就读子女的年龄段与认为中文学习的重要性的交叉表

表 7-20 是匈牙利华裔就读子女的年龄段与认为中文学习的重要性的交叉表。由表格可以看出，34 位参与本次调研的匈牙利华裔子女中，11—12 岁、认为中文学习非常重要的人最多，有 11 人；13—15 岁、认为中文学习非常重要的，有 8 人；15 岁以上认为中文学习非常重要的，有 3 人；认为学习中文比较重要的主要集中在 11—12 岁；其他项均存在一定的交叉。

表 7-20　匈牙利华裔就读子女的年龄段与认为中文学习的重要性的交叉表

		认为中文学习的重要性					总计（人数）
		非常重要	重要	一般重要	不太重要	不重要	
年龄段	6岁以下	0	0	0	0	0	0
	7—8岁	1	0	1	0	0	2
	9—10岁	2	0	0	0	0	2
	11—12岁	11	2	0	1	0	14
	13—15岁	8	1	0	0	0	9
	15岁以上	3	0	1	2	1	7
总计（人数）		25	3	2	3	1	34

由此可见,匈牙利华裔就读子女各年龄层对中文学习重要性的认识普遍较高,但是15岁以上的子女对中文学习重要性的认识较低。

5. 匈牙利华裔就读子女的出生地和国籍状况的交叉表

表7-21是匈牙利华裔就读子女的出生地和国籍状况的交叉表。由表格可以看出,34位参与本次调研的匈牙利华裔子女中,在匈牙利出生且是中国国籍有外国居留的最多,有18人;其次是在中国出生,持有中国国籍和外国居留,有5人;其他项均存在一定的交叉。

表7-21　匈牙利华裔就读子女的出生地和国籍状况的交叉表

		国籍状况					总计(人数)
		中国国籍无外国居留	中国国籍有外国居留	外国国籍父母双方为中国人	外国国籍父母一方为外国人	外国国籍父母双方为外国人	
出生地	中国	0	5	3	0	1	9
	匈牙利	1	18	1	4	0	24
	其他	0	0	0	1	0	1
总计(人数)		1	23	4	5	1	34

由此可见,匈牙利华裔就读子女中无论是在匈牙利出生还是在中国出生都更倾向于持中国国籍。

6. 就读子女的出生地和认为中文学习的重要性的交叉表

表7-22是匈牙利华裔就读子女的出生地和认为中文学习的重要性的交叉表。由表格可以看出,34位参与本次调研的匈牙利华裔子女中,在匈牙利出生且认为中文学习非常重要的人最多,有17人;其次是在中国出生且认为学习中文非常重要,有5人;其他项均存在一定的交叉。

表7-22　就读子女的出生地和认为中文学习的重要性的交叉表

		认为中文学习的重要性					总计(人数)
		非常重要	重要	一般重要	不太重要	不重要	
出生地	匈牙利	17	3	2	1	1	24
	中国	8	0	0	1	0	9
	其他	0	0	0	1	0	1
总计(人数)		25	3	2	3	1	34

由此可见,在匈牙利出生的匈牙利华裔就读子女比在中国出生的对学习中文的重要性认识偏低。

(三) 相关分析

表 7-23 是《匈牙利华裔就读子女中文学习现状调查表》的肯德尔 tau-b 相关矩阵。由此表可以看出,匈牙利华裔就读子女的年龄段与学习中文的时长存在相关($p<0.05$),认为中文学习的重要性与中文会"读"的词汇量、国籍状况存在相关($p<0.05$)。该结果显示,匈牙利华裔就读子女是调研的 7 个欧洲国家中各项构成相关性数量最少的华裔子女群体。

表 7-23 《匈牙利华裔就读子女中文学习现状调查表》各项的肯德尔 tau-b 相关矩阵

	年龄段	是否在中国居住过	学习中文的时长	认为中文学习的重要性	中文会"写"的词汇量	中文会"读"的词汇量	国籍状况
年龄段[a]	1.000	−0.189	0.300*	0.195	0.231	0.055	−0.064
是否在中国居住过[b]	−0.189	1.000	−0.206	−0.020	−0.211	0.209	0.032
学习中文的时长	0.300*	−0.206	1.000	−0.062	0.252	0.280	0.013
认为中文学习的重要性	0.195	−0.020	−0.062	1.000	−0.157	−0.456**	0.401*
中文会"写"的词汇量	0.231	−0.211	0.252	−0.157	1.000	0.016	−0.286
中文会"读"的词汇量	0.055	0.209	0.280	−0.456**	0.016	1.000	−0.204
国籍状况[c]	−0.064	0.032	0.013	0.401*	−0.286	−0.204	1.000

注:** 表示 $p<0.01$;* 表示 $p<0.05$。

[a] 原问卷调查中将匈牙利华裔就读子女年龄段分为 6 岁以下、7—8 岁、9—10 岁、11—12 岁、13—15 岁以及 15 岁以上。由于本次调研 6 岁以下的子女数为 0,因此在相关性研究中分别将 7—8 岁、9—10 岁、11—12 岁、13—15 岁和 15 岁以上设置为变量 1、2、3、4、5。

[b] 原问卷调查中将匈牙利华裔就读子女在中国居住过的年限分为没有居住过、3 年以内、5 年以内、7 年以内、10 年以内和 10 年以上。在本表中,按照二分变量进行统计,因此没有在中国居住过的设置为变量 1,将有居住过不论年限均设置为变量 2,以此来探讨相关性。

[c] 原问卷调查中将匈牙利华裔就读子女的国籍状况分为中国国籍无外国居留、中国国籍有外国居留、外国国籍父母双方为中国人、外国国籍父母一方为中国人、外国国籍父母双方为外国人。在本表中,按照二分变量进行统计,因此将中国国籍均设置为变量 1,将有外国国籍均设置为变量 2,以此来探讨相关性。

具体来说,匈牙利就读子女的年龄段与学习中文的时长相关系数为0.300,呈显著正相关($p=0.47<0.05$)。匈牙利华裔就读子女认为中文学习的重要性与中文会"读"的词汇量相关系数为-0.456,呈显著负相关($p=0.004<0.01$);认为中文学习的重要性与国籍状况相关系数为0.401,呈显著正相关($p=0.016<0.05$)。其他各项均不存在相关性($p>0.01$)。因此,匈牙利华裔子女中文会"写"的词汇量与其他各项均不相关,而中文会"读"的词汇量仅与认为中文的重要性相关。尤其值得注意的是,匈牙利华裔就读子女认为中文学习的重要性与是否是中国国籍和中文会"读"的词汇量相关。

二、匈牙利华裔子女中文学习现状讨论

(一) 新移民群体文化水平高对中文学习的促进

匈牙利的华侨华人迎来了1980年代后期的移民潮,1992年前后新到的一批华侨华人均以公派性质前往匈牙利。这一批人本身文化水平比较高,公司外派人员遇到语言困难有公司聘请的翻译协助,因此适应期的生活上语言没有造成很大的困难。到1997年左右,当地的华侨华人已经具有一定的规模,也促进了匈牙利布达佩斯光华中文学校于1998年得以创建。除了当时公派的老一批华侨外,还有一些在匈牙利就读的大学生,在当地形成了比较好的中文学习的氛围,所以侨一代对中文学习比较重视,对侨二代产生了良性促进。但是经过20多年的变化,匈牙利侨二代、侨三代对中文的学习情况和重视程度产生了一定的差异。一是经济上,一部分人把匈牙利当作自己前往欧洲其他国家发展的跳板,所以在问卷统计中,孩子现在的居住国有一部分是欧洲的其他国家,比如德国、法国和意大利等。二是教育上,匈牙利第一批公派出国的华侨华人普遍水平和经济状况比较好。意大利和法国等的华侨华人早期多以求生存为主,所以前期需要一些打拼和积累;而匈牙利的华侨华人以公派的形式出国,在匈牙利当地业务有专人对接,在生活上和经济上不存在较大的困难,同时由于他们受教育的层次比较高,因此早期更倾向于子女到欧美国家高校就读。目前,匈牙利的华侨华人总数相对法国、意大利和西班牙等国规模小,大约5万人左右,因此他们中文学习的自然环境有一定的影响。

我孩子因为出国的时间晚,跟周围的同龄人相比,中文算好的,所以

周围的华人子女如果想练习中文,经常会过来找我的孩子一起玩。但是孩子大了之后,他们想法也不一样了,大家往来也就变少了,我想那些孩子没有语言环境,中文也肯定难以提高。(受访者:XYLJZ)

(二) 多语言环境对中文学习的挤压

匈牙利当地的公立小学在小学阶段推行匈牙利语和英语的双语教育,因此华裔子女的匈牙利语和英语水平普遍较好。中文作为第三种语言,一些学生以兴趣发展为主,跟国内的中文水平衔接有一定的差距,这也在一定程度上阻碍了他们回国继续就学的意愿。问卷结果显示,华裔子女中文读写水平与年龄段不完全对应,水平普遍偏低。但是相对而言,写的水平略高。有1/3的匈牙利华裔子女学习中文的目的是为了今后回国和就业就学,其中大部分的人更加倾向于留在匈牙利本国以及欧美国家。同时,在有些匈牙利家庭教育中,对于孩子进入高等学校的要求不高,没有把名校列入孩子将来深造的规划,因此对子女的中文学习的重要性认识产生了一定影响。

国内和国外的要求不一样,这很正常。在海外学中文是一种业余爱好,他不是必须学的,但在国内不行。在国内,中文水平是和将来职业的升迁联系在一起的。在海外,学习中文不是硬性要求,海外学中文是开发兴趣爱好。(受访者:SYW)

(三) 拓展高层次中文教学内容

面向匈牙利华裔子女的中文教学资源应该更多考虑年龄和层次上的分布。目前,国内在线教育以及海外华校的中文教育以中小学生为主,中高层次的中文学习资源匮乏,不能满足高层次学习者的需求。因此,进行高年级教学资源的开发,提高中文水平,为回国就学就业提供一定的前期铺垫和基础,不至于在高层次知识出现断层,是华文教育需要解决的一个问题。通过带动高层次的中文学习需求,以点带面,扩大中文在高年龄段华裔子女的接受度和影响范围。特别是今后中国与匈牙利经济往来频繁,学习中文必将提供更好的发展前景。如何开发一些高端的、面向即将进入大学阶段的高中线上和线下课程,是目前海外中文学校的一个工作重点。

说实话，疫情期间国内开展的一系列面向海外华校的在线课程，我最关心的还是老师们的教学收入是否会受很大的影响。我不否认国内教学质量好，但是国内教学质量好，和海外华文教育存在一种差异，这种差异国内教师是避免不了的。我觉得国内的中文课程，尤其是线上的中文课程，孩子们可以自由选择，没事儿就上网看一看。如果你们自己在国内开展线上课程，可以公开发到网上。现在网络很发达，国内创建公众号，就可以让海外的学生家长自由选择观看，这没有问题。但是，线上的中文课程毕竟要和海外的中文教育竞争，这是一个现实问题。其实我觉得这些在线课程应该多样化一下，考虑一下多年龄层的需求，目前国内涌向国外的课程大部分都是比较简单的，主要是针对海外的小孩的线上学习中文的资源。我觉得中文学习的资源，可以发挥国内的优势，开发一些高端的在线课程。（受访者：ZQB)

第四节 总 结

本章对匈牙利华裔子女的中文学习现状进行了研究和分析，具体包括华裔子女的出生地、年龄、国籍、就读年级、现居住国、在中国居住时间、中文的"读"和"写"水平状况、中文教学的形式和内容、学习中文的目的、认为中文学习的重要性等问题，其结果通过 SPSS 软件进行了各项问题的频数分布、相关性和交叉性分析。匈牙利华裔子女对中文的重要性认识相对较低，中文水平与国内同龄人相比相对较低，但比西欧国家稍高，这与匈牙利华裔移民文化水平高和采用周末双日全日制中文教学相关。后疫情时代，匈牙利华裔子女的高层次课程开发和资源对接等问题值得关注。

因为本书问卷发放对接的匈牙利布达佩斯光华学校校长夫妻的身体状况，因此问卷收集的份数相对较少。匈牙利的侨一代父母的公派出国移民身份特殊性，是影响相关性结果的重要因素。

第八章 罗马尼亚

本章探讨罗马尼亚华裔子女中文学习现状,共分为4个小节。第一小节探讨罗马尼亚中文学校发展的情况,包括罗马尼亚的中国移民简介、华裔子女对中文学习的需求、中文学校大致办学历程等。第二小节主要介绍如何开展《罗马尼亚华裔就读子女中文学习现状调查表》问卷调查。第三节是罗马尼亚华裔子女中文学习现状调查的统计分析与讨论,分析包括问卷设计的各项问题的频数表和罗马尼亚华裔子女的年龄与在中国居住时间、中文学习时间、认为中文学习的重要性和国籍状况等的交叉表,重点探讨罗马尼亚华裔子女的年龄与中文读写水平以及与认为中文学习重要性的相关性,讨论部分包括罗马尼亚华裔就读子女的中文学习现状,以及罗马尼亚社会、家庭、罗马尼亚华校和国内华文工作开展等层面的一些建议和思考。第四节是对本章内容的总结。在罗马尼亚华裔子女中文学习现状调查问卷收集期间,笔者联系了罗马尼亚某教会中文学校教学主管陈某[①](以下简称CB)以及一位罗马尼亚华裔子女家长(以下简称LMNYJZ)进行了深度访谈,选取访谈相关的内容对频数统计表的结果进行说明。

第一节 罗马尼亚中文学校发展情况

1988年10月,由于罗马尼亚的近邻匈牙利与中国签订了《中匈互免签证

[①] 此处为尊重受访者意愿,将学校名称和受访者姓名隐去。受访者认为该校因为办学规模小、生源较少以及办学资质等问题,称之为"中文学校"不够准确。为了研究的一致性,本章节统一称为"中文学校"。

协议》,引发 1989 年下半年起中国大陆涌现一股奔向罗马尼亚的出国热。1990 年代初最早落户罗马尼亚的中国新移民,大多是从俄罗斯或匈牙利转道而入。根据 2013 年年初的统计,全罗马尼亚有正式居留的中国新移民大约 4 000 人,加上短期停留及尚未办理身份的总计约 6 000 人。[①] 目前,在罗马尼亚的华侨华人人数不稳定,由于贸易往来频繁,少的时候约有七八千人,多的时候达近 1 万人(华为公司的员工未计算在内)。

罗马尼亚的华文教育未形成规模,中文辅导教学机构也未规范化,这与当地华侨华人对罗马尼亚的定位紧密相关。在他们看来,罗马尼亚是其谋生的场所,在商业活动中获得利润是他们身在罗马尼亚的主要目标。因此,子女的教育与在罗马尼亚经商,两者互相并不构成充分或必要条件,故而子女就学出现了多样化的处理方式。

> 我们的教会学校实际上提供的是课外补习,算一种课外补习班,不算正规的中文学校。这样的补习机构在我们当地就这么一个,地点就在罗马尼亚首都布加勒斯特,这也是由罗马尼亚华人华侨的实际情况决定的。目前,我们招生只有小学一至三年级,其他年级的学生我们都没有。我们教会学校目前使用的是国内的《语文》教材。毕竟我们只是一个低年级的中文补习,不是正规的出具学籍证明的机构。正规的学校在某种程度上是认证机构,我们补习班不是,就是通过补习帮助一些中国人学习中文而已。因为罗马尼亚这边原来是没有这种辅导机构的。另外,如果他们想学中文,可以去罗马尼亚的私立学校。一般能在罗马尼亚学习的人虽然不能说都很富裕,但是基本上能过得去。读私立学校的话,基本上是为了让孩子能达到识字辨字,能稍微说点中文的程度。而我们的中文班基本上接纳的是一部分想学中文,但是所就读学校没有提供中文课程的孩子。我们现在一到三年级共有 7 个班级,一年级有 3 个班,二三年级分别有 2 个班。学生人数具体的数字我现在比较难统计,因为疫情期间回国了一批人。年前每个班级有 10 至 20 多个,总共有 150 个人左右,规模相对于

---

① 李明欢. 罗马尼亚中国新移民研究:新华商与新市场[J]. 华侨华人历史研究,2013(4):42-50.

这里的华侨数量来说还是蛮大了。现在因为疫情线下停课了，现在教学用的是网上授课。

我们所有的教学都是免费的，因为看到有很多中国人在这里，他们有很想学中文的愿望，但是得不到基础的中文教育，所以我们教会里的弟兄姐妹就被感动，想办一个学校。我们学校2017年创办，到现在也已经坚持了三四年了，学校现在也慢慢变得更好了。罗马尼亚的首都只有我们这一所中文学校，那些城市人口更少的地方就基本上不会有这样的中文学校了，这里的教会也只有一个，所以想学中文的就只能来我们这里。疫情期间我们线下停课了，因为他们国家有政策规定，不能在密闭的环境中上课。我们空间不够大，教室也不够用，所以原来教学就是实行三班倒，这样可以解决教室紧张的问题。疫情开始后，就用Zoom开始上网课。我们网上教学从去年（2020年）2月、3月开始的，差不多开展一年了。我们的教学经费都是教会的弟兄姐妹捐献的，上课的地方就是教会聚会的地方，就在教堂的一个大堂里，平时我们教会的一些小的团聚也在那里，有几个房间，但是教室的数量毕竟有限，场地的问题不能很好地解决。我们的师资基本上都是教会的弟兄姐妹免费提供授课。如果我们学生有活动的话，会有点开支，其他的话基本开支不大。书本会有些人从中国带过来的，有些其他费用就是弟兄姐妹自掏腰包，可以说完全是"用爱发光"。所以，我们办学师资是一个问题，因为毕竟大家都不是全职，家里都有事情，大家都是抽时间来帮忙的。所以我刚才说的招生规模150人，也是因为我们人手不够，没有办法扩大（招生）人数。

我们上课采用3个年级三班倒，上课时间都是在周六，每个年级上2节课，1节课是45分钟，休息15分钟，这样2个小时就是2节课，分为3个时段安排3个年级。具体的上课时间是根据老师的情况决定的，有些老师早上有空，有些老师中午或下午有空，就把他们安排起来，因为只有3个教室。我们在校的老师只有七八位，还有10多位助教，有教师资格证的老师也就五六位。现在学生人数减少了一些，但是我们线上教学也还是在进行。学校肯定会继续办下去，人少一点倒是无所谓，因为我们都是免费性质的，而且我们招生说实话还是有很多人报名的，问题就是老师不够，不能再扩展，所以说重新再招生填补缺少的人数是没有问题的。课本我们没有免费提供的,我们会要求他们从国内购买,自己想办法带来,如果真的没办法,我们也会拜托教会的人帮忙带,因为教会的朋友会经常回国出国,我们会让他们帮忙把书籍带来。他们的书籍课本之类的都是自费的,但是在我们这里上课是免费的。(受访者:CB)

第二节 罗马尼亚华裔学生就读问卷发放

"国学咏流传"多语教学团队曾尝试与罗马尼亚某教会中文学校对接,但是由于该教会中文学校正处寒假期间,一部分子女已经跟随父母回国,教学活动开展不稳定,因此面向该校的国学推广未能实施。《罗马尼亚华裔就读子女中文学习现状调查表》的调查问卷填写委托罗马尼亚某教会中文学校教学主管陈某老师和罗马尼亚浙江瑞安同乡杨杰会长在学校和商会的微信群通过问卷星在线发放填写。在为期一周的问卷填写过程中,最终收回问卷71份。

参与本次问卷填写的华裔子女包括罗马尼亚某教会中文学校就读学生。该校位于罗马尼亚首都布加勒斯特,是罗马尼亚最典型的教会中文学习组织。该中文学校于2017年创立。当时罗马尼亚有很多华侨华人子女都有学习中文的愿望,但是由于条件和机会限制,孩子们的中文学习和基本教育需求无法得到满足,因此该教会里的弟兄姐妹们被这些迫切希望所打动,召集人创立了免费微型中文学校。学校运营的经费来源各创立者自筹和募资,用于各种活动的举办和上课需要的材料。该校目前有七八位老师和10多位助教,大多数老师都是兼职,利用业余时间为学生免费提供爱心教学。由于办学时间短,该校目前只招收一至三年级的学生。该校为学生提供中文基础课程,帮助该国华侨华人子女提高识字认字能力。目前,学校有7个班级,共有150名左右学生,每个班级的学生数10至20多人。因为疫情期间该国规定不能在密闭空间上课,并且考虑到学生们的安全问题,2020年2月开始该校在Zoom平台上采取线上教学的方式进行授课。学校上课采用三班倒的形式进行,时间安排在周六,单次两节,每节45分钟,按照3个年级分时段充分利用教会教学场地。除该中文学校外,当地其他华侨华人子女学习中文的方式以在当地私校接受中文教学以及高年级学生自学为主。由于罗马尼亚疫情,2021年3月,罗马尼亚有大批学生回国,学生人数产生较大波动。但是学校因为师资和教学资源紧张,以及学校的免费性质,即使学生人数减少,学校也会坚持继续办下去,继续为想学习中文需求的孩子们提供免费的中文教学服务。

第三节 罗马尼亚华裔子女中文学习现状统计分析与讨论

研究共收回《罗马尼亚华裔就读子女中文学习现状调查表》有效问卷71份,通过SPSS24.0软件进行了各项问题的频数分布、相关性和交叉性分析,并结合问卷结果和访谈内容展开罗马尼亚华裔子女中文学习现状的分析和讨论。

一、罗马尼亚华裔子女中文学习现状统计分析

(一) 频数分析

1. 罗马尼亚华裔就读子女的年龄段

表8-1是罗马尼亚华裔就读子女的年龄段频数分布表。在调研的71位匈牙利华裔就读子女中,15岁以上的人数最多,有36人,占总人数的50.7%;13—15岁的其次,有19人,占26.8%;再次是6岁以下,有6人,占8.5%;11—12岁、9—10岁和7—8岁分别有5人、3人和2人,分别占比7.0%、4.2%和2.8%。此次调研华裔子女各年龄段均有参与,15岁以上的参与人数较多,其他年龄段也有参与。

表8-1　　罗马尼亚华裔就读子女的年龄段频数分布表

年龄段	频数	百分比	有效百分比	累计百分比
6岁以下	6	8.5	8.5	8.5
7—8岁	2	2.8	2.8	11.3
9—10岁	3	4.2	4.2	15.5
11—12岁	5	7.0	7.0	22.5
13—15岁	19	26.8	26.8	49.3
15岁以上	36	50.7	50.7	100.0
总计	71	100.0	100.0	

因为我们教会是免费的,而且也是这里唯一的学校,有这样的机会,想学中文的基本都会来,在他们当地上学没有中文课的人,80%~90%的人都会来学,而且有些父母一方是中国人;另一方是外国人的混血儿也愿意来学习。除非是一些不打算和中国人交流,或者是年纪已经很大了,他们可能就觉得没有必要来学习了,基本上6—12岁适合学龄的都会来学习。还有很多家长把孩子留在国内上学,这样的现象在罗马尼亚很普遍,这些孩子年龄层次就比较多样化了,初中、高中、大学的都有。(受访者:CB)

2. 罗马尼亚华裔就读子女的现居住地

表8-2是罗马尼亚华裔就读子女的现居住地频数分布表。居住地按照"祖(籍)国—住在国—周边国—其他国家"远近顺序依次排列(其中德国和意大利随机排列)。在调研的71位罗马尼亚华裔就读子女中,有42人在中国,有20人在罗马尼亚,有4人在德国,各有2人在法国和意大利,还有1人在西班牙。因此,参与本次调研的对象以在中国和罗马尼亚的华裔子女为主,罗马尼亚华裔子女在疫情期间大量回国,因此现居住在中国的人数较多;此外,一些华裔以罗马尼亚为中转地,现居住地分散到欧洲其他国家。

表8-2　罗马尼亚华裔就读子女的现居住地频数分布表

现居住地	频数	百分比	有效百分比	累计百分比
中国	42	59.2	59.2	59.2
罗马尼亚	20	28.2	28.2	87.3
意大利	2	2.8	2.8	5.6
德国	4	5.6	5.6	90.1
法国	2	2.8	2.8	98.6
西班牙	1	1.4	1.4	100.0
总计	71	100.0	100.0	

国外说实话管控之类的工作做得真的不好。现在在疫情没有完全过

制住的情况下,政府却已经签发了通知,让孩子们都回学校上学,我认为这个行为就对孩子很危险。明明还没控制住,酒吧这些公共场所却都已经开放,所以说我觉得这是很不负责任的表现。再看看我们中国,已经很安全了,所以很多华人想把孩子带回国。目前我知道的是,已经有很大一批华侨回来了,3月回来的人会更多,基本上孩子在学龄左右的家长都想把孩子带回国。在罗马尼亚,学校开学如果孩子没有去上学,他们就会怀疑是不是家长虐待孩子或者孩子失踪,他们会比较重视孩子为什么不来上学,就是一定要把原因查得很明白,要是不送孩子上学的话,老师和学校是会一直跟着盘问。所以在这样的情况下,他们就干脆不在国外读了,回国读。家长主要也是怕孩子上学有被感染的风险。其实整个欧洲都差不多,他们都是比较冒进的国家,会发生暴动来要求政府开放。说实话,欧洲人个人的储蓄都是很少的,他们如果一两个月不工作,没有经济来源的话,他们基本上就不能生活下去,不像中国人有储蓄的头脑,他们就是月光族,基本上发的工资直接用,所以对他们来说不工作或者说不开店,就等于没有经济来源,他们就很难生存下去。但中国人有储蓄的习惯,我们不工作待一两个月甚至半年都没关系。这也是因为我们的消费观、价值观不一样,导致了不同的结果,所以国外实施疫情管控会比较困难。但中国人就很能理解政府的话,都会响应号召,说停下就停下,这样就很好管。但是国外就很难管控,如果管控了,有很大一部分人就没有经济来源。所以在这样的情况下,大部分华人如果孩子想学中文的话都还是希望能带回国去。(受访者:CB)

3. 罗马尼亚华裔就读子女日常交际使用的语言

表8-3是罗马尼亚华裔就读子女日常交际使用的语言频数分布表。在调研的71位罗马尼亚华裔就读子女中,有52人日常交际使用中文,占总人数的73.2%;有11人能进行中文和罗马尼亚语随意切换,占15.5%;有5人主要使用罗马尼亚语,占7.0%;还有3人选择了"其他"。因此,参与本次调研的罗马尼亚华裔子女,以中文作为日常交际用语的占比大,以中文作为单语或双语日常交际用语的占绝大多数。

表8-3　罗马尼亚华裔就读子女日常交际使用的语言频数分布表

日常交际使用的语言	频数	百分比	有效百分比	累计百分比
中文	52	73.2	73.2	73.2
罗马尼亚语	5	7.0	7.0	80.3
中文和罗马尼亚语随意切换	11	15.5	15.5	95.8
其他	3	4.2	4.2	100.0
总计	71	100.0	100.0	

如果是三年级以上的孩子回国,在国内发展可能有点难。但是这里有很多私立学校开设中文的选修课程。有些私立学校因为现在华侨比较多,也会开设中文的选修课程,这样至少能保证有一些基本的中文学习机会,语言环境也会好一些,但是这里的华侨都比较集中,所以说有中文课程的学校的还是比较多的。我们教会的作用只是普及和巩固孩子在学校里学的知识。如果没有在学校学过中文的话,要完全靠这个课程就比较吃力了。(受访者:CB)

我最小的孩子只有14岁,现在还在中国上初中。我们的计划是让孩子在中国上完大学,毕业之后再到国外帮我们,我们家里人的英语水平都还可以。我大一点的儿子现在在罗马尼亚读大学,对这里的语言比较精通,中文和英语都不错。毕竟罗马尼亚对中国比较友好,他觉得在罗马尼亚发展也不错。所以有些华侨子女可能也不一定想回国发展。(受访者:LMNYJZ)

4. 罗马尼亚华裔就读子女曾在中国居住的时间

表8-4是罗马尼亚华裔就读子女曾在中国居住的时间频数分布表。在调研的71位罗马尼亚华裔就读子女中,居住过10年以上的人数最多,有50人,占总人数的70.4%;没有居住过和居住过3年以内的人数其次,分别有6人,占8.5%;再次是居住过10年以内和7年以内的,分别有4人和3人,占5.6%和4.2%;另外还有2人在中国居住过5年以内。因此,此次调研的罗马尼亚华裔子女在中国居住过的比例大,且长达10年以上的人数较多。

表8-4　罗马尼亚华裔就读子女曾在中国居住的时间频数分布表

曾在中国居住的时间	频数	百分比	有效百分比	累计百分比
没有居住过	6	8.5	8.5	8.5
3年以内	6	8.5	8.5	16.9
5年以内	2	2.8	2.8	19.7
7年以内	3	4.2	4.2	23.9
10年以内	4	5.6	5.6	29.6
10年以上	50	70.4	70.4	100.0
总计	71	100.0	100.0	

前段时间有部分学生回去了，因为前段时间都是用网络授课，他们在国内也可以用那个软件。但是现在有一批打过疫苗的人可能又要回罗马尼亚去了。不过网上授课也确实有别于在现实的线下授课，所以这些学生还是想回到校园里去的。其实华侨孩子在这边都是比较灵活的，进进出出也是常有的，他们也更习惯在国内生活。（受访者：CB）

5. 罗马尼亚华裔就读子女学习中文的时长

表8-5是罗马尼亚华裔就读子女学习中文的时长频数分布表。71位罗马尼亚华裔就读子女中，有51人学习中文的时长在5年以上，占总人数的71.8%；有10人学习时长在5年以内，占14.1%；各有5人学习中文的时长为3年以内和1年以内，各占总人数的7.0%。因此，参与本次调研的罗马尼亚华裔子女学习中文的时长普遍都达到一定的年限，整体时间较长。

表8-5　罗马尼亚华裔就读子女学习中文的时长频数分布表

学习中文的时长	频数	百分比	有效百分比	累计百分比
1年以内	5	7.0	7.0	7.0
3年以内	5	7.0	7.0	14.1
5年以内	10	14.1	14.1	28.2
5年以上	51	71.8	71.8	100.0
总计	71	100.0	100.0	

有些人对中文学习目标不是很高,认为学一至三年级把基本的字学会了就可以了。我们一个教会也做不了这么多,孩子一般学到三年级的话,10岁左右已经有一点自学能力了,如果他们要继续学习的话,那么接下去就是他们自己自学,因为我们不可能一直带他们到毕业,这边人手和资源是不够的。不过,他们如果在国内上学,肯定就是跟着国内的教学走。(受访者:CB)

6. 罗马尼亚华裔就读子女认为中文学习的重要性

表8-6是罗马尼亚华裔就读子女认为中文学习的重要性频数分布表。在71位罗马尼亚华裔就读子女中,有64人认为中文学习非常重要,占总人数的90.1%;有4人认为中文学习重要;还有3人认为学习中文一般重要。因此,参与本次调研的罗马尼亚华裔子女中,重视中文学习的非常多,对中文重要性认同的均值高。

表8-6　罗马尼亚华裔就读子女认为中文学习的重要性频数分布表

认为中文学习的重要性	频数	百分比	有效百分比	累计百分比
非常重要	64	90.1	90.1	90.1
重要	4	5.6	5.6	95.8
一般重要	3	4.2	4.2	100.0
不太重要	0	0	0	100.0
不重要	0	0	0	100.0
总计	71	100.0	100.0	

学生们总体的中文学习兴趣和重视程度要看情况。但是拿我自己的孩子来说,我的孩子也是在这里的中文学校学习,而且我们在家里都讲中文。所以他会觉得和会讲中文的人待在一起比较舒服,交流上也没有什么障碍。有些大一点的孩子我不太清楚,如果他们外语说得好的话,可能和外国人交流没有什么问题,也可能会跟外国人待在一起。我感觉我两个孩子是喜欢待在中文学校的,因为讲的话别人都听得懂。如果他们和老外交流的话,他们罗马尼亚语不太好,听不太懂,有时候在交流上会存

在问题,而且他们会觉得学习外语比较困难。(受访者:CB)

7. 罗马尼亚就读子女中文会"写"的词汇量

表8-7是罗马尼亚华裔就读子女中文会"写"的词汇量频数分布表。在参与调研的71位罗马尼亚华裔就读子女中,中文会"写"的词汇量达到2 500字以上的有37人,占总人数的52.1%;有14人会"写"的词汇量达到中国小学五至六年级水平,占19.7%;能达到国内小学三至四年级水平和400字以内的各有9人;另外,词汇量在800字以内的有2人。因此,参与本次调研的罗马尼亚华裔子女中文会"写"的水平较高,书写能力强。

表8-7 罗马尼亚华裔就读子女中文会"写"的词汇量频数分布表

中文会"写"的词汇量	频数	百分比	有效百分比	累计百分比
400字以内(YCT口语中级标准)	9	12.7	12.7	12.7
800字以内(中国小学一至二年级水平)	2	2.8	2.8	15.5
1 600字以内(中国小学三至四年级水平)	9	12.7	12.7	28.2
2 500字以内(中国小学五至六年级水平)	14	19.7	19.7	47.9
2 500字以上	37	52.1	52.1	100.0
总计	71	100.0	100.0	

在这里学习中文的中国孩子,其实他的语言学习不是以中文为主。在罗马尼亚,他们语言学习是以英语和本地语言为主,对中文的学习他们只是有一个识字的水平和要求。如果他们在罗马尼亚上学,学校教学不是以中文为主,他有可能只是想了解一下中国的文化,或者稍微知道一些中国的语言。中国籍的孩子如果在罗马尼亚读书,不管在公校还是私校,孩子不可能中文学得多好。中文好的孩子,一般都是先家长把孩子带回国,在国内上完小学或者初中再带出来。如果他们父母把孩子留在国内,那中文水平就完全不一样了。(受访者:CB)

8. 罗马尼亚华裔就读中文子女会"读"的词汇量

表8-8是罗马尼亚华裔就读子女中文会"读"的词汇量频数分布表。在参与调研的71位匈牙利华裔就读子女中,会"读"的词汇量在3 000字以上的有45人,占总人数的63.4%;9人能达到国内小学一至二年级水平,占12.7%;8人能达到国内小学三至四年级水平;另外,会"读"词汇量能达到国内五至六年级水平的有4人。因此,参与本次调研的罗马尼亚华裔子女中文会"读"的水平较高,中文认读能力强。

表8-8　罗马尼亚华裔就读子女中文会"读"的词汇量频数分布表

中文会"读"的词汇量	频　数	百分比	有效百分比	累计百分比
400字以内（YCT口语中级标准）	5	7.0	7.0	7.0
1 600字以内（中国小学一至二年级水平）	9	12.7	12.7	19.7
2 500字以内（中国小学三至四年级水平）	8	11.3	11.3	31.0
3 000字以内（中国小学五至六年级水平）	4	5.6	5.6	36.6
3 000字以上	45	63.4	63.4	100.0
总计	71	100.0	100.0	

对我来说,如果能选择让孩子回去学中文,那还是让他们回去学习比较好,因为毕竟国内有适合学中文的环境。除了一些混血儿,我看大部分有条件的人都希望把孩子送回去,但也就是希望孩子们能学会讲、写中文就可以,不会有过于深奥的文学常识、古诗古词方面的要求。如果真的打算在罗马尼亚扎根,他们会让孩子在学校学习英语或者其他语言,或者以后可能会把他们送到别的国家读书,所以家长对孩子们的英语比较重视。但是对于中文,家长就没有那么重视了,就觉得能识字就行。(受访者:CB)

9. 罗马尼亚华裔就读子女中文能力各项能力分析

表8-9是罗马尼亚华裔就读子女中文能力各项能力分析频数分布表。

在参与调研的71位罗马尼亚华裔就读子女中,实际问卷统计涉及63份问卷,其中听能力好的有56人,占30.3%;说能力好的有48人,占25.9%;读能力好的有41人,占22.2%;有40人写的能力好,占21.6%。因此,参与本次调研的罗马尼亚华裔子女的中文听的能力最好,说、读和写的能力也不差,还有8人听说读写能力均不好。

表8-9　罗马尼亚华裔就读子女中文能力各项能力分析频数分布表

中文哪一项能力好(多选)	个案数	百分比	累计百分比
听	56	30.3	88.9
说	48	25.9	76.2
读	41	22.2	65.1
写	40	21.6	63.5
总计	185	100.0	293.7

注:使用了值1对二分组进行制表。本题采用SPSS统计软件的"多项响应"功能,其中8人填写"都不太好",在输入选项答案(0,1)的时候,系统默认0为否,因此实际统计的是问卷中有做选择的63份问卷结果。

这些学生的中文水平据我了解还是比较参差不齐的,因为有些是读私立学校的,如果选修中文的话他们的中文水平基本上比较好。如果没有选修过中文课程,读本地的公立学校的学生可能中文水平就一般,只知道书本上的知识,课外提升可能没有这个能力。暑期我们这边学生和老师都会放假,大部分孩子会回国一段时间,跟家里的爷爷奶奶、外公外婆在一起,等暑假过后再出国,所以这一批孩子他们的听说读写能力都不会差。(受访者:CB)

10. 罗马尼亚华裔就读子女学习中文的目的

表8-10是罗马尼亚华裔就读子女学习中文的目的频数分布表。71位参与调研的罗马尼亚华裔就读子女中,为了增强自己的多语言能力的有53人,占74.6%;为了增强自己的民族认同感的有32人,占19.4%;为了与家人语言沟通更便利和更好地了解中国文化的各有30人,各占42.3%;为了今后回

国就学就业的有20人,占12.1%。因此,参与本次调研的罗马尼亚华裔子女把增强语言能力放在学习目的的首位,为了与家人语言沟通更便利和增强自己的民族认同感的虽然人数较多,但均未达到半数以上。

表8-10　　罗马尼亚华裔就读子女学习中文的目的频数分布表

学习中文的目的(多选)	个案数	百分比	累计百分比
为了增强自己的多语言能力	53	32.1	74.6
为了与家人语言沟通更便利	30	18.2	42.3
为了今后回国就学就业	20	12.1	28.2
为了更好地了解中国文化	30	18.2	42.3
为了增强自己的民族认同感	32	19.4	45.1
总计	165	100.0	232.4

他们有没有打算回国也不好说。做生意这个事情谁也说不准,以后万一不好,也有可能回去。一般孩子如果愿意在罗马尼亚读书的话,一般都会留在那里。因为孩子如果接受了哪国的学前或者初等教育,印象就会比较深刻一点。他们如果是学哪种语言的话,基本上就是那种语言为主了。其实我们中文学校就是以补习为主,不侧重他们的考核和分数。我们虽然会有一些考试,但主要是让孩子学习一些基本的中文,让在这里的中国人不要把以前的语言丢掉,希望让他们至少知道中文是什么样子的,孩子在学校的学业还是以英文和当地语言为主。有些私立学校会有中文选修课,不过以前这些学校也是没有的,现在华侨多了,私立学校开设中文课程的稍微多一点。如果是本地公立学校(中文课)是没有的,如果是读英语的私立学校是有的。私立学校或者我们教会的学校可以学汉语,但是教得可能比较简单。(受访者:CB)

11. 罗马尼亚华裔就读子女希望学习中文的教学形式

表8-11是罗马尼亚华裔就读子女希望学习中文的教学形式频数分布表。71位参与调研的罗马尼亚华裔就读子女中,希望进行知识拓展的有47人,占66.2%;希望能认识更多汉字的有36人,占50.7%;希望学习课文朗读

和分析的有22人,占31.0%;希望学习汉字书写和希望创作分享的各有13人,各占18.3%。因此,参与本次调研的罗马尼亚华裔子女学习中文希望加强汉字认读和知识拓展的比较多,对于汉字的书写和产出型的创作分享需求较低。

表8-11　罗马尼亚华裔就读子女希望学习中文的教学形式频数分布表

希望学习中文的教学形式(多选)	个案数	百分比	累计百分比
认更多的字	36	27.5	50.7
知识拓展	47	35.9	66.2
汉字书写	13	9.9	18.3
课文朗读和分析	22	16.8	31.0
创作分享	13	9.9	18.3
总计	131	100.0	170.3

我们上课主要是教字词为主,课文讲解不会很透彻,太深奥了他们也不一定能听懂,所以不能按照国内学校的要求来衡量。(受访者:CB)

12. 罗马尼亚华裔就读子女希望学习中文的教学内容

表8-12是罗马尼亚华裔就读子女希望学习中文的教学内容频数分布表。71位参与调研的罗马尼亚华裔就读子女中,希望学习名著赏析的有44人,占62.0%;希望学习诗词歌赋的有43人,占60.6%;希望学习软硬笔书法的有33人,占46.5%;希望学习民间舞蹈的有20人,占28.2%;希望学习武术和器乐的各有19人;选择"其他"和"英语教学"的各有8人和7人。由此可见,参与本次调研的罗马尼亚华裔子女希望学习的内容与中国传统文化相关性较高,注重文化素养培养,对英语的学习需求较少,主要因为公立和私立学校均有英语教学。

表8-12　罗马尼亚华裔就读子女希望学习中文的教学内容频数分布表

希望学习中文的教学内容(多选)	个案数	百分比	累计百分比
诗词歌赋	43	22.3	60.6
名著欣赏	44	22.8	62.0

续表

希望学习中文的教学内容(多选)	个案数	百分比	累计百分比
武术	19	9.8	26.8
民间舞蹈	20	10.4	28.2
英语教学	7	3.6	9.9
软硬笔书法	33	17.1	46.5
器乐	19	9.8	26.8
其他	8	4.1	11.3
总计	193	100.0	230.2

13. 罗马尼亚华裔就读子女的国籍状况

表8-13是罗马尼亚华裔就读子女的国籍状况频数分布表。选项按照与中国的地缘和血缘关系的紧密度依次排列。71位参与调研的罗马尼亚华裔就读子女中,持有中国国籍但无外国居留的,有40人,占总人数的56.3%;持有中国国籍且有外国居留的,有21人,占29.6%;外国国籍父母双方中国人的,有5人,占7.0%;中国国籍父母一方外国人的,有3人,占4.2%;外国国籍父母双方外国人的,有2人。由此可见,参与本次调研的罗马尼亚华裔子女保留中国国籍的占多数,加入外国国籍的相对较少,还有很大一部分人没有外国居留。

表8-13　罗马尼亚华裔就读子女的国籍状况频数分布表

国籍状况	频数	百分比	有效百分比	累计百分比
中国国籍无外国居留	40	56.3	56.3	56.3
中国国籍有外国居留	21	29.6	29.6	85.9
外国国籍父母双方中国人	5	7.0	7.0	93.0
外国国籍父母一方外国人	3	4.2	4.2	97.2
外国国籍父母双方外国人	2	2.8	2.8	100.0
总计	71	100.0	100.0	

在罗马尼亚大部分的中国人一般都会保留中国籍,回国发展的可能

性还是很大的,或者父母根本就不把孩子带出国。罗马尼亚这个国家也不是很发达,(孩子)来这里读书对很多家长不是一个好的选择,所以很多大一点的孩子的家长也没有帮孩子申请这边的居留。不过我的3个孩子,1个是在中国生,2个在国外出生,他们都是中国国籍,在国外有永久居留。我们只想通过贸易赚钱,没想过拿外国的国籍和福利。(受访者:LMNYJZ)

我认识的几个都是中国国籍,没有加入外籍。实际上,罗马尼亚也不是特别富裕的国家,到这里的中国人普遍学历都没那么高,所以他们当然希望自己的孩子能学好,但是他们自己也没有能力教,在这种情况下就会送到我们这里来学习中文。(受访者:CB)

14. 罗马尼亚华裔就读子女的出生地

表8-14是罗马尼亚华裔就读子女的出生地频数分布表。71位参与调研的罗马尼亚华裔就读子女中,在中国出生,有58人,占总人数的81.7%;在罗马尼亚出生,有13人,占18.3%。由此可见,参与本次调研的罗马尼亚华裔子女大多数在中国出生。

表8-14 罗马尼亚华裔就读子女的出生地频数分布表

出生地	频数	百分比	有效百分比	累计百分比
中国	58	81.7	81.7	81.7
罗马尼亚	13	18.3	18.3	100.0
总计	71	100.0	100.0	

可能10多年前,早一点的时候来罗马尼亚有偷渡到这里,不过现在基本上都是合法的。中国人现在到这里的签证不难,所以基本上不会偷渡到这里了。罗马尼亚也不是一个富有的国家,只要公司有一个人能运作,上交了申请文件,谁都可以办下来。不过也有国家的政策,他们有规定一年公司只能吸收多少人数外来人员,华侨在哪里生孩子之类的也不是他们考虑的重点,更多考虑的是对他们贸易的方便性。(受访者:LMNYJZ)

15. 罗马尼亚华裔就读子女在课外辅导中文学校或者公校、私校(如有中文课)的年级

表 8-15 是罗马尼亚华裔就读子女的课外辅导中文学校或者公校、私校(如有中文课)的年级频数分布表。71 位参与调研的罗马尼亚华裔就读子女中,在中文学校上初三以上的年级,有 24 人,占总人数的 33.8%;上初三,有 16 人,占 22.5%;幼儿园、一年级、二年级、三年级、初一和其他年级均有个别分布。由此可见,参与本次调研的罗马尼亚华裔子女大多数人在课外辅导中文学校或者公校、私校(如有中文课)的初三及以上年级就读。

表 8-15　　罗马尼亚华裔就读子女的年级频数分布表

年级	频数	百分比	有效百分比	累计百分比
幼儿园阶段	3	4.2	4.2	4.2
中文学校一年级	1	1.4	1.4	5.6
中文学校二年级	6	8.5	8.5	14.1
中文学校三年级	5	7.0	7.0	21.1
中文学校四年级	4	5.6	5.6	26.8
中文学校五年级	1	1.4	1.4	28.2
中文学校六年级	5	7.0	7.0	35.2
中文学校初一	4	5.6	5.6	40.8
中文学校初二	2	2.8	2.8	43.7
中文学校初三	16	22.5	22.5	66.2
其他	24	33.8	33.8	100.0
总计	71	100.0	100.0	

在这里的私校读书的华人子弟有一半以上,这样很多人实际上在学校里面都可以学中文,加上暑假他们很多人都回国,跟他们爷爷奶奶待几个月,其实也有很多机会讲中文的。(受访者:CB)

16. 罗马尼亚华裔就读子女学习中文的主要途径

表8-16是罗马尼亚华裔就读子女学习中文的主要途径频数分布表。71位参与调研的罗马尼亚华裔就读子女中,跟着家里人学习中文,有26人,占总人数的36.6%;在就读的公立或私立中小学开设的中文课上学习中文,有14人,占19.7%;跟当地中文培训机构线上或线下学习或跟玩伴一起学中文,各有11人,各占15.5%;另外还有6人和3人通过其他途径的网课或其他方式学习中文。由此可见,参与本次调研的罗马尼亚华裔子女大多数人是跟家里人学习中文,也有一部分人就读的公立或私立学校有开设中文课。

表8-16　罗马尼亚华裔就读子女学习中文的主要途径频数分布表

学习中文的主要途径	频数	百分比	有效百分比	累计百分比
跟家里人学习	26	36.6	36.6	36.6
跟当地中文培训机构线上或线下学习	11	15.5	15.5	52.1
跟玩伴一起学	11	15.5	15.5	67.6
通过其他途径的网课学习	6	8.5	8.5	76.1
就读的公立或私立中小学有开设中文课	14	19.7	19.7	95.8
其他	3	4.2	4.2	100.0
总计	71	100.0	100.0	

(二) 交叉分析

1. 罗马尼亚华裔就读子女日常交际使用语言与曾在中国居住时间的交叉表

表8-17是罗马尼亚华裔就读子女日常交际使用的语言与曾在中国居住的时间的交叉表。由此表可以看出,71位参与本次调研的罗马尼亚华裔子女,在中国居住过10年以上,日常交际主要以中文为主,有41人;其次是在中国居住过10年,能进行中文和罗马尼亚语随意切换,有11人。总体来看,前三类语言状况有人数差异。

表 8-17　罗马尼亚华裔就读子女日常交际使用的语言与曾在中国居住时间的交差表

		曾在中国居住的时间						总计（人数）
		没有居住过	3年以内	5年以内	7年以内	10年以内	10年以上	
日常交际使用的语言	中文	3	4	1	1	2	41	52
	中文和罗马尼亚语随意切换	1	1	0	1	2	6	11
	罗马尼亚语	2	1	0	1	0	1	5
	其他	0	0	1	0	0	2	3
	总计（人数）	6	6	2	3	4	50	71

由此可见，参与本次调研的大多数罗马尼亚华裔就读子女都在中国居住过10年以上，日常的交际用语基本上为中文。

2. 罗马尼亚华裔就读子女日常交际使用语言与学习中文时长的交叉表

表 8-18 是罗马尼亚华裔就读子女的日常交际使用的语言与学习中文的时长的交叉表。由表格可以看出，71 位参与本次调研的罗马尼亚华裔子女中，日常交际语言以中文为主且中文学习时间在 5 年以上的人数最多，有 41 人；日常交际语言能够中文和匈牙利语随意切换且中文学习时间在 5 年以上，有 8 人；其他项的均存在一定的交叉。

表 8-18　罗马尼亚华裔就读子女的日常交际使用的语言与学习中文时长的交叉表

		学习中文的时长				总计（人数）
		1年以内	3年以内	5年以内	5年以上	
日常交际使用的语言	中文	4	5	2	41	52
	中文和罗马尼亚语随意切换	0	0	3	8	11
	罗马尼亚语	1	0	2	2	5
	其他	0	0	3	0	3
	总计（人数）	5	5	10	51	71

由此可以看出,罗马尼亚华裔就读子女中以中文为交际语言的中文学习时间相对于其他类别普遍较长。

3. 罗马尼亚华裔就读子女的年龄段与国籍状况的交叉表

表 8-19 是罗马尼亚华裔就读子女的年龄段与国籍状况的交叉表。由表格可以看出,71 位参与本次调研的罗马尼亚华裔子女中,15 岁以上、持有中国国籍但无外国居留的人最多,有 24 人;其次是 15 岁以上、有中国国籍且有外国居留,有 9 人;因此,持有中国国籍有外国居留的主要集中在 15 岁以上;其他项均存在一定的交叉。

表 8-19　　罗马尼亚华裔就读子女的年龄段与国籍状况的交叉表

		国籍状况					总计(人数)
		中国国籍无外国居留	中国国籍有外国居留	外国国籍父母双方为中国人	外国国籍父母一方为外国人	外国国籍父母双方为外国人	
年龄段	6 岁以下	3	2	0	0	1	6
	7—8 岁	0	1	1	0	0	2
	9—10 岁	1	2	0	0	0	3
	11—12 岁	3	1	0	0	1	5
	13—15 岁	9	6	2	1	1	19
	15 岁以上	24	9	2	1	0	36
总计(人数)		40	21	5	2	3	71

由此可见,罗马尼亚华侨就读子女的国籍状况以中国国籍为主,但大部分高年龄段的子女没有外国居留。

4. 罗马尼亚华裔就读子女的年龄段与中文重要性的交叉表

表 8-20 是罗马尼亚华裔就读子女的年龄段与认为中文学习重要性的交叉表。由表格可以看出,71 位参与本次调研的罗马尼亚华裔子女中,15 岁以上、认为中文学习非常重要的人最多,有 34 人;13—15 岁、认为学习中文非常重要的,有 15 人;6 岁以下、认为中文学习非常重要的,有 6 人;认为学习中文重要的主要集中在 15 岁以上;其他项均存在一定的交叉。

表 8-20　罗马尼亚华裔就读子女的年龄段与认为中文学习重要性的交叉表

		认为中文学习的重要性					总计（人数）
		非常重要	重要	一般重要	不太重要	不重要	
年龄段	6 岁以下	6	0	0	0	0	6
	7—8 岁	2	0	0	0	0	2
	9—10 岁	3	0	0	0	0	3
	11—12 岁	4	1	0	0	0	5
	13—15 岁	15	3	1	0	0	19
	15 岁以上	34	0	2	0	0	36
总计（人数）		64	4	3	0	0	71

由此可见，罗马尼亚华裔各年龄层就读子女对学习中文重要性的认识普遍较高。

5. 罗马尼亚就读子女的出生地和认为中文学习的重要性的交叉表

表 8-21 是罗马尼亚华裔就读子女的出生地和认为中文学习的重要性的交叉表。由表格可以看出，71 位参与本次调研的罗马尼亚华裔子女中，在中国出生且认为中文学习非常重要的，有 52 人，在罗马尼亚出生并认为学习中文非常重要的，有 12 人。

表 8-21　罗马尼亚华裔就读子女的出生地和认为中文学习的重要性的交叉表

		认为中文学习的重要性					总计（人数）
		非常重要	重要	一般重要	不太重要	不重要	
出生地	中国	52	3	3	0	0	58
	罗马尼亚	12	1	0	0	0	13
总计（人数）		64	4	3	0	0	71

由此可见，参与本次调研的罗马尼亚华裔就读子女，无论是在罗马尼亚出生还是在中国出生，大多数人都认为学习中文非常重要。

（三）相关分析

表 8-22 是《罗马尼亚华裔就读子女中文学习现状调查表》各项的肯德尔

tau-b 相关矩阵。由此表可以看出，罗马尼亚华裔就读子女的年龄段与学习中文的时长、中文会"写"的词汇量、中文会"读"的词汇量存在相关（$p<0.01$），是否在中国居住过与学习中文的时长、中文会"写"的词汇量、中文会"读"的词汇量存在相关（$p<0.05$），学习中文的时长与中文会"写"的词汇量、中文会"读"的词汇量、国籍状况存在相关（$p<0.01$），认为中文学习的重要性与中文会"写"的词汇量、国籍状况存在相关（$p<0.05$），中文会"读"的词汇量与中文会"写"的词汇量、国籍状况存在相关（$p<0.05$）。该结果显示，罗马尼亚华裔就读子女是调研的 7 个欧洲国家中各项构成相关性数量最多的华裔子女群体之一。

表 8-22　《罗马尼亚华裔就读子女中文学习现状调查表》各项的肯德尔 tau-b 相关矩阵

	年龄段	是否在中国居住过	学习中文的时长	认为中文学习的重要性	中文会"写"的词汇量	中文会"读"的词汇量	国籍状况
年龄段	1.000	0.138	0.395**	−0.052	0.418**	0.379**	−0.140
是否在中国居住过[a]	0.138	1.000	0.352**	−0.061	0.289*	0.229*	−0.168
学习中文的时长	0.395**	0.352**	1.000	−0.169	0.552**	0.594**	−0.319**
认为中文学习的重要性	−0.052	−0.061	−0.169	1.000	−0.260*	−0.195	0.408**
中文会"写"的词汇量	0.418**	0.289*	0.552**	−0.260*	1.000	0.785**	−0.198
中文会"读"的词汇量	0.379**	0.229*	0.594**	−0.195	0.785**	1.000	−0.240*
国籍状况[b]	−0.140	−0.168	−0.319**	0.408**	−0.198	−0.240*	1.000

注：** 表示 $p<0.01$；* 表示 $p<0.05$。

[a] 原问卷调查中将罗马尼亚华裔就读子女在中国居住过的年限分为没有居住过、3 年以内、5 年以内、7 年以内、10 年以内和 10 年以上。在本表中，按照二分变量进行统计，因此没有在中国居住过的设置为变量 1，将有居住过不论年限均设置为变量 2，以此来探讨相关性。

[b] 原问卷调查中将罗马尼亚华裔就读子女的国籍状况分为中国国籍无外国居留、中国国籍有外国居留、外国国籍父母双方为中国人、外国国籍父母一方为中国人、外国国籍父母双方为外国人。在本表中，按照二分变量进行统计，因此将中国国籍均设置为变量 1，将有外国国籍均设置为变量 2，以此来探讨相关性。

具体来说，罗马尼亚华裔就读子女的年龄段与学习中文的时长相关系数为0.395,呈显著正相关($p=0.000<0.01$);年龄段与中文会"写"的词汇量相关系数为0.418,呈显著正相关($p=0.000<0.01$);年龄段与中文会"读"的词汇量相关系数为0.379,呈显著正相关($p=0.000<0.01$)。罗马尼亚华裔就读子女是否在中国居住过与学习中文的时长相关系数为0.352,呈显著正相关($p=0.002<0.01$);是否在中国居住过与中文会"写"的词汇量相关系数为0.289,呈显著正相关($p=0.009<0.01$);是否在中国居住过与中文会"读"的词汇量相关系数为0.229,呈显著正相关($p=0.041<0.05$)。罗马尼亚华裔就读子女学习中文的时长与中文会"写"的词汇量相关系数为0.552,呈显著正相关($p=0.000<0.01$);学习中文的时长与中文会"读"的词汇量相关系数为0.594,呈显著正相关($p=0.000<0.01$);学习中文的时长与国籍状况相关系数为-0.319,呈显著负相关($p=0.005<0.01$)。罗马尼亚华裔就读子女认为中文学习的重要性与中文会"写"的词汇量相关系数为-0.260,呈显著负相关($p=0.018<0.05$);认为中文学习的重要性与国籍状况相关系数为0.408,呈显著正相关($p=0.001<0.01$)。罗马尼亚华裔就读子女中文会"读"的词汇量与会"写"的词汇量相关系数为0.785,呈显著正相关($p=0.000<0.01$);中文会"读"的词汇量与国籍状况相关系数为-0.240,呈显著负相关($p=0.032<0.05$)。其他各项均不存在相关性($p>0.01$)。因此,罗马尼亚华裔就读子女中文会"写"的词汇量与除国籍状况以外的其他5项均相关,而中文会"读"的词汇量与除认为中文学习的重要性以外的其他5项均相关。尤其值得注意的是,罗马尼亚华裔就读子女认为中文学习的重要性与国籍状况和中文会"读"的词汇量相关,与其他项均不相关。

二、罗马尼亚华裔子女中文学习现状讨论

罗马尼亚的华侨华人小具规模,但相比邻国匈牙利5万人左右的规模,还是要小得多。早期他们大多以经商的方式来到罗马尼亚,因为经商的行业关系没有很多时间关注孩子教育,因此对子女的就学主要采用了3种方式。

第一种是父母外出经商时,把孩子留在国内,让亲友代为抚养,子女就读于国内公立或者私立中小学等,孩子成为跨国留守儿童。这样做的好处在于,孩子的中文能力相对来说比较完善,水平跟国内学生接轨。

第二种是父母外出经商时,把孩子带在身边,在当地的公立学校就学。但

是由于父母忙于商业的生存和发展，对孩子的教育很难形成好的监控，中文学习没有得到很好的跟进，因此这一部分孩子更多的是接受了罗马尼亚公立学校的罗马尼亚语和英语教学，缺乏中文的规范教学。这一批罗马尼亚移民对祖国的感情深厚，但是他们的子女对中文的情感却不如父母。这造成了罗马尼亚华裔子女的中文水平现状产生两极分化，一是以国内留守儿童为代表的中文水平较高的一部分人，二是待在罗马尼亚，中文水平较差且与祖国的情感联系不够紧密的一部分人。如果父母没有选择送子女去私立学校而在公立学校就读，公校对中文的学习不是必修要求，学生既要学习罗马尼亚语又要学习英语。此时再额外学习中文，对中文的学习也是停留在兴趣和爱好的水平。

第三种是创业比较成功或经济条件比较优越的华裔父母，选择把孩子送到罗马尼亚当地或欧洲其他国家的私立学校就读。一些罗马尼亚华侨华人相对比较集中的地区，当地的私立中文学校会开设中文选修课，这部分孩子大部分会选修中文，因此中文水平相对较好，但尚无法达到国内同等水平。

总体来看，罗马尼亚华裔子女对中文的认同程度和中文认读水平普遍高于法国、意大利、西班牙、荷兰、希腊、匈牙利等其他欧洲国家。本次调研对象之一罗马尼亚某教会中文学校由温州籍华侨创办，招收学生主要为温州籍；另一个调研对象为罗马尼亚浙江瑞安同乡会，问卷填写对象以温州瑞安籍华裔子女为主，因此调研对象的祖籍地具有温州地域性。温州人素有"东方犹太人"之称，温籍罗马尼亚华侨华人有着温州地域特色的文化基因和人文精神，他们应对华文教育的模式，体现了全局性强、思路活、懂变通、破局意识强等特点，值得向海外华裔青少年推广。

（一）增强家庭全局意识，促进国籍和语言认同，鼓励理性回归

温籍罗马尼亚华裔子女华文教育应对的主要特点是理性回归，他们仅把出国创业当成一种谋生方式，子女以回归国内教育为主。因此，子女中文水平与年龄匹配度高，中文水平跟国内中小学几乎接轨。

1. 增强家庭发展的全局意识，尽早创建家庭经济条件，为今后子女的就学选择面等打下经济基础。一些罗马尼亚华裔父母选择将子女留在国内就学，让亲友代为抚养，自己则在国外打拼。他们以家庭经济发展为首要任务，经济条件成熟后再考虑是否将子女带出国。2021年中国农历春节期间的调查

显示,罗马尼亚华裔子女回中国的比例达到59.2％,远多于现居住在罗马尼亚的子女。

2. 促进国籍认同,鼓励华裔子女保留中国国籍。罗马尼亚华裔子女加入外籍的比较少,保留中国国籍的比例达到85.9％,而且对中文的重要性的认识比较高,均值达到4.86(李克特5点量表),国籍状况以及对中文重要性的认识对他们的中文学习有较大的促进作用。

3. 增强中文认同,创建良好的家庭语言环境。87.5％的罗马尼亚华裔子女采用中文作为日常交流语言,因此与父母的中文交流环境促进了他们的语言学习。

4. 海外华文教育资源短缺可以选择回国接受中文教育,达到理性回归。罗马尼亚中文机构数量极少,整个罗马尼亚首都布加勒斯特仅有一所课外补习性质的中文班。由于办学时间短,该学习班只招收小学一至三年级的学生,目前学校有7个班级,共有150名左右学生。由于中文班师资、场地、教学资源紧张,办学规模难以扩大,一部分有中文学习需求的华裔子女选择回国就读。

(二)发挥经济优势,形成侨胞群居,打通回国途径

温籍罗马尼亚华侨华人将温商创新模式运用于教育,对现有中文学习困境予以克服并进行模式创新。他们根据自身的实际情况、经济水平、中文学习需求以及子女教育的长远规划,采用了多种途径解决子女中文学习需求。

1. 发挥侨胞聚集效应,创建当地私立学校开设中文选修课的基础。由于贸易往来频繁,目前在罗马尼亚的华侨华人人数不稳定,少则七八千人,多则近1万人,80％以上的侨胞聚居在首都布加勒斯特。因此只有侨胞聚集,形成一定规模的华人社区,才能为当地私立学校开设中文选修课程提供人数和规模的硬性条件。

2. 发挥侨胞的经济优势,鼓励前往私立学校就读,利用他国中文教学资源。温籍侨胞经济状况普遍较好,创业比较成功或经济条件比较优越的温籍罗马尼亚华裔父母一般选择把子女送到该国私立学校就读,该群体占居住在罗马尼亚的华裔子女的半数以上。

3. 创建和打通回国通道和途径,让华裔子女有更多假期回国锻炼和学习中文的机会。罗马尼亚中小学暑假为6月中旬至9月中旬,假期时间长,他们利用此段时间回国强化中文,待假期结束后再前往罗马尼亚。91.5%的罗马尼亚华裔子女均有在中国居住经历,与祖国联系紧密。

4. 利用周边国家教学资源,前往欧洲其他国家生活和学习,为子女今后就学做好规划。近三年曾侨居罗马尼亚的华裔子女现居住地比例为意大利28.2%、德国5.6%、意大利和法国2.8%、西班牙1.4%,而现居罗马尼亚的仅占28.2%。

(三) 发挥华人社区优势,创建"守望相助式"小型中文学习社区,减少子女文化同化率

发挥侨胞特点,充分利用侨胞资源。挖掘华人社会的优势,组建各类微信或者QQ群,通过华人社团组建各种小型聚集活动,建立汉语学习"守望相助式"的小型社区,减少华裔子女语言和文化被同化的概率。罗马尼亚的中国移民历史短,移民代次少,大部分属于新侨,家庭语言环境好,中文学习内驱力强。就读于私立学校的罗马尼亚华裔子女大部分选修中文,也有极个别未选修中文课程和就读公立学校的经济基础普通的家庭,由于父母忙于自身生存和家庭经济改善,对子女的教育未进行有效监管。这两类华裔学生的中文水平比较一般,但人数少,统计数据显示罗马尼亚华裔子女日常交际用语为罗马尼亚语的占比仅为7%。

第四节 总 结

本章对罗马尼亚华裔子女的中文学习现状进行了研究和分析,具体包括华裔子女的出生、年龄、国籍、就读年级、现居住国、在中国居住时间、中文的"读"和"写"水平状况、对中文教学的形式和内容、学习中文的目的、认为中文学习的重要性等问题的调查,其结果通过SPSS软件进行了各项问题的频数分布、相关性和交叉性分析。罗马尼亚华裔子女对中文的重要性认识相对较高,中文水平与国内同龄人吻合度高,这与罗马尼亚华裔移民在住在国的工作性质有关,对子女的就学采用的多种处理方式,为子女的中文学习做出较好的保障。后疫情时代罗马尼亚华裔子女如果愿意留在国内就学,国内公立学校的入学问题值得关注。

整体来看，罗马尼亚华裔子女的中文水平在调查的几个国家中相对较高，这也与该国华侨华人的历史、父母所从事的行业和该国当地的办学情况有比较大的关系。同时，罗马尼亚华裔子女中文学习途径的几大分类在东欧国家中也具有比较典型的意义。

参 考 文 献

［1］ 包含丽.欧洲华裔中小学生华文教育研究——以温州籍华裔中小学生为例［J］.教育评论,2012(1)：117-119.

［2］ 陈科华.根源性认同与爱国主义［C］.中国伦理学会会员代表大会暨第12届学术讨论会论文汇编,2004.

［3］ 陈水胜,李伟群.海外华文教育研究报告(2018)［M］.北京：社会科学文献出版社,2019.

［4］ 陈燕玲.菲律宾华裔青少年的语言情感与文化认同——基于"词语自由联想"实验的研究［J］.东南学术,2015(4)：198-206.

［5］ 代清萌.意大利华裔学生汉语继承语学习现状调查情况研究［D］.重庆大学,2019.

［6］ 耿红卫.海外华文教育的演进历程简论［J］.民族教育研究,2009,(1)：116-123.

［7］ 耿红卫,张巍.欧洲华文教育的现状分析与策略研究［J］.海外华文教育,2018(6)：98-103.

［8］ 郭熙.新时代的海外华文教育与中国国家语言能力的提升［J］.语言文字应用,2020(4)：16-25.

［9］ 郭熙.关于新形势下华侨母语教育问题的一些思考［J］.语言文字应用,2015(2)：84-89.

［10］ 郭熙.论汉语教学的三大分野［J］.中国语文,2015(5)：475-478.

［11］ 谷佳维.从留根教育到综合素质教育：西班牙华文教育发展的新趋向［J］.华侨华人历史研究,2020(1)：11-19.

[12] 韩颖.汉语学习视野下多米尼加华族新生代中华文化认同研究[D],浙江科技学院,2021.

[13] 胡建刚,洪桂治,张斌等.世界华文教育年度发展报告(2019).世界华文教学,2020：3-17.

[14] 金志刚,李博文,李宝贵.意大利华文教育的现状、问题与对策[J].辽宁师范大学学报(社会科学版),2017(5)：24-27.

[15] 贾益民."一带一路"建设与华文教育新发展[J].世界华文教学,2016(1)：12-18.

[16] 贾益民.华文教育概论[M].广州：暨南大学出版社,2012.

[17] 贾益民主编.世界华文教育年鉴(2016)[M],北京：社会科学文献出版社,2017.

[18] 鞠玉华,JuYuhua.海外新华侨华人子女文化传承状况论析——以日本新华侨华人子女为中心[J].东南亚研究,2013(1)：54-58.

[19] 鞠玉华.英国中文学校发展现状探析[J].八桂侨刊,2014(2)：18-24.

[20] 李大遂.从汉语的两个特点谈必须切实重视汉字教学[J].北京大学学报(哲学社会科学版),1998(3)：127-131.

[21] 李明欢.罗马尼亚中国新移民研究：新华商与新市场[J].华侨华人历史研究,2013(4)：42-50.

[22] 李其荣.国际移民与海外华人研究(第三卷)[M].武汉：湖北人民出版社,2018：431.

[23] 林蒲田.华侨教育与华文教育概论[M].厦门：厦门大学出版社,1995：74-76.

[24] 刘芳彬.当前海外华文教育发展之处境与对策分析[J].八桂侨刊,2015(2)：35-39.

[25] 刘英林.《国际中文教育中文水平等级标准》的研制与应用[J].国际汉语教学研究,2009(1)：6-9.

[26] 刘兴标,张兴汉.《世界华侨华人概况》(欧洲、美洲卷)[M].广州：暨南大学出版社,1994：129.

[27] 刘悦.跨文化记忆与身份构建——欧洲华裔新生代文化认同[M].厦门：厦门大学出版社.

[28] 罗伯特·帕克著,陈静静,展江译.移民报刊及其控制[M].北京:中国人民大学出版社,2011.

[29] 《旅荷华侨总会五十周年纪念特刊(1947—1997)》,内部资料.

[30] 丘进主编.华侨华人蓝皮书.华侨华人研究报告(2011)[M].北京:社会科学文献出版社,2011:312.

[31] 沈椿萱,姜文英.儿童的汉语保持水平与父母的角色——基于布里斯班五个华人移民家庭的个案研究[J].海外华文教育,2017(1):5-19.

[32] 沈玲.东南亚新生代华裔文化认同的国别比较研究[J].民族教育研究,2017(6):124-129.

[33] 《世界华文教育》编辑部.世界华文教育[M].广州:暨南大学出版社,2016.

[34] 宋明顺.现代社会与社会心理[M].南京:正中书局,1975.

[35] 孙宜学."一带一路"与海外华文教育[M].上海:同济大学出版社,2018.

[36] 王洁.华文水平测试词汇大纲研制的理念与程序[J].华文教学与研究,2020(1):55-63.

[37] 王琳.法国华文教育的新发展及其困境——以法国新兴华文学校为例.世界华文教学,2020(7):83-100.

[38] 王玲,支筱诗.美国华裔家庭父母语言意识类型及影响因素分析[J].华文教育与研究,2020(3):28-36.

[39] 肖燕,文旭.语言认知与民族身份构建[J].外语研究,2016(4):7-11.

[40] 许木.蓬勃发展的英国华文教育[J].世界教育信息,2015(11):17-20.

[41] 徐子亮.汉语作为外语教学的认知理论研究[M].北京:华语教学出版社,2000.

[42] 薛南,金震.全球化视野下的意大利华文教育变革与发展[J].华北电力大学学报(社会科学版),2018(6):130-135.

[43] 严晓鹏.欧洲华文学校发展的关键影响因素分析——以意大利佛罗伦萨中文学校为例[J].教育学术月刊,2013(8):29-34.

[44] 严晓鹏,包含丽,郑颖.意大利华文教育研究——以旅意温州人创办的华文学校为例[M].杭州:浙江大学出版社,2015.

[45] 杨万秀.海外华侨华人概况[M].广州:广东人民出版社,1989:265.

[46] 杨中举.帕克的"边缘人"理论及其当代价值[J].山东师范大学学报:人文社会科学版.2019,(4):129-137.

[47] 叶静.海外华文教育的历史与现状[J].佳木斯职业学院学报,2012(11):15-18.

[48] 伊丽娜.汉语作为继承语及其对中国华文教育启示:基于对浙江大学海外华人学生汉语状况的实证调查[D].浙江大学,2013.

[49] 原鑫.华裔学生继承语水平影响因素研究[J].语言文字应用,2020(8):122.

[50] 余建华,张登国.国外"边缘人"研究略论[J].哈尔滨工业大学学报:社会科学版.2006,(5):54-57.

[51] 曾毅平主编.华文教育研究第1集[M].广州:暨南大学出版社,2017.

[52] 张春旺,张秀明主编.世界侨情报告2020[M].北京:社会科学文献出版社,2020.

[53] 章志诚.欧洲华文教育的历史与现状[J].八桂侨刊,2003(1):21-28.

[54] 赵卫国.在日华裔青少年语言与文化认同的影响因素[C].第十七届全国心理学学术会议论文摘要集,2014.

[55] 周明朗.语言认同与华语传承语教育[J].华文教学与研究,2014(1):15-20.

[56] Bartlett, L. "Bilingual Literacies, Social Identification, and Educational Trajectories"[J]. *Linguistics & Education*, 2007, 18(3-4): 215-231.

[57] International Organization for Migration. *World Migration Report 2020*[M]. Switzerland, 2020: 1-3.

[58] Johnson, M., Rohrer. T. *We Are Live Creatures: Embodiment, American Pragmatism, and the Cognitive Organism*. Berlin. New York: Mouthon de Gruyter, 2007.

[59] Park, R. E. "Human Migration and the Marginal Man". *American Journal of Sociology*, 1928, 33(6), 881-893.

[60] 《2018年意大利移民总人数超500万华人占30万排名第4》,《欧洲时

报》意大利版微信公众号"意烩".

[61] 《2019年荷兰人口总数超过1740万》,中华人民共和国商务部,http://nl.mofcom.gov.cn/article/jmxw/202001/20200102928884.shtml.

[62] 《荷兰鹿特丹丹华文化教育中心》,中国侨网,https://www.chinaqw.com/hwjy/hwhx-oz-xx/200801/03/101588.shtml.

[63] 《华文教育:荷兰华人中文教育纵横(上)》,中国新闻网,https://www.chinanews.com/2002-09-11/26/221536.html.

[64] 《华侨华人分布状况和发展趋势》.中华人民共和国国务院侨务办公室.http://qwgzyj.gqb.gov.cn/yjytt/155/1830.shtml.

[65] 《考试介绍》,汉语考试服务网,http://www.chinesetest.cn/gosign.do?id=1&lid=0#.

[66] 《世界最幸福儿童缘何能在荷兰炼成》,国际在线新闻,http://news.cri.cn/gb/42071/2013/12/27/2165s4372084.htm.

[67] 《西班牙媒体聚焦在西中国移民:20年增长了近16倍》,中国侨网,http://www.chinaqw.com/hqhr/2019/02-06/214873.shtml.

[68] 《希腊第一所"华文教育示范学校"揭牌》,中国侨网,http://www.chinaqw.com/hwjy/2018/04-04/184702.shtml.

附录

海外国学推广探索

附录一 "国学咏流传"多语教学团队介绍

一、团队简介

笔者指导的由温州大学外国语学院"国学咏流传"多语教学团队面向海外华裔子女开展的"国学大讲堂"于 2020 年 7 月开始筹备,2020 年 12 月开始教学资源准备,2021 年 1 月开始正式实施。教学团队队长为 19 英语师范专业 4 班的郑璐媛,成员包括 19 英语师范专业 3 班的江怡璇和李韵滢,19 英语师范 4 班的王懿晨、王玲洁、徐涵、熊嘉、周宁宁。

二、课程内容

"国学大讲堂"主要面向海外华裔青少年,第一期"国学大讲堂"的主要推广内容为中国传统品德:孝、悌、忠、信、礼、义、廉、耻,每个品德故事分别列举古代圣贤名士的经典故事,展现古人的智慧,让海外华裔子女传承中华民族的优良美德。具体课程内容见表 1。

表附 1　　　　"国学大讲堂"第一期课程一览表

国 学 核 心	课 程 内 容
孝(Filial Piety)	汉文帝亲尝汤药(Emperor Wen Tastes Chinese Medicine) 花木兰替父从军(Hua Mulan Joins the Army Instead of Her Father)

续表

国 学 核 心	课 程 内 容
悌（Respect Siblings）	孔融让梨（Kong Rong Gives Up the Biggest Pear） 赵孝争死（Zhao Xiao Died for His Brother）
忠（Loyalty）	苏武牧羊（Su Wu Herds the Sheep）
信（Honesty）	曾子杀猪（Zengzi Killed the Pig） 烽火戏诸侯（Crying Wolf）
礼（Manners）	春节的礼节、古诗（The Manners and Poems of the Spring Festival）
义（Righteousness）	司马光砸缸（Sima Guang Breaks Tank） 王羲之助人卖扇（Wang Xizhi Helps Granny Sell Fans）
廉（Integrity）	两袖清风的故事（Remain Uncorrupted）
耻（Disgrace）	卧薪尝胆（The Great Revival）

三、课堂模式

"量身打造"是本系列课程教学的重要特色，依据不同海外华校的需求，课程教学采用不同的教学平台和授课模式。

（一）西班牙巴塞罗那中加友好学校

授课教师加入该校各个年级的班级钉钉群，采用多群联播的形式（周六和周日分别开设高阶和低阶班）。

（二）意大利佛罗伦萨中文学校、米兰华侨中文学校

教学团队创建面向华校低阶和高阶不同年级段的专属钉钉群，采用多群联播的形式（周六开设高阶和低阶班）。

（三）意大利西西里巴勒莫中文学校

陈士钗校长创建该校专属 Zoom 房间，教学团队加入该校教学房间分高阶和低阶分级别进行。

（四）法国华人进出口商会

郑秀莲校长创建 Zoom 房间，并邀请法国巴黎多所中文学校如法国巴黎同济中文学校、法国巴黎精英中文学校等共同参与教学。

（五）中国浙江省温州市瓯海区仙岩侨联侨青会的云端华校

云端华校助教创建面向该云端华校的低阶和高阶不同年级的专属钉钉

群,采用多群联播的形式(周六开设高阶和低阶班)。

四、授课安排

"国学大讲堂"采用中文为主、英文为辅的双语教学的形式,以钉钉、Zoom 的线上教学平台,根据学生不同的中文水平分为高、低阶两个班级,并且每个班级都配有一名或多名助教协助主讲老师上课。"国学咏流传"多语教学团队成员每周六周日给不同的学校交叉授课,具体安排如下。

表附2　　　　　　　　"国学大讲堂"课程表一

班级	主题								
	第一讲	第二讲	第三讲	第四讲	第五讲	第六讲	第七讲	第八讲
周六低阶	信	孝	悌	礼	义	廉	忠	耻
主讲	王懿晨	徐菡	郑璐媛	江怡璇	王玲洁	徐菡	周宁宁	郑璐媛
助教	王玲洁	熊嘉	王懿晨	王懿晨	王懿晨	王懿晨	王玲洁	王玲洁
周六高阶	孝	信	礼	悌	廉	义	耻	忠
主讲	徐菡	王懿晨	江怡璇	郑璐媛	徐菡	王玲洁	郑璐媛	周宁宁
助教	郑璐媛	周宁宁	王玲洁	王玲洁	周宁宁	周宁宁	徐菡	徐菡
周日低阶	信	孝	悌	礼	义	廉	忠	耻
主讲	王懿晨	徐菡	郑璐媛	江怡璇	王玲洁	徐菡	周宁宁	郑璐媛
助教	王玲洁	熊嘉	王懿晨	王懿晨	王懿晨	王懿晨	王玲洁	王玲洁
周日高阶	孝	信	礼	悌	廉	义	耻	忠
主讲	徐菡	王懿晨	江怡璇	郑璐媛	徐菡	王玲洁	郑璐媛	周宁宁
助教	郑璐媛	周宁宁	王玲洁	王玲洁	周宁宁	周宁宁	徐菡	徐菡

注:本课程表适用于西班牙巴塞罗那中加友好学校(周六、周日分别开设低阶班和高阶班)。

表附3　　　　　　　　"国学大讲堂"课程表二

班级	主题								
	第一讲	第二讲	第三讲	第四讲	第五讲	第六讲	第七讲	第八讲
意大利高阶	悌	孝	信	礼	义	廉	忠	耻

续表

班级	主题								
	第一讲	第二讲	第三讲	第四讲	第五讲	第六讲	第七讲	第八讲
意大利低阶	悌	孝	信	礼	义	廉	忠	耻
法国	悌	孝	信	礼	义	廉	忠	耻
主讲	郑璐媛	徐菡	王懿晨	江怡璇	王玲洁	徐菡	周宁宁	郑璐媛
助教	徐菡	王玲洁	郑璐媛	周宁宁	郑璐媛	周宁宁	王懿晨	江怡璇

注：本课程表适用于法国华人进出口商会中文学校（周日班）和意大利西西里巴勒莫中文学校（周六开设低阶班和高阶班）。

班级	主题								
	第一讲	第二讲	第三讲	第四讲	第五讲	第六讲	第七讲	第八讲
周六低阶	悌	孝	义	信	耻	礼	廉	忠
主讲	郑璐媛	徐菡	王玲洁	王懿晨	郑璐媛	江怡璇	徐菡	周宁宁
助教	江怡璇	郑璐媛	王懿晨	徐菡	徐菡	王懿晨	全员	全员
周六高阶	信	义	孝	悌	礼	耻	忠	廉
主讲	王懿晨	王玲洁	徐菡	郑璐媛	江怡璇	郑璐媛	周宁宁	徐菡
助教	王玲洁	江怡璇	周宁宁	王玲洁	王玲洁	周宁宁	全员	全员

注：本课程表适用于意大利佛罗伦萨中文学校（周六开设低阶班和高阶班）、意大利米兰华侨中文学校（周六开设低阶班和高阶班）和中国浙江省温州市瓯海区仙岩侨青会云端华校（周六开设低阶班和高阶班）。

附录二 "国学咏流传"多语教学通讯稿

"国学大讲堂"第一讲——悌

经过一个多月的精心筹备和商谈对接，2021年1月23日和1月24日晚上9：00（意大利、法国当地时间下午14：00—15：00），温州大学外国语学院"国学咏流传"多语教学团队分别面向意大利巴勒莫中文学校和法国华人进出口商会中文学校的海外侨三代开展第一期线上国学课程。

"国学咏流传"多语教学团队通过对接海外中文学校，以网络为"侨"墩、文化为"侨"梁，运用"互联网＋"模式，搭载传输中国传统文化知识，同时利用英语师范生的专业优势，进行线上多语言"国学大讲堂"授课，每期通过不同主题进行国学思想价值的挖掘与国学经典的主题培养，提升海外华侨子女的文化认同感和归属感。"国学咏流传"多语教学团队获得实践学习机会，海外华侨子女获得国学受教育机会，达成"双赢"效果。该项目切合温州大学"侨特色"省部共建高校的办学宗旨和目标，切实推行高校服务地方。

"国学咏流传"多语教学团队目前由温州大学外国语学院、侨务公共外交研究所侨乡研究课题组杨志玲老师负责，苏玉洁、徐辉、吴征涛等老师协同指导，团队目前主讲老师有来自英语师范专业的郑璐媛、徐菡、周宁宁、王懿晨、干玲洁同学，助教有熊嘉、江怡璇、李韵滢同学，大家各司其职、分工合作、选取主题、获取材料。

"国学咏流传"多语教学团队第一期内容为"中华文化我知道——学习传统美德"系列。围绕中国优秀传统文化主题，结合当地特色以及社会时事，"国学咏流传"多语教学团队第一期选择了8个不同的主题——中国优秀传统文化的核心，即孝、悌、忠、信、礼、义、廉、耻。

第一节课的国学核心是"悌"(Respect Elder Brother)，通过讲述孔融让梨的故事让华侨子女懂得尊重和谦让他人，养成尊老爱幼的好习惯。本次课程由温州大学外国语学院19英本4班的郑璐媛主讲，王懿晨、王玲洁、徐菡、周宁宁、熊嘉、江怡璇、李韵滢等7位担任助教。

课堂伊始，郑老师以关于"梨"的字谜游戏为导入，引导学生观察图片中的人物和行为，在此基础上挖掘有关"长幼之间尊卑有序""总角"等国学知识，激发同学们对孔融让梨故事的兴趣。中间部分引入视频和文本，将生字词的学习穿插进对文章的讲解，学习中英双语表达，细致讲解生字词，授课方式更加贴合海外华侨子女的语言学习环境。

在课堂上，学生们非常积极，勇于发言，能够很好地配合老师并回答老师的问题，课堂氛围活跃。课程结束之后，大部分学生都能很好地消化吸收所学知识，对核心主题"悌"能有深刻的领悟。

本次线上国学多语课程得到了意大利巴勒莫中文学校陈士钗校长和法国华人进出口商会中文学校郑秀莲校长的大力支持和全力配合，两位也对于"国学咏流传"多语教学团队及本次课程给予了高度评价。通过本次课程，华侨子女们学习了经典国学小故事，激发了学习中国优秀传统文化的兴趣，增强了他们的文化认同感。"国学咏流传"多语教学团队也从中汲取了宝贵的教学经验和教学方法。相信下一次课程会做得更好！

责任编辑：郑璐媛
指导老师：杨志玲

"国学大讲堂"第二讲——孝

2021年1月30日和1月31日晚上21:00（意大利、法国当地时间下午14:00），温州大学外国语学院"国学咏流传"多语教学团队带着新的国学小故事分别与意大利巴勒莫中文学校和法国华人进出口商会中文学校合作开展了线上"国学大课堂"第二讲。

本次"国学大课堂"的主题是"孝"（Filial Piety），通过对汉文帝亲尝汤药和花木兰替父从军这两个故事的介绍来引导华侨子女形成孝敬父母的观念，并将自己对爸爸妈妈的爱体现到实际行动上。本讲由温州大学外国语学院19英师4班的徐菡主讲，郑璐媛、王玲洁、王懿晨、周宁宁、熊嘉、江怡璇、李韵滢等7位担任助教。

课堂开始后，徐老师通过解释"孝"的演变过程和英语意思，带领同学们对孝的核心概念有了基本的了解。接下来，徐老师鼓励同学们谈谈自己的家庭，旨在锻炼同学们的汉语表达能力。另外，小徐老师还穿插了"看图补汉字"游戏，来帮助同学了解汉字结构，补充汉字知识。

通过邀请同学来朗读文本，徐老师带领同学们快速浏览了文本，学习了生难词的读音、英语解释、笔顺等。在快速阅读后，徐老师以提问的方式帮助同学更加深入理解文本内容。另外，徐老师加入了形近字的学习，以游戏的形式巩固知识。同学们积极参与互动，取得了良好的教学效果。

在课堂的最后，徐老师引导学生回答"你认为木兰是个怎样的女孩子？"和"读完这个故事，你从汉文帝、花木兰身上学习到了什么？"这两个问题，在提升同学的词汇量和口语表达能力的同时再次升华了孝敬父母这个主题。

在第一节"国学大讲堂"结束后,"国学咏流传"多语教学团队的指导老师和成员以会议的形式,多次对第一讲进行经验总结并对第二讲进行内容改进。相信在双方学校的配合以及团队指导老师和成员的努力下,国学大课堂会不断地进步!

责任编辑:郑璐媛、徐菡
指导老师:杨志玲

"国学大讲堂"第三讲——信

温州大学外国语学院"国学咏流传"多语教学团队面向海外华侨子女开设的多语国学课程正在进行中。

一、基本介绍

2021年2月6日和2月7日,"国学咏流传"多语教学团队与法国华人进出口商会中文学校和意大利西西里巴勒莫中文学校合作开展了第三讲"国学大讲堂"。

本次"国学大讲堂"的主题为"信"(Honesty),主讲人为温州大学外国语学院19英师4班的王懿晨,助教有王玲洁、郑璐媛、徐菡、周宁宁、江怡璇。

二、课堂内容

在正式课堂开始之前,王老师向同学们强调了课堂小规则,并在高阶班中融入了各条课堂小规则动词的英语表达。

在主题词介绍部分,首先王老师给出"信"字的最早写法,通过阐述"信"字的来源,引出它的本义,延伸出"信"具有代表性的6个意思。然后,王老师给出一些词语,引导同学们帮助"迷路"的词语找到它们的"家"——将词语与其意思相对应,使同学们了解到信的多个不同的意思。接着,通过强调本讲的主题词"信",让同学们对主题"诚信"有了更深的理解。最后,王老师教同学们"信"该如何用英语来表达,并融入句子加以应用。在低阶班,王老师还加入了多音字的运用。

在故事部分,王老师根据低阶班与高阶班的不同学情,分别讲述了两个不

同的故事。

在低阶班,王老师为大家介绍了《曾子杀猪》的故事。通过"猜猜这是谁?"(Who is it?)的小游戏,引出《曾子杀猪》这个国学小故事。同学们在看了有关的故事视频后,对故事有了一定的了解。此时,王老师再继续带领同学们进行文本解读,每一段都邀请一位同学朗诵,王老师通过学生的朗诵发现问题,及时为学生答疑解惑。文本解读还结合了提问思考、内容讲解、词汇精学,使同学们真正学习到知识,愿意成为一个言而有信的人。

在高阶班,王老师为大家介绍了《烽火戏诸侯》的故事。课堂先用《狼来了》的故事自然导入《烽火戏诸侯》故事,再通过有趣的游戏形式"谁的马车来了?"(Whose carriage is coming?)生动介绍了西周分封制,让同学们了解这个故事的背景,知道本故事涉及的天子和诸侯的含义。在看完简单的视频介绍后,王老师采取和低阶班类似的形式——邀请学生朗读、发现问题、解决问题、词句解析等,让同学们认识到不能像周幽王一样言而无信,知道言必信、行必果。最后通过"捶捶锤!"(Beat them all!)小游戏对本故事的知识加以巩固。

王老师还在高阶班补充了拓展篇,使同学们了解《立木为信》的故事。《立木为信》中商鞅的言而有信与《烽火戏诸侯》中周幽王的言而无信形成鲜明的对比。同学们因此更能领悟到该怎么做到"信"。

在复习篇,王老师利用游戏的形式,设定了两个关卡——"一起来读吧!"(Let's read!)和"谁不见了?"(Who is missing?)。小王老师寓教于乐,使同学们在快乐参与的同时有效地复习了知识,同时再次强调了"信"的主题。

课堂的最后一个环节是"过小年,贴窗花"。为迎合新年气氛,王老师带领同学们剪了小牛窗花。在充满年味的伴奏中,同学们喜气洋洋地剪了各种可爱的小牛窗花。

有了前两讲的经验积累,并在指导老师杨志玲以及法国华人进出口商会中文学校郑秀莲校长和意大利西西里巴勒莫学校陈士钗校长的精心指导下,"国学咏流传"多语教学团队成员在课堂节奏、课堂管理、师生互动、课文讲解、词语解读等方面有了很大进步。在课堂结束后,合作校方和指导老师对本次的"国学大讲堂"都作出了高度的评价。

责任编辑:郑璐媛、王懿晨

指导老师:杨志玲

"国学大讲堂"第四讲——礼

温州大学外国语学院"国学咏流传"多语教学团队针对海外华侨子女开设的多语国学课程持续进行中。

一、基本介绍

2021年2月13日和2月14日,"国学咏流传"多语教学团队与法国华人进出口商会中文学校和意大利西西里巴勒莫中文学校合作开展了第四次"国学大讲堂"。与此同时,该团队与西班牙巴塞罗那中加友好学校合作开展了第一次"国学大讲堂"。

第四次"国学大讲堂"的主题为"礼"(Manners),借着春节的机遇,大讲堂围绕着"春节的礼节"开展进行,主讲人为温州大学外国语学院19英师3班的江怡璇,助教为周宁宁。

二、法国篇

江老师用"春节的礼节知多少"为导入,启发同学们积极思考,并给出4个特定的情景:拜年、年夜饭、压岁钱、祝福,引导同学们说出在不同的情景应该如何展现春节礼节,努力成为一个知礼节、懂礼貌的好孩子。在导入的环节,江老师积极活跃气氛,给同学们展示了拜年的作揖动作,通过"眼力大比拼"小游戏展示了带有"牛"的祝福语,这些有趣的小游戏大大提高了同学们课堂参与的兴趣。

接着,江老师在3个班带着同学们一起学习了春节童谣、春节古诗《元日》以及里面的一些字,包括"福(blessing)""桃符(couplet)""爆竹(fireworks)",通过单字的部首、笔画数、结构、组词和英语表达加深了同学们对汉字的认知程度。在学习春节童谣和春节古诗的时候,江老师给同学们观看了相关卡通视频,以图文结合的方式让同学们对童谣和故事有了更深的了解。例如,在春节古诗《元日》的介绍中,江老师融入了"爆竹""屠苏""桃符"的图片,启发同学们想一想古代中国和现代中国这些物品的指称,在此期间设置小游戏"找一找",在激发同学们兴趣的同时带领他们熟悉春节前后的礼节,以此对中国传统节日以及"礼"有更深的认同感和自豪感。

最后的复习环节,江老师通过"摘果子"和"眼力大比拼"两个小游戏,带领同学们温故知新,复习了本次"国学大讲堂"的重点知识点,同学们在快乐的小游戏中结束了本次课堂。

本次"国学大讲堂"在同学们坚定且自信的闪闪目光中圆满结束,增进了同学们对国学文化"礼"的了解,激发了对中国传统节日"春节"的兴趣。小老师们的能力得到了很好的锻炼,同时获得了宝贵的经验。同学们和小老师们都对下一次的教学充满了期待。

三、意大利篇

江老师在法国授课内容的基础上,针对意大利高低阶不同的班级分别采用不同难度的授课内容。

为了提高意大利高阶班的难度,江老师在意大利高阶版加入了"年兽"的故事,并通过图文、造句结合的方式带领同学们学习相关成语:目若朗星、大惊失色、安然无恙。

四、西班牙篇

2021年2月13日和2月14日晚上20:10—21:00(西班牙当地时间13:10—14:00),"国学咏流传"多语教学团队与西班牙巴塞罗那中加友好学校合作开展了第一次"国学大讲堂"。低阶班的第一讲主题为"信"(Honesty)。主讲人是王懿晨,助教为王玲洁。王老师从国学小故事《曾子杀猪》出发,伴以趣味互动、字词认读、课文理解、主题感悟等,引导同学们要做言而有信的人。高阶班的主题是"孝"(Filial Piety),由徐菡担任主讲,郑璐媛担任助教,通过对《汉文帝亲尝汤药》的故事的介绍,引导同学们深刻领悟孝敬父母的内涵,并将自己对爸爸妈妈的爱体现到实际行动上。

责任编辑:江怡璇、王玲洁

指导老师:杨志玲

"国学大讲堂"第五讲——义

温州大学外国语学院"国学咏流传"多语教学团队开设的"国学大讲堂"正在如火如荼地举行中。该讲堂面向华侨子女,旨在增加华侨子女的国学知识,提升华侨子女的民族自信感。

2021年2月20日和21日晚21:00,"国学咏流传"多语教学团队与意大利西西里巴勒莫中文学校和法国华人进出口商会中文学校联合举办的"国学大讲堂"第五讲如期开课了。本次的主题为"义"(Righteousness),主讲人为温州大学外国语学院19英师4班的王玲洁,助教为郑璐媛、王懿晨、徐菡、周宁宁。同时,西班牙巴塞罗那中加友好学校第二次国学大讲堂也顺利进行。

一、意大利

首先,王老师以"猜一猜"小游戏作为课堂热身活动,活跃课堂的气氛,讲解成语见义勇为的释义,并引出主题。通过"字词自助餐厅"小游戏请同学们寻找义的搭档词语,进一步理解主题。

对于高阶班的学生,王老师引入《王羲之助人卖扇》的故事。讲解故事之前,王老师先为同学们拓展有关王羲之大书法家的知识,借此引导同学们了解草书、行书、楷书的区别,并运用"字词扭蛋机"小游戏巩固同学们对于这三种书法字体的区别认识。同时,王老师借此机会,讲解怎样握毛笔,让同学们对于中国传统书写工具有一定了解。在故事篇,通过视频让同学们对故事产生浅层的理解,随后给出课文并设置问题帮助同学们深入理解课文,并让同学们通过该故事认识到王羲之是一个助人为乐、见义勇为的人,紧扣主题。在教学中,通过课文的"一百文钱"让同学们对中国古代货币制进行学习。最后,复习篇王老师采用"字词照相机"游戏复习教学内容,不仅提高了学生的兴趣,也借此对之前学过的字词进行了复习。

对于低阶班的学生,王老师先讲解了比喻句,让同学们对比喻句进行理解运用,随后引入《司马光砸缸》故事,通过文本解读让同学们认识到司马光是一个见义勇为、聪明机智的小男孩。在复习篇通过"选一选""串一串"小游戏让同学们进行看图说话,加深对今天所学课文的印象。随后采用与高阶班相同的游戏"字词照相机"对字词进行巩固。

二、法国

根据同学们的知识掌握程度不同,王老师对课程进行了微调。首先,通过同学们熟知的超人引出正义感、助人为乐与见义勇为,接下来总结三个词语,引出主题"义"。

其次,对于英语较为薄弱的同学们加入了汉字拆分和领读,加强同学们对于汉字发音的把控与汉字意义的理解。在讲解课文时,邀请同学们对课文进行朗读,并对同学们在朗读过程中出现的错误进行纠正。

三、西班牙

2021年2月20日和2月21日晚上20:10—21:00(西班牙当地时间13:10—14:00),"国学咏流传"多语教学团队与西班牙巴塞罗那中加友好学校合作开展了第二次国学小课堂。低阶班的第二讲主题是"孝"(Filial Piety),由徐菡担任主讲,熊嘉担任助教,通过对《花木兰替父从军》故事的介绍,并加以对生词的讲解,来帮助同学们体会孝敬父母的内涵和意义。高阶班的第二讲主题为"信"(Honesty),主讲人王懿晨,助教周宁宁。王老师从国学小故事《烽火戏诸侯》出发,伴以趣味互动、背景介绍、成语解读、课文理解、主题感悟等,引导同学们要言必信、行必果。

在温州大学外国语学院多位指导老师的悉心教导下,以及法国华人进出口商会中文学校郑秀莲校长、意大利西西里巴勒莫学校陈士钗校长、西班牙巴塞罗那中加友好学校陈淑芬校长和教学主管时若洋老师等人的积极帮助下,"国学咏流传"多语教学团队的成员在授课方面有了明显的进步,积累了丰富的经验,以更加昂扬的斗志上好接下来的每一堂课。

责任编辑:王玲洁、郑璐媛
指导老师:杨志玲

"国学大讲堂"第六讲——廉

2021年2月27日和2月28日,温州大学外国语学院"国学咏流传"多语教学团队与多所华校合作顺利地开展了"国学大讲堂"。

一、法国

2021年2月28日晚21:00—22:00(法国当地时间14:00—15:00),"国学咏流传"多语教学团队与法国华人进出口商会中文学校合作的国学大讲堂第六讲如期开展。本次的主题为"廉"(Integrity),主讲人为温州大学外国语学院

19英师4班的徐菡,助教周宁宁。

在课堂的开端,徐老师通过解释汉字"廉"的演变过程来帮助同学们初步理解"廉"的含义。之后,通过"选一选"小游戏,设置不同的情境让同学们选择不同的解决方案来更深理解"廉"的内涵。

徐老师通过《两袖清风》故事来引导同学们树立廉洁的观念。在讲述故事之前,徐老师通过"找相似"小游戏,给同学们拓展了藏在汉服袖子里的小秘密——口袋相关的知识,并补充了汉服宽大袖子的作用等国学小知识。之后,徐老师介绍了"两袖清风"这个成语的意思。在观看完介绍《两袖清风》的视频之后,徐老师引入课文。通过设置与段落大意相关的问题来帮助同学们整体把握课文意思,并加以对生词、中华传统文化知识的解释。在故事篇的最后,徐老师通过图片和文字提示来帮助同学们复述故事,加深印象。

在复习篇,徐老师带来了"幸运大转盘"游戏。随着转盘的停止,在屏幕上出现不同图片来引导同学们说出和图片相对应的词语。这个游戏充满趣味,加深了同学们对生词的掌握。

二、意大利

(一) 西西里巴勒莫中文学校

2021年2月27日晚21:00—23:10(意大利当地时间14:00—16:10),"国学咏流传"多语教学团队与意大利西西里巴勒莫中文学校合作开展了国学大讲堂第六讲——"廉"(Integrity)。大讲堂采用Zoom直播的形式,分为高阶和低阶两个班级,针对不同班级设置了不同的讲课内容和难度,旨在帮助学生们更好地学习中华优秀传统文化知识。在低阶班的基础上,徐老师在高阶班加入了"蔚然成风"等成语的学习以及介绍"两袖清风"的来历等内容。

(二) 佛罗伦萨中文学校和米兰华侨中文学校

2021年2月27日晚22:00—23:00(意大利当地时间15:00—16:00),"国学咏流传"多语教学团队与意大利佛罗伦萨中文学校和米兰华侨中文学校合作开展了第一次国学大讲堂。教学采用钉钉在线教学平台,使用中英双语教学的形式,分为低阶和高阶两个班级,对不同中文水平的学生进行阶梯授课。

低阶班的第一讲主题为"悌"(Respect Elder Brother),由郑璐媛担任主讲,王懿晨担任助教。郑老师向同学们详细介绍了元宵节的含义和各种习俗,通过三个灯谜引出故事《孔融让梨》,让学生们懂得尊敬和谦让他人,学会尊老爱幼。高阶班的第一讲主题为"信(Honesty)",主讲人王懿晨,助教王玲洁。王老师从国学小故事《烽火戏诸侯》出发,伴以趣味互动、背景介绍、成语解读、课文理解、主题感悟等,引导同学们要言必信,行必果。

三、西班牙

2021年2月27日和2月28日晚20:10—21:00(西班牙当地时间13:10—14:00),"国学咏流传"多语教学团队与西班牙巴塞罗那中加友好学校合作开展了第三次国学小课堂。低阶班的第三讲主题是"悌"(Respect Elder Brother),由郑璐媛担任主讲,王懿晨担任助教。郑老师向同学们介绍了元宵节的各种习俗,并通过灯谜引出故事《孔融让梨》,让学生们学习了尊老爱幼的美德。高阶班的第三讲主题为"礼"(Manners)。主讲人江怡璇,助教王玲洁。江老师用"春节礼节知多少"为导入,引发同学们积极思考以及活跃互动,而后讲述了《年兽的故事》,在学习的同时穿插一些有趣的游戏,促进同学们对中国传统节日春节以及国学"礼"的认同感和自豪感。

四、中国

2021年2月27日晚22:00—23:00(意大利当地时间15:00—16:00),"国学咏流传"多语教学团队与中国温州仙岩侨联侨青会国学斋合作开展了面向海外华侨子女的国学大讲堂第一讲。大讲堂根据学生不同的中文学习情况,将学生分为低阶和高阶两个班级,采用与意大利佛罗伦萨中文学校和米兰华侨中文学校钉钉在线教学联播的形式进行分阶教学。大讲堂采用中英双语的教学形式对国学小故事进行讲授,旨在帮助海外华侨子女更好地学习中华优秀传统文化知识。

在"国学咏流传"多语教学团队指导老师和成员们的共同努力,以及多所华侨中文学校负责人的支持下,"国学大讲堂"正在如火如荼地进行着,并且获得了各方学校、学生、家长的好评。通过本次线上"国学大讲堂",海外华侨子女学习到了更多中华优秀传统文化知识,"国学咏流传"多语教学团队成员在教学中也获得了宝贵的实践经验。相信在多方的支持以及团队指导老师和成员的努力下,国学大讲堂会不断进步!

责任编辑:徐菡、郑璐媛
指导老师:杨志玲

"国学大讲堂"第七讲——忠

温州大学外国语学院"国学咏流传"多语教学团队与多个学校合作,面向海外华侨子女开展的国学大讲堂持续进行中,该讲堂旨在通过增加华侨子女的国学小知识来提升他们的民族认同感。

一、法国

2021年3月7日晚21:00—22:00(法国当地时间14:00—15:00),"国学咏流传"多语教学团队与法国华人进出口商会中文学校合作的国学大讲堂第七讲如期开课了。本次的主题是"忠"(Loyalty),主讲人为温州大学外国语学院19英师4班的周宁宁,助教为王懿晨。

周老师先带领同学们一起跟读"忠"字和组词,通过提问的方式,让同学们思考"忠"的部首、笔画、结构,并学习"忠"的含义。由"忠"的构词引入形声字教学。通过"小蝌蚪找妈妈"学习"住"和"柱"两个形声字,通过"选一选"来辨认形声字,加深了形声字的理解。课文学习先通过猜谜语引出"苏武牧羊"的故事。在观看完苏武牧羊的故事视频后,开始课文讲解。讲解包括字词朗读以及重点长难句的理解,如"匈奴""答复""求和""冤枉"等,并对这些词所蕴含的中国传统文化进行了深入挖掘,让同学们体会到苏武的伟大和忠诚。当讲到苏武在北海牧羊的艰苦环境时,引导同学们提出了如何在沙漠中找寻水源的思索,同学们都非常有创造性地想到了很多方法。

复习篇通过"打地鼠"游戏,让同学们对本堂课学习到的知识加以巩固。课堂的最后环节是"折一折",老师带领同学们一起折出了一只小羊头,契合了本故事中的"羊",并且锻炼了同学们的动手能力。

二、意大利

(一)西西里巴勒莫中文学校

2021年3月6日晚21:00—23:10(意大利当地时间14:00—16:10),"国

学咏流传"多语教学团队与意大利西西里巴勒莫中文学校合作的"国学大讲堂"第七讲顺利开展。本次课程的主题词是"忠"(Loyalty)，授课采用 Zoom 直播的方式，根据学生的水平分为高阶和低阶两个班级。因此，周老师对文本和问题的难度进行了一些调整，在高阶班中加入了孟子的"富贵不能淫，贫贱不能移，威武不能屈"的赏析，在低阶班中则加入了折纸的特色活动。

（二）佛罗伦萨中文学校和米兰华侨中文学校

2021 年 3 月 6 日晚上 22:00—23:00（意大利当地时间 15:00—16:00），"国学咏流传"多语教学团队与意大利佛罗伦萨中文学校和米兰华侨中文学校合作开展了第二次国学大讲堂。低阶班的第二讲主题是"孝"(Filial Piety)，由徐菡担任主讲，郑璐媛担任助教。徐老师通过"看图识汉字"游戏介绍了八种汉字结构，随后对《花木兰替父从军》这个故事进行了讲解，加以生词学习，帮助同学们体会孝敬父母的内涵和意义。高阶班的主题为"义"(Righteousness)，由王玲洁担任主讲，江怡璇担任助教。王老师由超人的形象引出主题，并通过《王羲之助人卖扇》的故事，结合生字解读，让同学们对助人为乐有更深的理解。

三、西班牙

2021 年 3 月 6 日和 3 月 7 日晚 20:10—21:00（西班牙当地时间 13:10—14:00），"国学咏流传"多语教学团队与西班牙巴塞罗那中加友好学校合作开展了第四次国学大讲堂。低阶班的第四讲主题是"礼"(Manners)，由江怡璇担任主讲，王懿晨担任助教。江老师用"春节礼节知多少"为导入，引导同学们积极思考以及活跃互动，而后带领同学们学习了童谣《春》和古诗《元日》，在学习的同时穿插一些有趣的游戏，促进同学们对中国传统节日春节以及国学"礼"的认同感和自豪感。高阶班的第四讲主题为"悌"(Respect Elder Brother)，主讲人郑璐媛，助教王玲洁。郑老师以小游戏"看图找汉字"为导入，向同学们介绍了汉字的起源和甲骨文的特点，而后带领同学们一起学习了《孔融让梨》的成语故事，让同学们明白了要懂得尊重和谦让，学会尊老爱幼，加深对悌的理解。

四、中国

2021 年 3 月 6 日晚上 22:00—23:00（意大利当地时间 15:00—16:00），"国学咏流传"多语教学团队与中国温州仙岩侨联侨青会国学斋合作开展了第二次国学大讲堂。低阶班的第二讲主题是"孝"(Filial Piety),由徐菡担任主讲,郑璐媛担任助教。徐老师以"看图识汉字"和"介绍我的家庭"作为引入,随后通过对《花木兰替父从军》故事的讲解,加以生词学习,帮助同学们领悟孝敬父母的含义。高阶班的主题为"义"(Righteousness),由王玲洁担任主讲,江怡璇担任助教,由超人的形象引出主题,并通过《王羲之助人卖扇》的故事,结合生字解读,让同学们对于助人为乐有更深的理解。

在温州大学外国语学院指导老师的悉心指导,以及多所华侨中文学校负责人的支持下,国学大讲堂持续进行中,获得了学校、家长、学生的好评。通过开展这次"国学大讲堂",海外华侨子女不仅可以了解更多的中国传统文化,而且还能增强民族自豪感。在这一过程中,"国学咏流传"多语教学团队也收获了许多教学经验。

责任编辑:周宁宁、郑璐媛

指导老师:杨志玲

"国学大讲堂"第八讲——耻

2021年3月14日和15日,温州大学外国语学院"国学咏流传"多语教学团队与法国华人进出口商会中义学校、意大利巴勒莫中文学校合作开展的"国学大讲堂"系列讲座圆满结束。

一、法国

2021年3月14日晚21:00—22:00(法国当地时间14:00—15:00),"国学咏流传"多语教学团队与法国华人进出口商会中文学校合作的"国学大讲堂"第八讲如期开课了。本次的主题为"耻"(Disgrace),主讲人为温州大学外国语学院19英师4班的郑璐媛,助教为江怡璇。

在课堂开端,郑老师通过说文解字给同学们详细介绍了"耻"的意思,通过"连连看"小游戏,学习用"耻"字组词,激发同学们的学习兴趣。之后,郑老师讲解了"词语的感情色彩"这个知识点,利用分类小游戏,加深同学们对词语的感情色彩的理解。

郑老师通过《卧薪尝胆》故事来引导同学们懂得知耻而后勇的道理。在阅读正文之前,郑老师先向同学们仔细讲解了"卧薪尝胆"的意思,让同学们对文章内容和主旨有一个大致的了解。看完视频之后,郑老师对课文进行了逐段细致讲解,重点向同学们介绍了粗布衣、舂米、推磨等词的意思和蕴含的文化背景知识,让同学们对越王勾践所受到的耻辱有了更加清楚的认识。通过越王勾践前后身份、生活的对比,凸显出其忍辱负重、励精图治,引导小朋友们学习他宝贵的精神品质。

在课堂最后,郑老师通过"飞旋 UFO"游戏帮助同学们复习和巩固学过的词语。每当飞船飞出,同学们就大声说出它显示的词语。这个游戏不仅充满趣味性,还加深了小朋友们对生词的掌握。

二、意大利

(一) 西西里巴勒莫中文学校

2021 年 3 月 13 日晚 21:00—23:10(意大利当地时间 14:00—16:10),温州大学外国语学院"国学咏流传"多语教学团队与意大利西西里巴勒莫中文学校合作开展了"国学大讲堂"第八讲——"耻"(Disgrace)。大讲堂采用 Zoom 直播的形式,分为高阶和低阶两个班级,针对不同班级设置了不同的讲课内容和难度,旨在帮助学生们学习到更多的优秀传统文化知识。

(二) 佛罗伦萨中文学校和米兰华侨中文学校

2021 年 3 月 13 日晚上 22:00—23:00(意大利当地时间 15:00—16:00),"国学咏流传"多语教学团队与意大利佛罗伦萨中文学校和米兰华侨中文学校合作开展了第三次"国学大讲堂"。

高阶班的第三讲主题是"孝"(Filial Piety),由徐菡担任主讲,周宁宁担任助教。徐老师通过"孝的字形演变"介绍了孝的深层含义,随后对《汉文帝亲尝汤药》这个故事进行了讲解,伴以生词学习、了解中西药的区别等内容,帮助同学们体会孝敬父母的内涵和意义。

低阶班的第三讲主题为"义"(Righteousness),主讲为王玲洁,助教为王懿晨。王老师以超人的形象引申出主题"义",通过《司马光砸缸》故事让小朋友们理解见义勇为、助人为乐的精神。

三、西班牙

2021 年 3 月 13 日和 3 月 14 日晚 20:10—21:00(西班牙当地时间

13:10—14:00），"国学咏流传"多语教学团队与西班牙巴塞罗那中加友好学校合作开展了第五次"国学大讲堂"。

高阶班的第五讲主题是"廉"（Integrity），由徐菡担任主讲，周宁宁担任助教。徐老师用"选一选"游戏作为导入，通过情景体验带领学生们体会廉洁正直的重要性，而后讲解了《两袖清风》，并穿插生词学习、国学知识了解，促进学生们领悟廉洁的内涵。

低阶班第五讲主题为"义"（Righteousness），主讲为王玲洁老师，助教为王懿晨老师。王老师通过"猜一猜"小游戏引出主题"义"，并教授同学们比喻句的用法，结合《司马光砸缸》故事进行复习总结，讲授该故事也旨在让同学们领悟助人为乐、见义勇为的精神。

四、中国

2021年3月13日晚22:00—23:00，"国学咏流传"多语教学团队与中国温州仙岩侨联侨青会国学斋合作开展了针对海外华侨子女的"国学大讲堂"第三讲。大讲堂根据学生不同的中文学习情况，将学生分为低阶和高阶两个班级，采用与意大利佛罗伦萨中文学校和米兰华侨中文学校钉钉在线教学联播的形式进行分阶教学。另外，大讲堂采用中英双语的教学形式对国学小故事进行教授，旨在帮助海外华侨子女更好地学习中华优秀传统文化知识。

在"国学咏流传"多语教学团队指导老师和成员们的努力，以及海外各华校负责人的支持下，法国华人进出口商会中文学校、意大利巴勒莫中文学校等校的"国学大讲堂"系列讲座圆满结束，获得了各方学校、学生、家长的一致好评。通过本次线上的跨国"国学大讲堂"，海外华侨子女学习到了更多中华优秀传统文化知识，而"国学咏流传"多语教学团队成员在教学中也获得了宝贵的实践经验。"国学咏流传"多语教学团队成员将会满怀信心，继续上好佛罗伦萨中文学校、米兰华侨中文学校、中国温州仙岩侨联侨青会国学斋其余的"国学大讲堂"课程，在一次次锻炼中收获与成长！

责任编辑：郑璐媛

指导老师：杨志玲

附录三　法国巴黎同济中文学校听课笔记(部分)

《温州大学"国学大讲堂"第一讲》听课记录

听课时间：2021年1月24日下午 14:00—15:00

听课华校：法国巴黎同济中文学校

一、优点

授课老师非常优秀，声音语调清晰。

二、课程安排

以《孔融让梨》的故事引入主题，内容非常贴切。另外，可能是第一节课的缘故，内容除了主题"悌敬兄长"之外，还加入了"自我介绍接龙"及"甲骨文辨认"等热身小游戏。只是每个环节之间衔接不够紧密，切换稍显突兀，特别是开头讲解"悌"的意思后，突然插入上述与内容相差过大的游戏，听起来有点跳跃。

三、授课方式

同样也是先利用图片引入，不同之处在于，生字词学习会穿插在文章的讲解中，老师讲到句子结构时会强调语法。解释语以中文为主，辅助英文进行单词讲解，PPT也会标注英文，有时直接使用英文造句，而不是将该生词放在中文语境中，应该同学生群体的特殊性有关。

四、课堂纪律

环境有些嘈杂，个别学生家里一直有人说话，老师可能专注讲课，并未及时关闭该生话筒。此外，第一堂课还有其他负责老师参与，途中不时听到这些老师在帮忙点名或维持纪律。特别是Zoom在40分钟后自动退出，有些影响上课节奏。

五、课堂互动

学生较积极,能很好地配合老师。对于不太自信的学生,老师也会予以鼓励。老师本人亲和力很好,对某些词语的解释非常细致(例如黄澄澄),也会多次带读。

六、整体感受

这节课还需要更多了解学生的实际情况,把握学情。
理由如下:

首先,既然是"国学大讲堂",那更应侧重让学生体会这些思想的内核,例如为何中国人的家庭观念更重、为何要"兄友弟恭"、中西方对此看法是否一致等,但这堂课更像是《孔融让梨》的故事讲解;如果课堂目的是传播、弘扬价值观,那更应注重对这些传统观念的理解,而不是强调字句。

其次,学生水平参差不齐,年龄差距较大,老师对每位学生的了解也不够,所以没法精准地把控内容的难易,部分词语及解释语对学生来说较难。如果让我们学校的高年级学生来听,虽然没有字词障碍,但这节课的讲法又太过基础,内容不够深刻;如果让低年级学生参与,可能需要降低部分生词难度,以便更好理解内容。另外引导性的提问不足,学生不知道老师想要的答案。最后,若仅仅是对"国学""中华传统美德"的主题感兴趣,在我校可以用这些内容作为试卷订正课之后的故事主题,授课效果应该也能达到。

七、建议

建议采用分阶教学,可以照顾各层次学生的需求,也更利于教学目标的实施。

国学推广外媒报道

传播国学传统文化　探索华文教育新模式
"国学大讲堂"网上开讲[①]

（欧洲时报记者欧文报道）如何将国学知识和中华优秀文化融会贯通到海外华文教学之中，法国当地时间元月24日下午2点开讲的"法国华人进出口商会中文学校国学大讲堂"为法国和其他海外华文教育工作者提供了一次良好的借鉴机会。

"法国华人进出口商会中文学校国学大讲堂"，是由温州大学外国语学院"国学咏流传"多语教学团队推出的"中华文化我知道——学习传统美德"系列教学。

该系列教学分为八期，围绕孝，悌，忠，信，礼，义，廉，耻等八个中国优秀传统文化主题，结合当地特色以及社会时事，以网络为"侨"墩，文化为"侨"梁，运用"互联网+"的模式，搭载传输中国传统文化知识，同时利用英语师范生的专业优势，进行线上多语言国学大讲堂授课。

24日当天是"中华文化我知道——学习传统美德"系列教学的第一节课，主讲人——温州大学外国语学院的郑璐媛通过讲述孔融让梨的故事让华侨子女懂得尊重和谦让他人，养成尊老爱幼的好习惯，同时也将国学"悌"（Respect Elder Brother）的理念传播给了听课的法国华侨华人子弟。

[①] 摘自：欧文.传播国学传统文化　探索华文教育新模式　"国学大讲堂"网上开讲[EB/OL]. http://www.oushinet.com/static/content/qj/qjnews/2021-01-25/803496714450509824.html.

教学中，郑璐媛和王懿晨、王玲洁、徐菡、周宁宁、熊嘉、江怡璇、李韵滢等团队成员以关于"梨"的字谜游戏为导入，引导学生观察图片中的人物和行为，在此基础上挖掘有关"长幼之间尊卑有序""总角"等国学知识，激发同学们对孔融让梨故事的兴趣。中间部分代入视频和文本，将生字词的学习穿插到文章的讲解，学习中英双语表达，对生字词进行细致的讲解，更加贴合海外华侨子女的语言学习环境。

一个小时的教学结束时，听课的法国华侨华人孩子意犹未尽。

法国华人进出口商会中文学校校长郑秀莲发微信给郑璐媛表示感谢，为郑璐媛的讲课点赞。

温州大学外国语学院"国学咏流传"多语教学团队指导老师杨志玲在授课群中发出问卷调查，及时听取汇总参加授课的孩子和老师的意见和建议，以便在后期的教学中不断改进。

杨志玲在接受欧洲时报电话采访时介绍说，"国学咏流传"多语教学团队，是由温州大学外国语学院、侨务公共外交研究所侨乡研究课题组指导，契合温州大学"侨特色"省部共建高校的办学宗旨和目标，切实推行高校服务地方的一次有益尝试。

"中华文化我知道——学习传统美德"系列教学，每期通过不同主题进行国学思想价值的挖掘与国学经典的主题培养，提升我国海外华侨子女的文化认同感和归属感。"国学咏流传"多语教学团队获得实践学习机会，海外华侨子女获得国学受教育机会，达成"双赢"效果。

据介绍，"中华文化我知道——学习传统美德"系列教学于23日也已在意大利巴勒莫中文学校开讲。

杨志玲老师希望通过该系列教学，激发华侨华人子女学习中国优秀传统文化的兴趣，增强对祖籍国的认识，以及对历史悠久的中华文化的认同。同时，杨志玲也希望法国的华文教育工作者和学生对教学多提宝贵意见，以进一步改善教学，尽快摸索出一套适用于推广国学知识的海外华文教育新模式。

当天，巴黎大区多家中文学校的师生也参加旁听了"中华文化我知道——学习传统美德"系列教学首节课。

温州大学外国学院开展"量身打造"的面向海外华校特色网络课程[①]

疫情背景下的海外华文教学面临各类教学和师资难题,如何将国内的教学师资与海外华侨进行对接,开展"量身打造"的海外国学推广,温州大学外国语学院"国学咏流传"双语创新教学团队为海外华文教育工作者和海外华文推广提供了一次良好的借鉴机会。

本次开讲的"国学大讲堂"系列讲座从2021年1月23日开始免费开讲。该系列教学第一期分为八个主题,通过八个不同的主题"孝、悌、忠、信、礼、义、廉、耻",致力于趣味中英双语教学,学习国学小故事,结合温州特色以及社会实事,让海外华侨子女们学习到优秀的中国传统文化。在课堂中,"国学咏流传"教学团队教师从国学小故事出发,进行趣味互动,字词认读,课文理解,主题感悟等等,以网络为"侨"墩,文化为"侨"梁,运用"互联网+"的模式,搭载传输中国优秀传统文化知识,同时利用英语师范生的专业优势,进行线上双语授课。该系列课程切合温州大学"侨特色"省部共建高校的办学宗旨和目标,切实推行高校服务地方的原则。

"量身打造"是本系列课程教学重要特色,依据不同海外华校的需求,课程教学采用不同的教学平台和授课模式,课程依托的平台包括钉钉、Zoom等线上教学平台。以西班牙巴塞罗那中加友好学校为例,该校的推广课程分为周六和周日两天,每天均采用低阶和高阶的教学内容,低阶主要面向两个不同教学日的幼儿园至小学三年级的学生,高阶主要面向小学四至六年级及初中学生,授课教师加入该校各个年级的班级钉钉群,采用多群联播的形式进行教学。面向意大利佛罗伦萨中文学校、米兰华侨中文学校以及国内仙岩侨联侨青会的云端华校的教学则采用创建该校专属钉钉群,并进行多群在线直播形式。面向意大利西西里巴勒莫中文学校采用的是该校"专属型"Zoom房间以及法国华人进出口商会的"开放型"Zoom方面并邀请法国巴黎多所中文学校

[①] 摘自:欧华信息网.温州大学外国学院开展"量身打造"的面向海外华校特色网络课程[EB/OL]. http://www.0039italia.com/index.php? m=content&c=index&a=show&catid=10&id=2744.

包括法国巴黎同济中文学校、法国巴黎精英中文学校等多所学校共同参与教学。

"国学咏流传"双语创新教学团队目前由温州大学外国语学院陈勃副书记、侨务公共外交研究所侨乡研究课题组杨志玲、苏玉洁、徐辉、吴征涛等老师协同指导。队长为温州大学外国语学院19英语师范专业4班的郑璐媛,成员包括19英语师范专业3班的江怡璇和李韵滢、19英语师范专业4班的王玲洁、王懿晨、周宁宁、徐菡、熊嘉。每个团队成员克服国内外时差进行线上跨国别授课,每期通过不同主题进行国学思想价值的挖掘与国学经典的主题培养,提升海外华侨子女的中国文化知识储备和文化认同感和归属感,团队成员也获得了学习锻炼的机会,达到双赢的效果。

目前第一期的"国学大讲堂"系列讲座在法国、意大利和西班牙的部分华校已经完成,其他华校按照进度将在接下来的4月结课,第二期的系列讲座目前已经在开发,预计在今年暑假推出。本期的系列讲座对于海外华文教育产生了积极影响,对海外华裔青少年进行主题式的爱国主义和中国优秀传统文化教育,不但能提高他们的中文能力,拓展中文思维,同时发扬中国传统美德,增强爱国爱乡爱家情怀。把中国传统文化教育作为维系侨心、凝聚侨力的重要支柱,能加强海外华裔青少年与祖国的联系,增强海外学生对中国文化的兴趣,扩大中国优秀传统文化的国际影响力。

"法国华人进出口商会"中文学校
"国学大讲堂"网上开讲[①]

【欧洲时报记着欧文报道】如何将国学知识和中华优秀文化融会贯通到海外华文教学之中,法国当地时间元月24日下午2点开讲的"法国华人进出口商会中文学校国学大讲堂"为法国和其他海外华文教育工作者提供了一次良好的借鉴机会。

"法国华人进出口商会中文学校国学大讲堂",是由温州大学外国语学院

---

① 摘自:欧文."法国华人进出口商会"中文学校"国学大讲堂"网上开讲[N].欧洲时报,2021-01-29-30(7).

"国学咏流传"多语教学团队推出的"中华文化我知道——学习传统美德"系列教学。

该系列教学分为八期,围绕孝、悌、忠、信、礼、义、廉、耻等八个中国优秀传统文化主题,结合当地特色以及社会时事,以网络为"侨"墩,文化为"侨"梁,运用"互联网+"的模式,搭载传输中国传统文化知识,同时利用英语师范生的专业优势,进行线上多语言国学大讲堂授课。

24日当天是"中华文化我知道——学习传统美德"系列教学的第一节课,主讲人——温州大学外国语学院的郑璐媛通过讲述孔融让梨的故事让华侨子女懂得尊重和谦让他人,养成尊老爱幼的好习惯,同时也将国学"悌"(Respect Elder Brother)的理念传播给了听课的法国华侨华人子弟。

据介绍,"中华文化我知道——学习传统美德"系列教学于23日也已在意大利巴勒莫中文学校开讲。

当天,巴黎大区多家中文学校的师生也参加旁听了"中华文化我知道——学习传统美德"系列教学首节课。

调查问卷

荷兰华裔子女中文学习现状调查表

各位同学好：

  我们是温州大学外国语学院"国学咏流传"海外华裔子女国学教学团队，现在已经与法国、意大利、西班牙等多所中文学校合作开展第一期的国学小故事讲座。为了能更好地开展后期主题教学以及开发其他课程和了解华裔子女的中文现状，特邀请您协助填写本问卷。问卷采取匿名的方式，问卷结果仅限于研究使用，不会对您个人造成影响！问卷填写对象为荷兰正在就读的各年龄段华侨华人子女（包括幼儿园、小学、中学、大学本科阶段）。如果您的问卷填写有困难，请邀请家长协助一同填写。为节省您的时间，问卷全部设置为选择题。

  非常感谢您的参与！

温州大学外国语学院
2021 年 1 月 25 日

1. 就读华裔子女的年龄段为：
   A. 6 岁以下　　　　B. 7—8 岁　　　　C. 9—10 岁
   D. 11—12 岁　　　 E. 13—15 岁　　　F. 15 岁以上
2. 就读华裔子女的现居住地为：
   A. 中国　　　　　　B. 荷兰　　　　　C. 其他
3. 就读华裔子女的日常交际使用语言为：

A. 中文　　　　　　　B. 中文和荷兰语随意切换

C. 荷兰语　　　　　　D. 英语和荷兰语　　　　E. 英语

F. 其他

4. 就读华裔子女曾在中国居住的时间：

A. 没有居住过　　　　B. 3 年以内　　　　　　C. 5 年以内

D. 7 年以内　　　　　E. 10 年以内　　　　　 F. 10 年以上

5. 就读子女学习中文的时长：

A. 1 年以内　　　　　B. 3 年以内　　　　　　C. 5 年以内

D. 5 年以上

6. 就读子女认为中文学习的重要性：

A. 非常重要　　　　　B. 重要　　　　　　　　C. 一般重要

D. 不太重要　　　　　E. 不重要

7. 就读子女会"写"的词汇量：

A. 400 字以内（YCT 口语中级水平）

B. 800 字以内（中国小学一至二年级水平）

C. 1 600 字以内（中国小学三至四年级水平）

D. 2 500 字以内（中国小学五至六年级水平）

E. 2 500 字以上

8. 就读子女会"读"的词汇量：

A. 400 字以内（YCT 口语中级水平）

B. 1 600 字以内（中国小学一至二年级水平）

C. 2 500 字以内（中国小学三至四年级水平）

D. 3 000 字以内（中国小学五至六年级水平）

E. 3 000 字以上

9. 就读孩子中文哪一项能力好（多选）：

A. 听　　　　　　　　B. 说　　　　　　　　　C. 读

D. 写　　　　　　　　E. 都不太好

10. 就读子女学习中文的目的：

A. 为了增强自己的多语言能力

B. 为了与家人语言沟通更便利

C. 为了今后回国就学就业

D. 为了更好地了解中国文化

E. 为了增强自己的民族认同感

F. 其他

11. 就读子女希望学习中文的教学形式：

A. 认更多的字　　　　B. 知识拓展　　　　C. 汉字书写

D. 课文朗读和分析　　E. 创作分享　　　　F. 其他

12. 就读子女希望学习中文的教学内容：

A. 中国民俗　　　　　B. 神话故事　　　　C. 成语故事

D. 历史典故　　　　　E. 古典音乐　　　　F. 民谣

G. 诗词歌赋　　　　　H. 名著欣赏　　　　I. 武术

J. 民间舞蹈　　　　　K. 民俗风情　　　　L. 其他

13. 就读子女希望中文拓展辅助方面：

A. 书法　　　　　　　B. 器乐　　　　　　C. 手工

D. 表演　　　　　　　E. 朗诵　　　　　　F. 写作

G. 国画学习　　　　　H. 其他

14. 就读子女的国籍状况：

A. 中国国籍无外国居留

B. 中国国籍有外国居留

C. 外国国籍父母双方中国人

D. 外国国籍父母一方外国人

E. 外国国籍父母双方外国人

15. 就读子女学习中文的主要途径：

A. 跟家里人学习

B. 在当地中文培训机构线上或线下学习

C. 跟玩伴一起学

D. 通过其他途径的网课学习

E. 就读的公立或私立中小学有开设中文课

16. 就读子女课外辅导中文学校（或就读的公立、私立学校有中文课）的年级分布：

A. 幼儿园阶段

B. 中文学校一年级

C. 中文学校二年级

D. 中文学校三年级

E. 中文学校四年级

F. 中文学校五年级

G. 中文学校六年级

H. 中文学校初一

I. 中文学校初二

J. 中文学校初三

K. 更高年级

17. 就读子女的出生地：

A. 中国　　　　　　B. 荷兰　　　　　　C. 其他

访谈提纲

欧洲中文学校校长访谈提纲
本访谈仅用于关于欧洲华裔子女中文学习现状的相关研究。

1. 中文学校的简要介绍（中文教材、上课时间、周次、招生年级、招生对象、招生规模）。
2. 中文学校的办学动机和办学历程。
3. 中文学校的课内外活动组织。
4. 中文学校的学费收取和主要开支。
5. 中文学校的师资来源。
6. 中文学校的办学场所。
7. 中文学校与周边华校比较的优势。
8. 中文学校教师授课的内容和形式的开展。
9. 中文学校学生学习中文的坚持度。
10. 中文学校的办学效果（自评、家长和学生的评价）。
11. 中文学校周边华侨华人的生活状况以及中文学习的覆盖率。
12. 中文学校周边华侨华人家长和学生对中文学习的重视程度。
13. 中文学校学生上课表现的情况。
14. 中文学校受疫情影响在上课模式、华人子弟回国的意愿上的变化。
15. 中文学校疫情前办学的主要困难。
16. 中文学校疫情期间遇到的困难和问题。

17. 中文学校对温州大学外国语学院"国学咏流传"双语创新教学团队第一期"国学大讲堂"的意见和建议。

18. 中文学校对海外华文教育和海外华校发展的意见和建议。

图书在版编目(CIP)数据

欧洲华裔子女中文现状的国别研究 / 杨志玲著. —上海：上海社会科学院出版社，2021
 ISBN 978 - 7 - 5520 - 3703 - 6

Ⅰ.①欧… Ⅱ.①杨… Ⅲ.①华人—中文—语言调查—调查研究—欧洲 Ⅳ.①H1

中国版本图书馆 CIP 数据核字(2021)第 209276 号

欧洲华裔子女中文现状的国别研究

著　　者：杨志玲
责任编辑：赵秋蕙　杜颖颖
封面设计：黄婧昉
出版发行：上海社会科学院出版社
　　　　　上海顺昌路 622 号　邮编 200025
　　　　　电话总机 021 - 63315947　销售热线 021 - 53063735
　　　　　http://www.sassp.cn　E-mail:sassp@sassp.cn
排　　版：南京展望文化发展有限公司
印　　刷：上海展强印刷有限公司
开　　本：710 毫米×1010 毫米　1/16
印　　张：17.25
插　　页：4
字　　数：270 千
版　　次：2021 年 12 月第 1 版　2021 年 12 月第 1 次印刷

ISBN 978 - 7 - 5520 - 3703 - 6/H·063　　　　　定价：90.00 元

版权所有　翻印必究